**생생 Alive English
토킹 트레이닝**

2009년 12월 14일 초   판 1쇄 발행
2013년   5월 15일 개정1판 1쇄 발행

지은이 | 이충훈, 황혜진
펴낸이 | 이종춘
펴낸곳 | English Factory 성안당
주 소 | 411-350 경기도 파주시 문발로 112
전 화 | 031-955-0511
팩 스 | 031-955-0510
등 록 | 1973. 2. 1. 제13-12호
홈페이지 | www.cyber.co.kr
내용문의 | 031-955-0511
ISBN 978-89-315-1862-7 18740
정가 15,000원

이 책을 만든 사람들
기획 | 최옥현
진행 | 구본철
교정 · 교열 | 박경희
편집 · 진행 | 김유석
표지 | 정희선
제작 | 이상무

생생 Alive English 토킹 트레이닝

이충훈 / 황혜진 지음

Intro 들어가는 말

모든 국민이 영어 공부를 한다고 해도 과언이 아닐 정도로 우리나라 사람들은 정말 많은 사람들이 '열심히' 영어를 공부합니다. 공부하는 양은 세계에서 으뜸이라고 할 만도 하죠. 하지만 실제로 '말'을 할 수 있는 사람은 많지 않습니다. 대부분의 사람들이 외국인과 만나면 꿀 먹은 벙어리가 되거나 짧은 인사 정도밖에 못하는 게 현실이죠.

그 이유는 바로 공부하는 양은 많지만 공부 방법이 잘못된 경우가 많기 때문입니다. 여전히 시험을 위해서만 공부하는 분들도 많고, 실제 회화에선 쓰이지도 않는 어려운 단어만 달달 달 외우는 분들도 많이 있죠. 우리도 국어사전에서나 볼 수 있는 어휘들이나 표현들이 있는가 하면, 실제 대화를 할 때 자주 쓰이는 말들이 있는 것처럼 영어도 실제 네이티브들이 자주 쓰는 어휘나 표현들이 따로 있죠.

그래서 저희 책에선 실제 네이티브들이 즐겨 쓰는 말들만 모아, 주제별로 나누어 놓았습니다. 또한 어휘나 숙어가 아닌 문장을 통째로 적었기 때문에 통 문장으로 외워 실생활에서 활용하기 쉽도록 했습니다.

기본 회화에서 쓸 수 있는 문장을 배운 후, 미드에서 나왔던 예를 함께 보면서 실생활에서 어떻게 사용되는지 그 어감을 느껴 보고, 관련된 문장들도 같이 배우며 영역을 확장시켜 나가면 되는 거죠.

하지만 이 문장들을 눈으로 읽기만 해서는 영어가 늘지 않습니다. 늘 강조하는 거지만, 자신의 입에서 자연스럽게 그 말이 나올 때까지 끊임없이 반복해서 큰 소리로 읽어 봐야 합니다. 실제 대화하는 것처럼 백 번이고 천 번이고 말해 보면서 자신의 것으로 만들어야 진정한 영어공부라고 할 수 있겠죠?

누구나 영어를 유창하게 '말'하는 것을 꿈꾸지만, 그 꿈을 이루기란 쉽지 않습니다. 하지만 이 책에 있는 문장들을 모두 자신의 입에 익숙해지도록 만드신다면, 그 꿈에 성큼 다가가는 것을 느끼실 수 있을 거라 확신합니다.

스스로 영어를 잘한다고 믿으며 거울을 보고 큰 소리로 연습해 보세요. 그리고 외국인과 당당하게 대화하는 자신의 모습을 상상하며 즐겁게 공부한다면, 어느새 자신감이 붙은 자신의 모습을 볼 수 있을 겁니다. 언제 어디서 외국인과 마주쳐도 주눅 들지 않고 대화할 수 있는 여러분이 되길 바라며, 저희 책을 구매해 주신 모든 분들께 진심으로 감사의 말씀을 드립니다.

또한 이 책을 만드느라 고생하신 잉글리시 팩토리 여러분께도 진심으로 감사드리며, 항상 저희를 위해 기도해 주시는 부모님과 가족들에게도 사랑한다는 말을 전합니다.

이충훈 & 황혜진

Preview 구성과 특징

본 책은 회화에 반드시 필요한 기본 필수 표현들을 총 20가지 대주제(100가지 소주제)로 분류하여 학습할 수 있도록 구성하였습니다. 학습자들은 Speak up 1부터 Speak up 3단계까지 체계적으로 배운 내용을 확장시켜 가며 쉽지만 확실하게 영어실력을 높일 수 있도록 하였습니다. 언급되는 표현들은 모두 미국 드라마의 주인공들이 사용하는 활용도 100%의 알짜배기 Real! 회화 표현들로 어려운 관용 표현이나 슬랭 표현들을 배제하고 쉽지만 네이티브들이 반드시 사용하는 것들로만 선별하였습니다. 구체적인 본문의 학습과정은 다음과 같습니다.

Speak up 1

영어회화를 잘하기 위해서 반드시 알아 두어야 할 총 20가지 대주제(100가지 소주제)별로 반드시 알아 두어야 할 핵심 회화 표현을 학습합니다. 학습하는 해당 표현들은 모두 미국 드라마에 등장하는 네이티브들이 실제로 사용하는 가장 기본적이면서 필수적인 회화 표현들로 실제 미드 속 대화문을 통해서 어떻게 활용되는지를 확인하실 수 있습니다.

Speak up 2

배운 필수 표현을 활용하여 A-B-A-B로 이어지는 확장 대화문을 학습합니다.
다시 한 번 배운 표현이 대화 속에서 어떻게 어우러져 사용되는지를 확인하여 이해력을 높이고 귀와 입을 뚫는 연습을 할 수 있습니다.

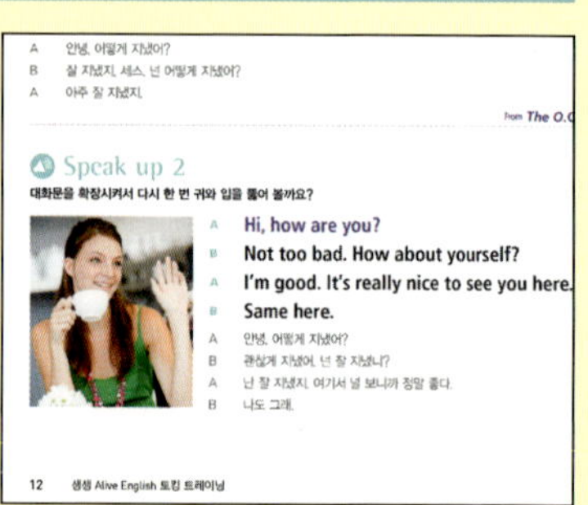

Speak up 3

해당 주제와 관련이 있으며 실제 회화에서 활용 빈도가 굉장히 높은 추가 표현 두 가지를 더 학습합니다. 여기서 배우는 표현들 역시 미국 드라마에 등장하는 네이티브들이 실제로 사용하는 가장 기본적이면서 필수적인 것들로 실제 미드 대화문을 통해서 어떤 식으로 활용되는지를 확인하실 수 있습니다.

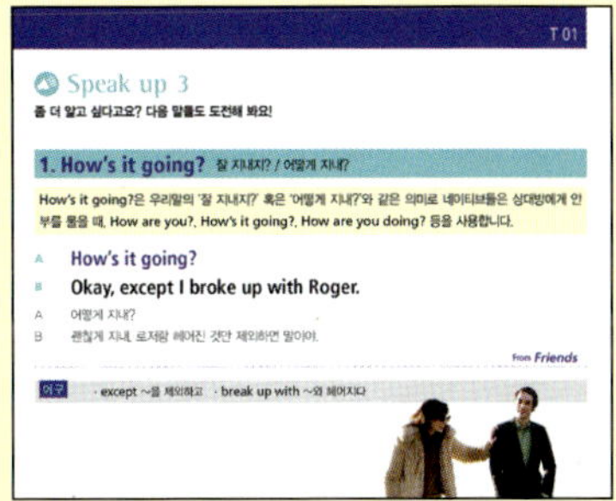

Review_Dictation

학습한 표현들을 활용해 구성한 A–B–A–B 형식의 대화문을 듣고 배운 표현을 빈칸에 받아 적는 연습을 함으로써, 단순히 읽고 말하는 연습이 아닌, 네이티브들로부터 해당 표현을 들었을 때 알아들을 수 있는 청취 연습을 합니다.

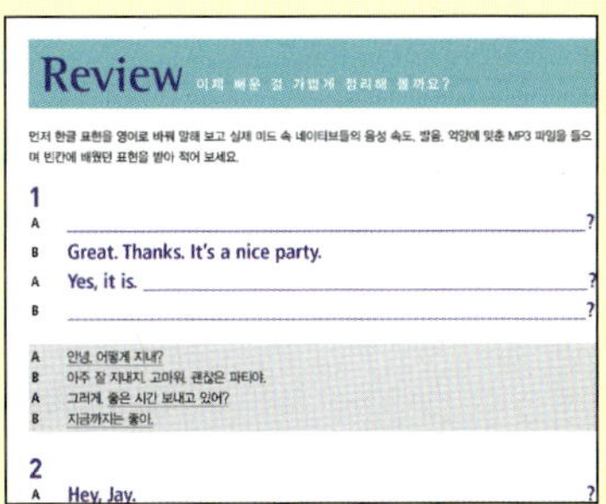

Review_Shadowing

그동안 회화책들의 한계는 테이프의 음성속도가 실제 네이티브들의 대화 속도와는 심할 정도로 차이가 있다는 것이었습니다. 본 Review에서는 실제 미드 속 네이티브들의 음성 속도, 발음, 억양에 맞추어 대화문을 녹음하여 들려줌으로써 학습자들이 초보 단계를 넘어 실전 단계를 간접 체험 학습할 수 있도록 하였습니다.

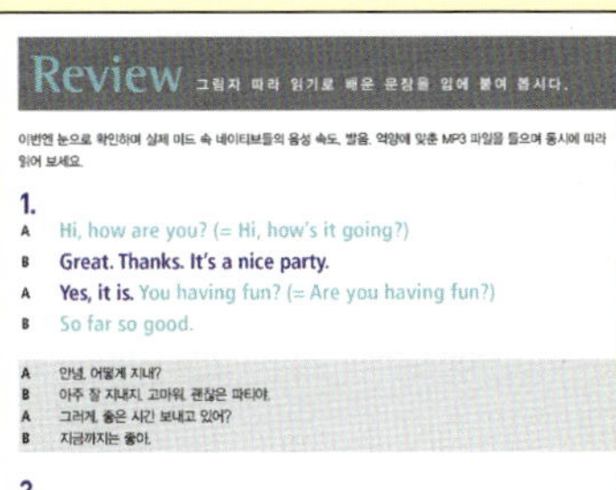

Contents 차례

1

만남과 소개 그리고 헤어짐

 Speak up 1

네이티브들이 즐겨 사용하는 미드 속 기본 회화를 배워 봐요!

Hi, how are you? 안녕, 잘 지내지? / 어떻게 지냈어?

네이티브들은 언제 어디서나 누구를 만나도 자연스럽게 웃으면서 "Hi, how are you?"라고 인사하는 습관이 몸에 배어 있답니다. 길거리를 지나가다 다른 사람과 눈이 마주칠 때, 친구를 거리에서 만났을 때도 모두 "Hi, how are you?"라고 인사를 하는 게 자연스러운 풍경이죠. 또한 슈퍼마켓이나 패스트푸드점 같은 곳에서 계산을 하거나 주문을 할 때도 직원들은 "Hi, how are you?"라며 다정하게 인사를 건넨답니다.

A **Hi, how are you?**

B **I'm good, Seth. How are you?**

A **Great.**

A 안녕, 어떻게 지냈어?

B 잘 지냈지, 세스. 넌 어떻게 지냈어?

A 아주 잘 지냈지.

From The O.C

Speak up 2

대화문을 확장시켜서 다시 한 번 귀와 입을 뚫어 볼까요?

A **Hi, how are you?**

B **Not too bad. How about yourself?**

A **I'm good. It's really nice to see you here.**

B **Same here.**

A 안녕, 어떻게 지냈어?

B 괜찮게 지냈어. 넌 잘 지냈니?

A 난 잘 지냈지. 여기서 널 보니까 정말 좋다.

B 나도 그래.

🔊 Speak up 3

좀 더 알고 싶다고요? 다음 말들도 도전해 봐요!

1. How's it going? 잘 지내지? / 어떻게 지내?

How's it going?은 우리말의 '잘 지내지?' 혹은 '어떻게 지내?'와 같은 의미로 네이티브들은 상대방에게 안부를 물을 때, How are you?, How's it going?, How are you doing? 등을 사용합니다.

A   How's it going?

B   Okay, except I broke up with Roger.

A   어떻게 지내?

B   괜찮게 지내. 로저랑 헤어진 것만 제외하면 말이야.

From **Friends**

어구   · except ~을 제외하고   · break up with ~와 헤어지다

2. So far so good. 지금까지는 좋아.

지금 말하는 시점까지를 기준으로 하여 '잘 지내고 있다' 혹은 '일이 잘 풀리고 있다'란 의미로 네이티브들은 So far so good.이란 말을 즐겨 사용합니다.

A   You having fun? (= Are you having fun?)

B   Yes, so far so good.

A   재미있는 시간 보내고 있어?

B   응, 지금까지는 좋아.

From **Will and Grace**

어구   · have fun 즐겁게 보내다

🔊 Speak up 1

네이티브들이 즐겨 사용하는 미드 속 기본 회화를 배워 봐요!

What's up? 별 일 없지?

How are you?와 마찬가지로 상대방에게 가볍게 안부를 물을 때 네이티브들(특히 미국의 젊은층들)이 즐겨 사용하는 표현이 바로 What's up?입니다. 단, How are you?에 대한 응답이 보통 I'm good. / Fine. / Great.인 반면, What's up?에 대한 응답은 Not much. / Nothing much.(둘 다 '별 일 없어'란 의미)가 사용된다는 차이점이 있습니다. 혹은 가볍게 자신이 하려고 하던 일을 말하기도 하지요. 예를 들어, 열심히 숙제를 하고 있는데, 친구가 놀러 와서 "Hey, what's up?"이라고 물어보면 "I'm just doing my homework. (그냥 숙제하고 있던 중이야.)"라고 대답할 수 있는 거죠.

A **Well, hello, stranger. Come on in. So what's up?**

B **Nothing much.**

A   안녕, 이게 누구야. 안으로 들어와. 별 일 없지? / B   별 일 없어.

*From **Desperate Housewives***

 어구   · stranger 이방인, 낯선 사람 (정말 오랜만에 누군가를 만나게 되었을 때 '이게 누구야'란 의미로 사용하기도 함) · Come on in. (안으로) 들어와.

🔊 Speak up 2

대화문을 확장시켜서 다시 한 번 귀와 입을 뚫어 볼까요?

A **Hey!**

B **Hey!**

A **What's up?**

B **Nothing much. I was just hanging around. You?**

A   안녕!   / B   안녕!
A   별 일 없지? / B   별 일 없어. 그냥 놀고 있던 중이야. 넌?

어구   · Hey! 안녕! (미국 젊은이들은 상대방에게 가볍게 인사할 때 Hi! 보다 Hey!를 더 즐겨 사용함)
· hang around 놀다, 빈둥거리다

🔊 Speak up 3

좀 더 알고 싶다고요? 다음 말들도 도전해 봐요!

1. What's new with you? 너 별 일 없지? / 너 뭐 새로운 일 있어?

What's up?과 같은 의미로 네이티브들이 즐겨 사용하는 표현이 바로 What's new with you?입니다. 직역을 해도 알 수 있듯이 우리말로 '뭐 새로운 일 있어?' 혹은 '별 일 없지?' 정도로 해석이 가능한 표현이죠. 보통 대답은 별 일이 없을 경우에는 Nothing이라고 말하고, 특별한 일이 있을 경우는 그 일에 대해서 가볍게 대답해 주면 됩니다. with you를 생략하고 가볍게 What's new?라고만 물을 수도 있죠.

A **What's new with you?**

B **Umm, nothing. I mean, I'm getting married next week.**

A **What?**

A 너 별 일 없지?

B 음, 별일 없어. 그러니까 말이지, 나 다음 주에 결혼해.

A 뭐?

From **Friends**

어구 · I mean 내 말은 말이지 / 그러니까 말이지 / 그게 말이야 · get married 결혼하다

2. Can't complain. 그럭저럭 괜찮아요. 나쁘지 않아요.

안부와 관련된 대답 표현으로 알아 두면 좋은 표현이 바로 Can't complain입니다. complain은 '불평하다'란 의미의 동사로 이 표현은 말 그대로 '불평할 일은 없다', '그럭저럭 괜찮다'라는 의미가 되는 거죠. 이외에도 안부를 묻는 질문에 '그냥 그래'란 의미로 사용할 수 있는 표현으로는 So so, Not bad 등이 있습니다.

A **So, how's life?**

B **Not bad. Can't complain. You?**

A 그래, 잘 지내지?

B 나쁘지 않아. 그럭저럭 괜찮아. 넌?

From **Sex and the City**

어구 · How's life? 잘 지내지? (= How are you? / How are you doing? / How's it going?)

Speak up 1

네이티브들이 즐겨 사용하는 미드 속 기본 회화를 배워 봐요!

Have you met my nephew, Austin? 내 조카 오스틴을 만난 적 있나요?

상대방을 다른 누군가에게 소개할 때 네이티브들은 Have you met ~?이란 말을 즐겨 사용합니다. 중학교 때 배웠던 문법 중 '경험'을 나타내는 '현재완료' 용법을 기억하시나요? 바로 그 현재완료 용법에 따라 Have you met ~?은 '~를 만난 적이 있냐?'라고 상대방의 경험을 물어보는 질문이 되기 때문이죠. 어릴 적 미드인 '천재소년 두기'에서 두기 역할을 했던 Richard Harris Neilson이 등장하는 미드 *How I Met Your Mother*(우리나라에서는 '아이 러브 프렌즈'로 소개됨)에서는 Neilson이 술집에서 여자들에게 자신의 친구인 Ted를 소개할 때 항상 이렇게 말문을 열곤 합니다. Have you met Ted?(테드를 만난 적 있나요?).

A **Hey, Julie! Have you met my nephew, Austin?**

B **Yeah, we've met.**

A 안녕, 줄리! 내 조카 오스틴을 만난 적 있나요?

B 네, 만난 적 있어요.

*From **Desperate Housewives***

Speak up 2

대화문을 확장시켜서 다시 한 번 귀와 입을 뚫어 볼까요?

A **Have you met Tom?**

B **No, I don't think I had the pleasure.**

A **Really? Then, I'll introduce you to him.**

B **That would be great.**

A 탐을 만난 적 있나요? / B 아뇨, 만난 적 없는 것 같아요.

A 정말요? 그러면, 내가 당신을 그에게 소개시켜 줄게요. / B 그럼 좋죠.

· I don't think I had the pleasure. 상대방을 만난 적 있냐는 질문에 '그런 기쁨을 가진 적이 없다'라는 표현은 즉, '만난 적이 없다'라는 의미의 응답이 된다.

Speak up 3

좀 더 알고 싶다고요? 다음 말들도 도전해 봐요!

1. I've heard a lot about you. 말씀 많이 들었습니다.

앞에서도 살짝 언급했듯이 현재완료 용법이란 〈have + 과거분사〉의 형태로 '경험'을 나타낼 때 사용되죠. 평소에 이런 저런 이야기를 들었던 사람을 처음 만나게 되었을 때, 그 사람에 대해 들은 것은 곧, 자신의 경험이기 때문에 네이티브들은 '현재완료' 용법을 사용해서 가볍게 I've heard a lot about you.라고 말하곤 합니다.

A It's a pleasure to meet you.

B It's nice to meet you, too. I've heard a lot about you.

A 만나 뵙게 되서 반가워요.

B 저도 만나 뵙게 되서 반가워요. 말씀 많이 들었어요.

From **Monk**

2. I'd like you to meet Misha. 네게 미샤를 소개해 줄게.

자신과 대화중인 상대방에게 제 3자를 소개시키고자 할 때, 네이티브들은 I'd like you to ~.를 즐겨 사용합니다. would like to는 '~하고 싶다'란 뜻인데 중간에 you가 들어가면 '네가 ~하면 좋겠다'라는 의미로 바뀌게 되죠. 그러므로 '네가 Misha를 만났으면 좋겠다.'란 말은 I'd like you to meet Misha.라고 말하면 되는 거죠. 이때 해석은 좀 더 자연스럽게 '너에게 미샤를 소개해 줄게.'가 된답니다.

A Oh, Carrie. I'd like you to meet Misha.

B Oh, hi. You were great in the show.

A 아, 캐리. 네게 미샤를 소개해 줄게.

B 아, 안녕하세요. 쇼에서 아주 훌륭하시던데요.

From **Sex and the City**

어구 · I'd like you to meet~. ~를 소개해 줄게.

Speak up 1

네이티브들이 즐겨 사용하는 미드 속 기본 회화를 배워 봐요!

Look who's here! 이게 누구신가! / 이게 누구야!

정말 우연히 누군가를 만났을 때 우리는 반가움의 표시로 보통 '이게 누군신가!' 혹은 '이게 누구야!'란 말을 하고는 합니다. 영어에서도 이와 같은 의미의 말이 있는데요, 바로 **Look who's here!**란 표현이죠. 정말 반가운 손님이 오랜만에 집에 찾아오거나, 혹은 거리에서 옛날 동창을 만난다거나 하는 등의 우연이 생기면 얼굴에 환한 미소를 띠고 이렇게 외쳐 주세요. **Look who's here!**

A **Look who's here! Hey, you two!**

B **What a small world!**

A 이게 누구야! 야, 너희 둘!

B 세상 참 좁네!

From ***Sex and the City***

Speak up 2

대화문을 확장시켜서 다시 한 번 귀와 입을 뚫어 볼까요?

A **Mike, Isn't that Jack over there?**

B **You're right. That's Jack. Hey, Jack!**

C **Look who's here! Mike and Susan. What a small world!**

B **Good to see you. How have you been?**

A 마이크, 저기 있는 사람 잭 아니야?

B 맞아. 잭이 맞아. 야, 잭!

C 이게 누구야! 마이크와 수잔이네. 세상 참 좁구나!

B 이렇게 보니까 좋다. 잘 지냈어?

어구
· How have you been? 잘 지냈어?
(오랜만에 만났을 때는 How are you? 대신에 How have you been?이라고 물어봄)

🔊 Speak up 3

좀 더 알고 싶다고요? 다음 말들도 도전해 봐요!

1. Long time no see! 정말 오랜만이다!

학교 동창이나 혹은 군대 시절 후임과 같이, 아주 오랜만에 사람들을 만났을 때, 네이티브들은 Long time no see.란 말을 즐겨 사용합니다. 말 그대로 오랜 시간동안 보지 못했다란 뜻으로 우리말로는 '정말 오랜만이다!'라고 해석해 주면 되지요.

A **Long time no see! How have you been?**

B **Good, dude. Things are really great.**

A 정말 오랜만이다! 잘 지냈어?

B 잘 지냈지, 친구야. 다 정말 좋아.

From ***The O.C.***

어구 · dude 미국 젊은이들이 친한 친구를 호칭할 때 즐겨 사용하는 단어

2. Fancy meeting you here! 여기서 만나다니 반갑다!

상대방을 우연히 길거리에서 마주치게 되었을 때, Look who's here! 만큼이나 네이티브들이 즐겨 사용하는 표현이 바로 Fancy meeting you here!입니다. Fancy는 동사로 '~하는 것을 흠모하다'라는 뜻으로, 그만큼 상대방을 만나게 된 것이 기쁘다는 것을 나타내는 표현이지요.

A **(*Waving a hand*) Jennifer!**

B **Fancy meeting you here. So, what are you off to now?**

A (손을 흔들며) 제니퍼!

B 여기서 만나다니 반갑다! 그래, 너 어디 가는 길이니?

From ***Dawson's Creek***

어구 · be off to~ ~로 가다

🔊 Speak up 1

네이티브들이 즐겨 사용하는 미드 속 기본 회화를 배워 봐요!

I'll catch you later. 나중에 봐요.

영어로 헤어질 때 Bye. 혹은 Good-bye.라고 작별 인사를 한다는 걸 모르시는 분은 없겠죠? 여기서 하나 더, I'll catch you later.라는 표현도 외워 두세요. 이 표현은 단순히 헤어짐을 나타내는 표현과 더불어 동사 catch를 써서 나중에 다시 만나자는 것을 나타낸 표현이라고 할 수 있겠습니다. See you later!와 같은 의미의 작별인사라고 할 수 있지요. I'll catch you later.는 앞에 I'll을 삭제하고, Catch you later!라고 간단히 말하셔도 됩니다.

A **I gotta run. I'll catch you later.**

B **Bye, Janine.**

A 나 가 봐야 해. 나중에 보자.

B 잘 가, 재닌.

*From **Friends***

어구 · gotta (have got to의 줄임말) ~해야만 한다

🔊 Speak up 2

대화문을 확장시켜서 다시 한 번 귀와 입을 뚫어 볼까요?

A **Max, do you have the time?**

B **It's 9:45.**

A **Oh, I think I should go now. I'll catch you later.**

B **All right. Catch you later.**

A 맥스, 너 몇 신지 아니? / B 9시 45분이네.

A 아, 나 지금 가 봐야 할 것 같아. 나중에 보자. / B 그래. 나중에 보자.

어구 · Do you have the time? 시계 있니? (= 몇 시인줄 아니?)

cf) Do you have time? 시간 있으세요? (= 시간 좀 내 주실 수 있으세요?)

Speak up 3

좀 더 알고 싶다고요? 다음 말들도 도전해 봐요!

1. Keep up the good work. 계속 수고 하세요.

보통 상대방과 사무적으로 아는 사이일 경우 우리는 '계속 수고하십시오.'란 말을 작별인사로 자주 사용합니다. 영어로 이에 해당하는 표현이 바로 Keep up the good work.죠. Keep up은 '~을 유지하다'란 의미로 상대방이 하던 일을 계속 훌륭한(good) 상태로 유지해서 하라'는 격려를 담은 작별인사라고 할 수 있지요.

A **Well, keep up the good work. Sam.**

B **I will.**

A 그럼, 계속 수고하세요, 샘.

B 그럴게요.

From **West Wing**

2. Say hello to Kirsten for me. 키얼스틴에게 안부 인사 전해 줘.

상대방의 다른 가족들에게도 안부 인사를 전하고자 할 때, 네이티브들은 Say hello to ~.를 즐겨 사용합니다. 안부를 전하고자 하는 대상을 전치사 to 뒤에 붙여서 말해 주면 되지요. 예를 들어, '자네 아내에게도 안부 전해 줘.'란 말은 Say hello to your wife. '자네 어머니에게도 안부 전해 줘.'란 말은 Say hello to your mom.이라고 말하면 된답니다.

A **Say hello to Kirsten for me.**

B **You bet.**

A 키얼스틴에게 안부 인사 전해 줘.

B 물론이지.

From **The O.C.**

어구 · You bet. 당연하지. / 물론이지. (= Of course. / Sure.)

Review 이제 배운 걸 가볍게 정리해 볼까요?

먼저 한글 표현을 영어로 바꿔 말해 보고 실제 미드 속 네이티브들의 음성 속도, 발음, 억양에 맞춘 MP3 파일을 들으며 빈칸에 배웠던 표현을 받아 적어 보세요.

1

A ____?

B **Great. Thanks. It's a nice party.**

A **Yes, it is.** ____________________________________?

B ____?

A	안녕, 어떻게 지내?
B	아주 잘 지내지. 고마워. 괜찮은 파티야.
A	그러게. 좋은 시간 보내고 있어?
B	지금까지는 좋아.

2

A **Hey, Jay.** ____________________________________?

B **Nothing much.** ________________________________?

A **Same as usual. How's your new job?**

B ____?

A	안녕, 제이. 별 일 없지?
B	별 일 없어. 너 뭐 새로운 일 있니?
A	늘 똑같지. 네 새 직장은 어때?
B	그럭저럭 괜찮아.

3

A **Jay.** ____________________________________?

B **No, I haven't. Why?**

A **Come here.** ____________________________________.

B **Oh, Hi. Henah.** __________________________________.

A	제이. 너 헤나를 만난 적 있어?
B	아니, 없는데. 왜?
A	이리 와. 네게 헤나를 소개해 줄게.
B	아, 안녕하세요. 헤나 씨. 말씀 많이 들었어요.

4

A _______________________! James! _________________________________!

B Yeah, ____!

A You look great! How have you been?

B I've been great.

A 이게 누구야! 제임스! 여기서 만나다니 반갑다!
B 그러게. 정말 오랜만이다!
A 너 좋아 보인다. 어떻게 지냈니?
B 아주 잘 지냈지.

5

A Thanks for the drink. I had fun.

B You're welcome.

A Well, ____.

B Catch you later, and ____.

A 술 사 줘서 고마워. 즐거운 시간이 되었어.
B 별 말씀을.
A 그럼 나중에 보자.
B 나중에 보자, 그리고 자네 아이들에게 안부 인사 전해 줘.

이번엔 눈으로 확인하며 실제 미드 속 네이티브들의 음성 속도, 발음, 억양에 맞춘 MP3 파일을 들으며 동시에 따라 읽어 보세요.

1.

A Hi, how are you? (= Hi, how's it going?)

B **Great. Thanks. It's a nice party.**

A **Yes, it is.** You having fun? (= Are you having fun?)

B So far so good.

A	안녕, 어떻게 지내?
B	아주 잘 지내지. 고마워. 괜찮은 파티야.
A	그러게. 좋은 시간 보내고 있어?
B	지금까지는 좋아.

2.

A **Hey, Jay.** What's up?

B **Nothing much.** What's new with you?

A **Same as usual. How's your new job?**

B Can't complain.

A	안녕, 제이. 별 일 없지?
B	별 일 없어. 너 뭐 새로운 일 있니?
A	늘 똑같지. 네 새 직장은 어때?
B	그럭저럭 괜찮아.

3.

A **Jay.** Have you met Henah?

B **No, I haven't. Why?**

A **Come here.** I'd like you to meet Henah.

B **Oh, Hi. Henah.** I've heard a lot about you.

A	제이. 너 헤나를 만난 적 있어?
B	아니, 없는데. 왜?
A	이리 와. 네게 헤나를 소개해 줄게.
B	아, 안녕하세요. 헤나 씨. 말씀 많이 들었어요.

4.

A Look who's here! James! Fancy meeting you here!

B Yeah, long time no see!

A You look great! How have you been?

B I've been great.

A	이게 누구야! 제임스! 여기서 만나다니 반갑다!
B	그러게. 정말 오랜만이다!
A	너 좋아 보인다. 어떻게 지냈니?
B	아주 잘 지냈지.

5.

A Thanks for the drink. I had fun.

B You're welcome.

A Well, I'll catch you later.

B Catch you later, and say hello to your kids.

A	술 사 줘서 고마워. 즐거운 시간이 되었어.
B	별 말씀을.
A	그럼 나중에 보자.
B	나중에 보자, 그리고 자네 아이들에게 안부 인사 전해 줘.

따끈따끈 신상 슬랭

I heart you. 난 널 심장한다고?

심장, 마음을 뜻하는 단어인 heart가 요즘은 동사로도 쓰입니다. 연인들이 가장 많이 하는 낙서인 '누구 (하트 모양) 누구'가 있잖아요. 여기서 하트는 사랑을 의미하죠. 미국에서도 마찬가지로 이렇게 사랑하는 것에 하트 표시를 하던 것이 이제는 하트를 보이는 대로 읽어 그냥 heart라고 말하기도 합니다. 예를 들면, '난 너를 사랑 해.'인 I love you.대신, I heart you.라고 말할 수 있는 거죠. 즉, heart는 '좋아하다, 사랑하다'란 뜻의 동사로 사용됩니다.

가볍게 개인 신상에 관해 묻기

Speak up 1

네이티브들이 즐겨 사용하는 미드 속 기본 회화를 배워 봐요!

Where are you from? 어디 출신이에요? / 고향이 어디에요?

Where are you from?
어디 출신이에요?

가볍게 서로에 대한 정보를 묻는 것만큼이나 대화를 자연스럽게 이끌어 갈 수 있는 건 없겠죠? 그 중, 상대방의 고향이나 국적 등의 출신을 물어볼 때 사용할 수 있는 질문이 바로 Where are you from?입니다. 이에 대한 답변은 America / Korea / Australia 등의 국가로 답해도 되지만, New York / Seoul / Sydney 등의 도시로 답해도 된다는 것 기억해 두세요.

A **Hey, where are you from?**

B **I'm from Lincoln, Nebraska.**

A 저기, 어디 출신이에요? (= 고향이 어디에요?)

B 전 네브라스카 주의 링컨 출신입니다.

From *West Wing*

Speak up 2

대화문을 확장시켜서 다시 한 번 귀와 입을 뚫어 볼까요?

A **Hi, I'm Jay. Nice to meet you.**

B **I'm Henah. Nice to meet you, too.**

A **I'm from Sydney, Australia.**
   Where are you from?

B **I'm from America. I live in New York.**

A 안녕, 난 제이라고 해. 만나서 반가워.

B 난 헤나라고 해. 나도 만나서 반가워.

A 난 호주 시드니에서 왔어. 넌 어디서 왔니?

B 난 미국에서 왔어. 난 뉴욕에 살아.

🔊 Speak up 3

좀 더 알고 싶다고요? 다음 말들도 도전해 봐요!

1. Born and bred. (거기서) 태어나고 자랐죠.

보통 '어디에서 태어났다'라는 말은 I was born in ~.이라고 말하면 됩니다. 그리고 '어디에서 자랐다'라는 말은 I was raised in ~.이라고 말하면 되는데요. raised 대신에 bred라는 단어를 대신 사용하기도 합니다. 그래서 출신(고향)을 묻는 상대방의 질문에 네이티브들은 도시 이름을 말해 주고 나서, 거기서 '태어나고 자랐다'라는 의미로 간단히 Born and bred.라고 말하기도 하죠.

A Where are you from?

B San Francisco, born and bred.

(= I was born and bred in San Francisco)

A 어디 출신인가요?

B 샌프란시스코요. 거기서 태어나고 자랐죠.

From Monk

2. He's Korean. 그는 한국 사람이에요.

Where are you from?이란 질문을 같은 나라 사람끼리 질문할 때는 '고향'을 물어보는 것이지만, 서로 다른 국적의 사람들에게 물어볼 때는 '국적'을 물어보는 질문이 되죠. 이때는 굳이, I'm from ~.이라고 답하기보다는 간단히 I'm ~.이라고 자신이 어느 나라 사람인지 말해 주면 되죠. 우리는 모두 한국 사람들이니 당연히 I'm Korean.이라고 말하면 되겠죠?

A Translate, please. Translate.

B You heard the man. Translate.

C Uh, he's Korean. I'm from Enchino.

A 통역 좀 해 주라. 통역해 줘.

B 저 사람 하는 말 들었잖아. 통역 좀 해 줘.

C 아, 그는 한국 사람이에요. 저는 엔치노에서 왔답니다.

From Lost

어구 · translate 번역하다, 통역하다

 Speak up 1

네이티브들이 즐겨 사용하는 미드 속 기본 회화를 배워 봐요!

What do you do for a living? 무슨 일을 하시죠? / 직업이 어떻게 되세요?

바로 상대방의 직업을 물어보는 겁니다. 직업은 영어로 job이지만 네이티브들은 상대방의 직업을 물어볼 때 What is your job?과 같이 원초적으로 물어보는 경우는 거의 없습니다. 보통 What do you do? 혹은 What do you do for a living?이라고 질문을 하지요. 이에 대한 답변은 I'm a doctor. / I'm a teacher. / I'm an officer clerk. 등과 같이 말해 주면 되지요.

A   **So, what do you do for a living, Mr. Monk?**

B   **I'm a... I'm a detective.**

A   **You're kidding, right?**

A   그렇다면 직업이 어떻게 되세요, 몽크 씨?

B   전… 전 탐정입니다.

A   농담하시는 거죠, 그렇죠?

From Monk

어구   · detective 탐정   · You're kidding. 농담하는 거죠? 농담이지?   · Right? 그렇죠? 맞죠?

Speak up 2

대화문을 확장시켜서 다시 한 번 귀와 입을 뚫어 볼까요?

A   **What do you do for a living?**

B   **I'm a doctor.**

A   **Really? What kind of doctor are you?**

B   **I'm a plastic surgeon.**

A   직업이 어떻게 되세요?   /   B   전 의사입니다.

A   정말요? 어떤 종류의 의사시죠?   /   B   전 성형외과 의사입니다.

🔊 Speak up 3

좀 더 알고 싶다고요? 다음 말들도 도전해 봐요!

1. I run a motel. 전 모텔을 운영해요.

직업과 관련해서 대부분의 직업들은 doctor, lawyer, writer 등처럼 명확한 직업명이 있기 때문에 I'm a ~.라고 말하면 됩니다. 하지만, 보통 직접 사업을 하는 경우에는 자신의 직업을 말하기가 애매하기도 하죠. 물론 businessman이라고 해도 되지만, 다소 그 의미가 광범위하니까요. 이럴 때는 동사 run을 사용하면 됩니다. run은 '~을 운영하다'란 의미가 있기 때문에 run 뒤에 자신이 운영하는 사업의 종류를 붙여서 말해 주면 되지요.

A **What do you do?**

B **I run a motel.**

A 무슨 일을 하시죠?

B 전 모텔을 운영합니다.

From **Mentalist**

2. I'm unemployed. 전 백수에요. / 전 실직 상태예요.

요즘같이 경기가 안 좋은 때에는 아무래도 직장이 없이 실업 상태인 분들이 많을 겁니다. 이런 분들은 상대방이 What do you do for a living?이라고 질문을 해 오면, 사실 창피하긴 하겠지만 그래도 거짓말하지 않고 솔직히 말하는 게 좋겠죠? 이때는 '비 고용된'이란 의미를 가진 unemployed를 사용해서 I'm unemployed.라고 말하면 됩니다.

A **How do you know all these things, Mulder?**

B **I'm unemployed. I got a lot of time on my hands.**

A 이러한 모든 것들을 당신은 어떻게 알고 있죠, 멀더 씨?

B 제가 직업이 없잖아요. 시간이 많이 남아돕니다.

From **X-Files**

🔊 Speak up 1

네이티브들이 즐겨 사용하는 미드 속 기본 회화를 배워 봐요!

How old are you? 너 몇 살이니?

바로 나이 묻기입니다. 나이를 물을 때 가장 대표적인 것이 바로 How old are you?이지요. 물론 이에 대한 답변은 I'm ~ 뒤에 구체적인 나이를 알려 주면 됩니다.

A   **How old are you?**

B   **I'm 16. How old are you? You have a 5 o'clock shadow.**

A   너 몇 살이니?

B   16살. 넌 몇 살이니? 수염이 까무잡잡하게 났네.

*From **Dawsons' Creek***

어구	· 5 o'clock shadow 아무리 면도를 해도 오후쯤 되면 다시 수염이 까무스름하게 나죠. 이걸 영어로 5 o'clock shadow라고 합니다.

🔊 Speak up 2

대화문을 확장시켜서 다시 한 번 귀와 입을 뚫어 볼까요?

A   **I'd like to buy this liquor.**

B   **Wait. How old are you?**

A   **I'm 23. Why?**

B   **You look a lot younger than that.
May I see your ID?**

A   이 술을 사겠습니다.

B   잠깐만요. 몇 살이시죠?

A   23살이요. 왜요?

B   그거보다 훨씬 더 어려 보이는데요. 신분증 좀 보여 주시겠어요?

어구	· liquor 술

🔊 Speak up 3

좀 더 알고 싶다고요? 다음 말들도 도전해 봐요!

1. I turned twenty. 저 20살이 되었어요.

'전 20살이에요.'라고 말하는 것과 '전 20살이 되었어요.'는 그 의미가 좀 다르죠. 후자의 경우는 19살에서 한 살이 더 먹어 20살이 되었음을 강조해 준다고 할 수 있죠. 이때는 I'm ∼. 이라고 하지 않고 '∼가 되다'란 의미를 가진 동사 turn을 이용해서 I turned ∼. 라고 말해 주면 됩니다.

A   Jenny, you're 19 years old.

B   I'm twenty. You know I turned twenty.

A   제니. 넌 19살이잖아.

B   나 20살이야. 너도 알잖아. 내가 20살이 된 거.

From **Alias**

2. You look so young. 굉장히 동안이세요.

나이보다 외모가 어려 보이거나 혹은 더 늙어 보이는 친구들이 있죠. 이 친구들에게는 You look ∼.을 활용해서 말해 주세요. 동사 look은 '∼로 보이다'란 뜻이 있기 때문에, You look old.는 '늙어 보이다', You look young.은 '어려보이다'란 의미가 됩니다. 소위 말하는 '동안이다'란 말은 young을 강조해 주는 부사 so를 활용해서 You look so young!이라고 말해 주면 되지요.

A   He's gonna be okay... (중략) ... He should make a full recovery.

B   Thank you, doctor. You are a doctor, aren't you?
You look so young.

A   그는 괜찮아질 겁니다. … 완전히 회복하게 될 겁니다.

B   고맙습니다, 선생님. 의사 선생님 맞으시죠, 그렇죠? 굉장히 동안이시네요.

From **Brothers and Sisters**

어구   · recovery 회복

🔊 Speak up 1

네이티브들이 즐겨 사용하는 미드 속 기본 회화를 배워 봐요!

Do you have a big family? 가족이 많나요?

상대방의 개인 신상에 관해 물어볼 때, 가족관계에 대해서 물어보는 것을 빼 놓을 순 없겠죠? '여동생이 있나?' '형이 있냐?' 등의 질문은 모두 Do you have ~ ?를 통해서 말할 수 있습니다. 즉, Do you have a sister? / Do you have a brother? 등으로 물으면 되죠. 그렇다면 '가족이 많아요?'란 질문은 어떻게 하면 될까요? 이때는 '대가족'이란 의미의 big family를 활용해 Do you have a big family?라고 질문하면 됩니다.

A **Do you have a big family?**

B **In a manner of speaking.**

A 가족이 많나요?

B 그런 셈이죠.

From ***Ghost Whisperer***

어구 · In a manner of speaking. 그런 셈이죠.

🔊 Speak up 2

대화문을 확장시켜서 다시 한 번 귀와 입을 뚫어 볼까요?

A **How many people are there in your family?**

B **There are four in my family. My dad, mom, me, and my sister. What about you? Do you have a big family?**

A **Yes. I have four brothers and three sisters.**

B **Wow, that's a lot.**

A 넌 가족이 몇 명이나 되니?

B 우리 가족은 네 명이야. 아빠, 엄마, 나 그리고 여동생. 넌 어때? 넌 대가족이니?

A 응, 난 형이 4명이고, 여동생이 3명이야.

B 와우, 정말 많구나.

🔊 Speak up 3

좀 더 알고 싶다고요? 다음 말들도 도전해 봐요!

1. I wanna be emancipated. 저 독립하고 싶어요.

미국의 젊은이들은 사실상 고등학교만 졸업해도 대부분 부모 집에서 나와 독립을 합니다. 근데, 주마다 조금씩 다르긴 하지만 보통 16세 이상이 되면, 법적인 절차를 통해서 부모로 부터의 독립을 요구할 수 있기도 하죠. 이러한 절차를 emancipation이라고 하고, 이를 통해서 부모로부터 독립권을 획득한 사람은 I got emancipated.(나 독립했어)라고 말할 수 있답니다.

A **I wanna be emancipated.**

B **Emancipated?**

A 저 독립하고 싶어요.

B 독립을 하고 싶다고?

From *Desperate Housewives*

2. I'm not your biological father. 난 네 친아빠가 아니란다.

미국은 우리나라와는 달리 입양 문화가 상당히 발달되어 있는 나라 중의 하나입니다. 여러 미드에서도 입양된 아들이나 딸이 나중에 생부나 생모를 찾기 위해 노력하는 내용들이 등장하기도 하지요. 이렇게 생부나 생모를 영어로는 '생물학적'이란 뜻의 단어 biological을 써서 biological father 그리고 biological mother 라고 합니다.

A **I'm not your biological father. You're adopted.**

B **Then, who are my real parents?**

A 난 너의 친아빠가 아니란다. 넌 입양되었어.

B 그러면 누가 제 진짜 부모님인데요?

From *Heros*

어구 · be adopted 입양되다 *n.* adoption 입양

Speak up 1

네이티브들이 즐겨 사용하는 미드 속 기본 회화를 배워 봐요!

Do you have any hobbies? 취미가 있으세요?

취미가 영어로 hobby인 걸 모르시는 분은 없겠죠? 상대방에게 '취미가 있으세요?'란 질문은 Do you have any hobbies?라고 하면 됩니다. 그리고 이에 대한 답변은 〈I like to + 동사〉로 해서 대답해 주세요. 우리 말 해석은 '~하는 걸 좋아해요.'가 되죠. 예를 들어, '책 읽는 걸 좋아해요.'는 I like to read books. '미국드라마 보는 걸 좋아해요.'는 I like to watch American drama.라고 말해 주면 되지요.

A　**Larry, tell me. Do you have any hobbies?**

B　**I like to needlepoint.**

A　래리. 말해 봐. 너 취미가 있니?

B　난 뜨개질 하는 걸 좋아해.

From ***Will and Grace***

Speak up 2

대화문을 확장시켜서 다시 한 번 귀와 입을 뚫어 볼까요?

A　**Amy, Do you have any hobbies?**

B　**Well, I like to surf the internet.**

A　**Me, too. Surfing the internet is like an addiction.**

B　**Oh, tell me about it.**

A　에이미. 너 취미가 있니?

B　음. 난 인터넷 검색하는 걸 좋아해.

A　나도 그래. 인터넷을 검색하는 건 마치 중독과 같아.

B　아, 동감이야.

어구　· surf the internet 인터넷을 검색하다　· addiction 중독
· Tell me about it. 동감이야, 내 말이 그 말이야.

Speak up 3

좀 더 알고 싶다고요? 다음 말들도 도전해 봐요!

1. What are you interested in studying? 넌 뭘 공부하는 것에 관심이 있니?

무언가에 '관심이 있다'라는 말을 할 때 네이티브들은 I'm interested in ~.이라고 말합니다. 만약 음악에 관심이 있다면 I'm interested in music. 패션에 관심이 있다면 I'm interested in fashion.이라고 말하면 되지요. 만약, 상대방에게 '넌 뭐에 관심이 있니?'라고 묻고 싶다면 의문사 what을 이용해 What are you interested in?이라고 물으면 됩니다. 그리고 학생들에게 '넌 뭘 공부하는 것에 관심이 있니?'라고 묻고 싶다면 뒤에 studying을 붙여서 What are you interested in studying?이라고 물으면 되죠.

A **What are you interested in studying?**

B **Uh, I'm not totally sure.**

A   넌 뭘 공부하는 것에 관심이 있니?

B   음, 난 정말 확실히는 모르겠어요.

From *The O.C.*

2. I'm curious about something. 나 뭔가 궁금한 게 있어.

에디슨이 위대한 과학자가 된 것은 사소한 것에도 흥미를 갖던 엄청난 '호기심(curiosity)'에 있다고 할 수 있겠죠? 무언가에 '호기심이 있다' 혹은 '궁금하다'란 말은 'be curious about'을 사용하면 됩니다. 예를 들어, '난 그에게 호기심이 있어.' 혹은 '난 그란 사람이 궁금해.'란 말은 I'm curious about him.이라고 말하면 되는 거죠.

A **I'm curious about something.**

B **Yeah, what's that?**

A   나 뭔가 궁금한 게 있어.

B   그래, 그게 뭔데?

From *Heros*

먼저 한글 표현을 영어로 바꿔 말해 보고 실제 미드 속 네이티브들의 음성 속도, 발음, 억양에 맞춘 MP3 파일을 들으며 빈칸에 배웠던 표현을 받아 적어 보세요.

1.

A ____?

B **Los Angeles, ____.**

A **Los Angeles! Nice city, huh? I'm from Boston.**

A	어디서 왔어요?
B	로스엔젤리스요. 거기서 태어나고 자랐어요.
A	로스엔젤리스요? 멋진 도시죠, 그렇죠? 전 보스턴에서 왔어요.

2.

A ____?

B ________________________________. **What do you do?**

A **Well, to be honest, ____________________ at the moment.**

B **Oh, that's too bad.**

A	무슨 일을 하세요?
B	전 주유소를 운영해요. 당신은요?
A	아, 솔직히 말씀드려서 전 현재 직업이 없습니다.
B	아, 그거 안됐군요.

3.

A ____?

B ____.

A **25? Wow, ____.**

B **Yeah, I get that a lot.**

A	몇 살이세요?
B	올해 25살이 됐어요.
A	25살이요? 와우, 굉장히 동안이세요.
B	네, 그런 말 많이 들어요.

4.

A Jason, ____?

B Yes, there are 7 people in my family.

A Wow, that's huge.

B It sucks. So, I told my parents that ____________________________.

A 제이슨, 넌 가족이 많니?
B 응, 우리 가족은 7명이야.
A 와우, 그거 엄청난데.
B (가족이 많은 건) 구려. 그래서 나 부모님에게 독립하고 싶다고 말했어.

5.

A ____?

B I like to study. Maybe studying is my hobby.

A ____?

B Everything. Because ____________________________.

A 너 취미가 있니?
B 난 공부하는 걸 좋아해. 공부하는 게 내 취미일지도 모르겠어.
A 뭘 공부하는 것에 관심이 있는데?
B 모두 다. 왜냐면 난 모든 것이 다 궁금하거든.

이번엔 눈으로 확인하며 실제 미드 속 네이티브들의 음성 속도, 발음, 억양에 맞춘 MP3 파일을 들으며 동시에 따라 읽어 보세요.

1.

A Where are you from?

B Los Angeles, born and bred.

A Los Angeles! Nice city, huh? I'm from Boston.

A 어디서 왔어요?
B 로스엔젤리스요. 거기서 태어나고 자랐어요.
A 로스엔젤리스요? 멋진 도시죠, 그렇죠? 전 보스턴에서 왔어요.

2

A What do you do for a living?

B I run a gas station. What do you do?

A Well, to be honest, I'm unemployed at the moment.

B Oh, that's too bad.

A 무슨 일을 하세요?
B 전 주유소를 운영해요. 당신은요?
A 아, 솔직히 말씀드려서 전 현재 직업이 없습니다.
B 아, 그거 안됐군요.

3.

A How old are you?

B I turned 25 this year.

A 25? Wow, you look so young.

B Yeah, I get that a lot.

A 몇 살이세요?
B 올해 25살이 됐어요.
A 25살이요? 와우, 굉장히 동안이세요.
B 네, 그런 말 많이 들어요.

4.

A Jason, Do you have a big family?

B Yes, there are 7 people in my family.

A Wow, that's huge.

B It sucks. So, I told my parents that I wanna be emancipated.

A 제이슨, 넌 가족이 많니?
B 응, 우리 가족은 7명이야.
A 와우, 그거 엄청난데.
B (가족이 많은 건) 구려. 그래서 나 부모님에게 독립하고 싶다고 말했어.

5.

A Do you have any hobbies?

B I like to study. Maybe studying is my hobby.

A What are you interested in studying?

B Everything. Because I'm curious about everything.

A 너 취미가 있니?
B 난 공부하는 걸 좋아해. 공부하는 게 내 취미일지도 모르겠어.
A 뭘 공부하는 것에 관심이 있는데?
B 모두 다. 왜냐면 난 모든 것이 다 궁금하거든.

따끈따끈 신상 슬랭

I like screen shopping. 화면 쇼핑을 좋아한다고요?

우리가 흔히 eye shopping(아이 쇼핑)이라고 잘못 말하고 있는 window shopping(윈도우 쇼핑)은 많은 Shop들의 윈도우에 진열된 예쁜 옷이나 신발을 구경하며 쇼핑하는 것을 말하죠. 뭔가를 사려고 작정하고 간 것은 아니지만 그냥 이리저리 구경하며 쇼핑을 즐기는 거 말이죠. 이렇듯 예전엔 모두들 윈도우 쇼핑을 했지만, 온라인 쇼핑몰이 많아진 요즘은 인터넷상에서 쇼핑을 즐기는 사람들이 많아졌는데요, 윈도우 쇼핑과 마찬가지로 정말 살 게 있어서 둘러보는 것은 아니지만, 온라인 쇼핑몰에 들어가 물건을 둘러보는 것을 screen shopping(스크린 쇼핑)이라고 합니다. 컴퓨터의 스크린을 통해서 보는 것이니까 말이죠.

일상생활 속 필수 회화

 Speak up 1

네이티브들이 즐겨 사용하는 미드 속 기본 회화를 배워 봐요!

How's the weather up there? 위쪽 날씨는 어떤가요?

처음으로 상대방과 대화를 시작할 때 날씨 얘기만큼 쉬운 게 없겠죠? 보통 날씨를 물을 때 네이티브들은 How's the weather ~?를 자주 사용합니다. '오늘 날씨는 어때?'는 영어로 How's the weather to-day? '서울 날씨는 어때?'는 How's the weather in Seoul?이라고 물어 보면 되죠. 그리고 미국 같이 땅덩어리 큰 나라는 남부 쪽 날씨와 북부 쪽 날씨가 큰 차이가 나기 때문에 '위쪽' 이란 의미의 up there를 사용해서, How's the weather up there?라고 물을 수도 있답니다.

A **How's the weather up there?**

B **Sunny and warm.**

A 위쪽 날씨는 어때요?

B 햇볕이 쬐고 따뜻해요.

From **X-Files**

Speak up 2

대화문을 확장시켜서 다시 한 번 귀와 입을 뚫어 볼까요?

A **How's the weather in Seoul?**

B **It's very cold. How's the weather in Sydney?**

A **It's very hot here.**

B **Oh, I want to go there right now.**

A 서울 날씨는 어때?

B 매우 추워. 시드니 날씨는 어때?

A 여긴 매우 더워.

B 아, 지금 당장 거기로 가고 싶다.

어구 · right now 당장, 바로 지금

Speak up 3

좀 더 알고 싶다고요? 다음 말들도 도전해 봐요!

1. It's pouring. 비가 엄청 오고 있어.

'춥다, 덥다, 눈이 온다, 비가 온다' 등의 날씨와 관련된 표현들은 모두 가주어 It을 사용해서 It's ~.로 표현해 주어야 합니다. (물론 It's를 생략하고 간단히 단어만 말해도 되지만요.) pour는 '쏟아지다'라는 동사인데요, 말 그대로 하늘에서 비가 엄청나게 쏟아지다 즉, 비가 억수로 많이 내린다는 말을 It's pouring.이라고 합니다.

A **Come down here.**

B **It's pouring. You come up.**

A 이리로 내려와 봐.

B 비가 엄청 오고 있잖아. 네가 올라와.

From *How I Met Your Mother*

2. My camping trip got rained out. 내 캠핑 여행이 비로 취소됐어.

축구 보는 걸 굉장히 좋아하는 저는 비 때문에 경기가 취소되는 걸 정말 싫어하는데요. 이처럼 어떤 행사나 경기가 비로 인해서 취소되는 것을 영어로 get rained out이라고 말합니다. 물론 '취소되었다'라는 과거형을 말하기 위해서는 동사 get이 got으로 바뀌어야겠죠?

A **Oh, thank god you're here.**

B **My camping trip got rained out.**

A 아, 네가 여기 있어서 다행이다.

B 내 캠핑 여행이 비로 취소됐어.

From *How I Met Your Mother*

어구 · 〈Thank god + 주어 + 동사〉 ~이어서 다행이다

🔊 Speak up 1

네이티브들이 즐겨 사용하는 미드 속 기본 회화를 배워 봐요!

What would you like to eat? 뭐 드시겠어요?

우리의 일상생활에서 절대로 밥 먹는 시간을 빼 놓을 수는 없겠죠? 사실 저희도 책 쓰는 시간을 제외하면 항상 밥은 뭐 먹을까를 고민한답니다. ^^ 이 경우 꼭 알아 두면 좋을 표현이 바로 상대방에게 '뭐 먹을래요?'라고 물어보는 질문이죠. 네이티브들은 이때 What would you like to ~?를 즐겨 사용합니다. 우리말로는 '무엇을 ~ 하실래요?'란 뜻의 질문이 되죠. 예를 들어 상대방에게 '뭐 하실래요?'라고 묻고 싶다면 '하다'란 의미를 가진 동사 do를 사용해서 What would you like to do?라고 물어보면 되는 거죠.

A **What would you like to eat?**

B **Oh, I'm not hungry.**

A **Okay. Suit yourself.**

A 뭐 드시고 싶으세요?

B 아, 배고프지 않구나.

A 알았어요. 편하실 대로 하세요.

From ***Desperate Housewives***

어구 · **Suit yourself.** 마음대로 하세요.

🔊 Speak up 2

대화문을 확장시켜서 다시 한 번 귀와 입을 뚫어 볼까요?

A **Let's go out. What would you like to eat?**

B **I don't know. You?**

A **Well, I want to have some chinese food.**

B **Okay. Then, let's go to the chinese restaurant.**

A 밖에 나가요. 뭐 드실래요? / B 모르겠어요. 당신은요?

A 음, 전 중국 음식이 먹고 싶네요. / B 그래요. 그럼 중국 식당으로 가요.

🔊 Speak up 3

좀 더 알고 싶다고요? 다음 말들도 도전해 봐요!

1. Would you like to have dinner with me tonight?
오늘 밤 저랑 저녁 같이 먹을래요?

기본적으로 Would you like ~?는 네이티브들이 상대방에게 무언가를 권할 때 즐겨 사용하는 표현 방식입니다. 그래서 앞에서는 의문사 What을 이용해 '뭘 드시겠어요?'란 표현을 배운 거죠. 하지만 좀 더 구체적으로 무언가를 정해 놓고 먹고 싶냐고 물을 때는 Would you like to have ~?로 질문하시면 됩니다. 예를 들어, '커피 마실래요?'란 말은 Would you like to have coffee?라고 물어보시면 되는 거죠.

A   **Would you like to have dinner with me tonight?**

B   **I have plans tonight. How about tomorrow?**

A   오늘 밤 나와 같이 저녁 먹을래요?

B   오늘 밤은 계획이 있어요. 내일은 어때요?

From ***Friends***

2. I'm starving. 나 배고파요.

식사 시간과 관련해서 꼭 알아 두어야 할 표현이 있다면 바로 '나 배고파요'일 겁니다. 일단 배고프다고 보채야지 엄마나 와이프가 밥을 차려 줄 테니까요. ^^; 영어로는 I'm hungry. 또는 I'm starving.이라고 말하면 됩니다. hungry 보다는 starving이 더 배가 고파서 죽겠다라는 뉘앙스를 강조해 주는 표현이지요.

A   **Mom, I'm starving.**

B   **The pizza's gonna be here in a minute.**

A   엄마, 나 배고파요.

B   피자가 곧 도착할 거다.

From ***Monk***

어구   · be gonna = be going to ~할 예정이다

13 음주

Speak up 1

네이티브들이 즐겨 사용하는 미드 속 기본 회화를 배워 봐요!

Let's have a toast to Mr. Tyler! 타일러 씨를 위해서 건배합시다!

우리나라 사람들이나 네이티브들이나 술자리에서 꼭 빠지지 않고 하는 게 바로 건배 제의입니다. 영어로 건배는 toast라고 하는데요, 이를 이용해서 '건배합시다'란 표현은 Let's have a toast!라고 말하면 되지요. 단, '~를 위해서'라고 구체적인 대상을 언급해 주고 싶을 때는 뒤에 전치사 to를 이용해서 원하는 대상을 언급해 주면 된답니다. 예를 들어 연인들끼리 '우리의 사랑을 위해서 건배하자!'라고 말하고 싶다면 Let's have a toast to our love!라고 말하면 되죠.

A **Let's have a toast to Mr. Tyler and his big A+**

B **To Mr. Tyler!**

A 타일러 씨와 그의 엄청난 A+를 위해서 건배합시다!

B 타일러 씨를 위하여!

From ***Will and Grace***

Speak up 2

대화문을 확장시켜서 다시 한 번 귀와 입을 뚫어 볼까요?

A **Shall we have a toast?**

B **Okay.**

A **I'll do it. Listen up, everybody.**
Let's have a toast to Tom Brown.

B **To Tom Brown.**

A 우리 건배할까요?

B 그러죠.

A 제가 할게요. 여러분, 제 말을 들어주세요.
탐 브라운 씨를 위해서 건배합시다.

B 탐 브라운 씨를 위하여!

🔊 Speak up 3

좀 더 알고 싶다고요? 다음 말들도 도전해 봐요!

1. She blacked out! 그녀가 필름이 끊겼어요. / 그녀가 기절했어요.

술을 지나치게 많이 마시면 벌어지는 불상사 중의 하나가 바로 필름이 끊기는 거죠. 영어로 '필름이 끊기다'는 black out이라고 합니다. 한마디로 기억이 까맣게 지워져 버렸다는 거죠. 이 표현은 꼭 술에 의해서만이 아니라 다른 것에 의한 기절의 의미도 포함합니다.

A **Mom fell and she blacked out. I called 911.**

B **What happened to her?**

A 엄마가 쓰러지고 기절하셨어요. 제가 911에 전화했어요.

B 엄마에게 무슨 일이 있었니?

From ***Heros***

2. Care for a drink? 한 잔 할래요?

상대방에게 가볍게 한 잔 권할 때 유용하게 쓸 수 있는 표현이 바로 Care for a drink?입니다. care for라는 표현에 '~을 좋아하다'란 의미가 있기 때문이죠. 원래는 Would you care for a drink?가 완전한 문장인데, 줄여서 쓰는 걸 좋아하는 네이티브들의 특성이 반영되어 간단히 Care for a drink?라고 물으면 되죠.

A **Care for a drink?**

B **No, thanks. I'm on the wagon.**

A 한 잔 할래요?

B 아뇨, 괜찮아요. 전 술 끊었어요.

From ***Desperate Housewives***

어구	· on the wagon 술을 끊은

Speak up 1

네이티브들이 즐겨 사용하는 미드 속 기본 회화를 배워 봐요!

나 점심 때 쇼핑 하러 갈 거야.

I'm going shopping at lunch. 나 점심 때 쇼핑 하러 갈 거야.

'스키 타러 갈 거야.' '쇼핑하러 갈 거야.' 등. 어떤 특정한 활동을 하러 간다고 이야기할 때, 네이티브들은 I'm going ~ing.라고 말합니다. '갈 거다'라는 의미의 I'm going에다 동사의 –ing 형태를 붙여서 말해 주는 거지요. 예를 들어, '스키 타러 갈 거야.'는 '스키 타다'라는 동사 ski에 –ing를 붙여서 I'm going skiing.이라고 하면 되는 겁니다.

A **I'm going shopping at lunch.**

B **Sure. Where are you going?**

A **Does it matter?**

A 나 점심 때 쇼핑 하러 갈 거야.

B 그러세요. 어디로 갈 건가요?

A 그게 중요한가요?

From ***West Wing***

Speak up 2

대화문을 확장시켜서 다시 한 번 귀와 입을 뚫어 볼까요?

A **I'm going to the library. Do you want to come?**

B **Oh, no. I'm going shopping with Tim.**

A **Oh, I see. Then, I'll see you later.**

B **Okay. See you later.**

A 나 도서관에 가는 중이야. 너도 같이 갈래?

B 아니, 됐어. 나 팀이랑 쇼핑하러 갈 거야.

A 아, 그렇구나. 그러면 나중에 보자.

B 그래. 나중에 보자.

🔊 Speak up 3

좀 더 알고 싶다고요? 다음 말들도 도전해 봐요!

1. I'm just browsing. 전 그냥 구경하고 있는 중이에요.

상점에서 이것저것 구경을 하고 있다 보면, 점원이 꼭 와서 도와 드릴 것이 없는지 묻지요. 이때, 찾는 물건이 있다면 모르겠지만, 보통은 '전 그냥 구경하고 있는 거에요.'라고 말하곤 하는데요, 바로 이에 해당하는 영어 표현이 I'm just browsing.입니다. 같은 의미인 I'm just looking.도 같이 알아 두세요.

A **Can I help you?**

B **Oh, no. I'm just browsing.**

A 도와 드릴까요?

B 아, 아뇨. 전 그냥 구경하는 중이에요.

From **Monk**

2. Where's the dressing room? 탈의실이 어디죠?

쇼핑을 하러 갔을 때, 특히 옷을 사러 갔을 때 입어 보지도 않고 덥석 사게 되면 꼭 후회하기 마련이죠. 이때 꼭 알아 둬야 할 표현이 바로 Where's the dressing room?이죠. dressing room은 '탈의실'이란 뜻입니다.

A **Where's the dressing room?**

B **Right back there.**

A 탈의실이 어디지?

B 바로 뒤쪽이요.

From **Will and Grace**

🔊 Speak up 1

네이티브들이 즐겨 사용하는 미드 속 기본 회화를 배워 봐요!

I have to go to the bathroom. 나 화장실 가야 해.

생리 현상하면 빠질 수 없는 것이 바로 화장실에 가는 거죠. 화장실에 가고 싶을 때 만약 누군가가 가지 못하게 하면 어떻게 될까요? 간단하죠. 바지에 실례를 하는 추한 사태가 벌어지겠죠? ——; 그래서 네이티브들은 화장실에 간다고 이야기할 때 '~해야만 한다'는 강한 의무를 나타내는 표현인 have to를 사용해서 I have to go to the bathroom.이라고 말하는 게 일반적입니다.

A   **I have to go to the bathroom.**

B   **Me, too.**

A   나 화장실에 가야 해.

B   나도 그래.

From ***X-Files***

🔊 Speak up 2

대화문을 확장시켜서 다시 한 번 귀와 입을 뚫어 볼까요?

A   **Hey, what's wrong?**

B   **I have to go to the bathroom.**

A   **Make it quick. We're running late.**

B   **Okay. I'll be back in a minute.**

A   야, 무슨 일이야? (= 뭐 잘못 됐어?)

B   나 화장실 가야 해.

A   빨리 해. 우리 늦었어.

B   알았어. 금방 돌아올게

어구   · run late 늦다   · in a minute 금방, 곧

🔊 Speak up 3

좀 더 알고 싶다고요? 다음 말들도 도전해 봐요!

1. I'm going to take a leak. 나 오줌 싸러 가.

화장실 간다고 말할 때 I have to go to the bathroom.이라고 말하는 것이 일반적이라면, 좀 더 구체적이고 원초적으로 '나 오줌 싸러 가.'라고 말할 때 네이티브들이 즐겨 사용하는 표현이 바로 take a leak입니다. 또는 간단하게 Number one!이라고 말해도 되지요. 참고로, 대변은 Number two라고 합니다.

A **Where are you going?**

B **I'm going to take a leak.**

A 너 어디가?

B 오줌 싸러 가.

From **House**

2. Can you hold it? 참을 수 있어?

살다 보면 정말 화장실에 가고 싶은데 상황이 받쳐 주지 않아 못 갈 수밖에 없는 경우가 많죠. 결국 그럴 때는 참을 수밖에 없는데요, 보통 화장실을 못 가니 참으라고 할 때는 영어로 Hold it.이라고 합니다. 말 그대로 소변이나 대변을 꽉 붙잡고(hold) 있으라는 말이죠. ^^;

A **Can you hold it?**

B **I really need to go.**

A 참을 수 있니?

B 저 정말로 가야 해요.

From **X-Files**

먼저 한글 표현을 영어로 바꿔 말해 보고 실제 미드 속 네이티브들의 음성 속도, 발음, 억양에 맞춘 MP3 파일을 들으며 빈칸에 배웠던 표현을 받아 적어 보세요.

1.

A ____ ?

B ____ .

A **Oh, I hate rain. Where is the umbrella?**

B **It's right there.**

A	오늘 날씨가 어때?
B	밖에 비가 억수로 오고 있어.
A	아, 난 비가 진짜 싫어. 우산 어디 있니?
B	바로 저기 있잖아.

2.

A ____ ?

B **Anything would be fine.**

A **Then,** ____ ?

B **Sounds great.**

A	뭐 먹고 싶어요?
B	아무거나 좋아요.
A	그러면, 일식 먹을래요?
B	좋아요.

3.

A ____ ?

B **Sure. That would be great.**

A **Here's your glass. Say when.**

B **When. Thanks.** ____ .

A	한 잔 할래?
B	물론이지. 좋아.
A	여기 네 잔. 그만 따르라고 말해.
B	그만. 고마워. 우리의 우정을 위해서 건배하자.

4.

A Do you need any help?

B No, ________________________________.

A Okay. Just let me know if you need any help.

B Oh, excuse me. I like these pants. ________________?

A	도움이 필요하신가요?
B	아뇨, <u>전 그냥 구경하는 중이에요.</u>
A	알겠습니다. 도움이 필요하시면 알려 주세요.
B	아, 잠깐만요. 이 바지가 맘에 드네요. <u>탈의실이 어디죠?</u>

5.

A Stop the car! ________________________________.

B I can't stop the car here. ________________?

A Maybe a little.

B Good. There will be a rest stop soon.

A	차 좀 세워. <u>나 화장실 가야해.</u>
B	여기서 차를 멈출 수는 없어. <u>참을 수 있니?</u>
A	조금 정도.
B	좋아. 곧 휴게소가 나올 거야.

그림자 따라 읽기로 배운 문장을 입에 붙여 봅시다.

이번엔 눈으로 확인하며 실제 미드 속 네이티브들의 음성 속도, 발음, 억양에 맞춘 MP3 파일을 들으며 동시에 따라 읽어 보세요.

1.

A How's the weather today?

B It's pouring outside.

A **Oh, I hate rain. Where is the umbrella?**

B **It's right there.**

A	오늘 날씨가 어때?
B	밖에 비가 억수로 오고 있어.
A	아, 난 비가 진짜 싫어. 우산 어디 있니?
B	바로 저기 있잖아.

2.

A What would you like to eat?

B **Anything would be fine.**

A **Then,** Would you like to eat Japanese food?

B **Sounds great.**

A	뭐 먹고 싶어요?
B	아무거나 좋아요.
A	그러면, 일식 먹을래요?
B	좋아요.

3.

A Care for a drink?

B **Sure. That would be great.**

A **Here's your glass. Say when.**

B **When. Thanks.** Let's have a toast to our friendship.

A	한 잔 할래?
B	물론이지. 좋아.
A	여기 네 잔. 그만 따르라고 말해.
B	그만. 고마워. 우리의 우정을 위해서 건배하자.

4.

A **Do you need any help?**

B **No, I'm just browsing.**

A **Okay. Just let me know if you need any help.**

B **Oh, excuse me. I like these pants. Where's the dressing room?**

A 도움이 필요하신가요?
B 아뇨, 전 그냥 구경하는 중이에요.
A 알겠습니다. 도움이 필요하시면 알려 주세요.
B 아, 잠깐만요. 이 바지가 맘에 드네요. 탈의실이 어디죠?

5.

A **Stop the car! I have to go to the bathroom.**

B **I can't stop the car here. Can you hold it?**

A **Maybe a little.**

B **Good. There will be a rest stop soon.**

A 차 좀 세워. 나 화장실 가야해.
B 여기서 차를 멈출 수는 없어. 참을 수 있니?
A 조금 정도.
B 좋아. 곧 휴게소가 나올 거야.

따끈따끈 신상 슬랭

That's decaf. 디케프가 뭐지?

decaf는 보통 커피를 주문할 때 들을 수 있는 표현이죠. 무카페인 커피를 달라고 할 때 'decaf로 주세요.'라고 하잖아요. 이 decaf는 decaffeinated(카페인을 제거한/줄인)을 줄여서 쓰는 단어인데요, 예전엔 이렇게 커피와 관련해서만 쓰였지만, 요즘은 젊은이들 사이에서 '시시한, 좋지 않은' 등의 뜻으로 쓰입니다. 한마디로 말해 쿨하지 않은(uncool) 것들을 말할 때 쓰이는 거죠. 커피에서 중요한(?) 카페인을 빼 버렸으니 이런 뜻이 생기지 않았나 싶습니다.

길·빈도·교통

16 의미패턴
가 장 가 까 운 위 치 묻 기

Speak up 1

네이티브들이 즐겨 사용하는 미드 속 기본 회화를 배워 봐요!

Where's the nearest high school? 가장 가까운 고등학교가 어딘가요?

찾고자 하는 장소를 물을 때 가장 직설적이면서도 쉬운 것이 바로 Where is ~?입니다. 우리말로 '~가 어디 있나요?'란 질문이죠. 예를 들어, '우체국이 어디 있나요?'란 질문은 Where is the post office?라고 물으면 되죠. 하지만 우체국이 여러 군데가 있다면 무엇보다도 가장 가까운 곳이 어디인지 물어볼 필요가 있겠죠? 이때는 '가장 가까운'이란 의미를 가진 the nearest를 사용해서 Where is the nearest post office?라고 물으면 됩니다. 가장 가까운 위치를 물을 수 있는 Where is the nearest ~?를 꼭 기억해 두세요.

A   **Where's the nearest high school?**

B   **What country are you in, man? Nobody goes to school.**

A   가장 가까운 고등학교가 어딘가요?

B   이봐요, 당신 지금 어느 나라에 있는 건지 알고나 있소? (여긴) 아무도 학교를 가지 않는다고요.

From *Law and Order*

Speak up 2

대화문을 확장시켜서 다시 한 번 귀와 입을 뚫어 볼까요?

A   **Excuse me.**

B   **Yes?**

A   **Where is the nearest subway station?**

B   **It's just around the corner from here.**

A   실례합니다.

B   네?

A   가장 가까운 전철역이 어디죠?

B   여기서 바로 저 모퉁이를 돌면 나옵니다.

🔊 Speak up 3

좀 더 알고 싶다고요? 다음 말들도 도전해 봐요!

1. I got lost. 길을 잃어버렸어요.

외국을 나가게 되면 익숙하지 않은 거리 이름과 주변 환경에 길을 잃어버리기가 쉽죠. 그러므로 '저 길을 잃어버렸어요' 정도의 표현은 꼭 알아 두는 게 좋겠죠? 영어로 '길을 잃어버리다'는 get lost라고 합니다. 그러므로 '나 길 잃어버렸어요.'는 동사 get의 과거형인 got을 이용해 I got lost라고 말하면 되지요.

A   **Sorry. Am I too late? I got lost.**
This new campus is totally confusing.
I'm Rachael, by the way.

B   **Really? I thought it was Pamela.**

A   미안해요. 내가 너무 늦었나요? 길을 잃어버렸어요. 이 새 캠퍼스는 완전 헷갈리네요.
그나저나 전 레이첼이라고 해요.

B   정말요? 파멜라가 그쪽 이름인 줄 알았는데요.

From **One Tree Hill**

2. You can't miss it. 못 찾으실 리 없을 겁니다.

상대방에게 길을 가르쳐 주고 나서 네이티브들이 즐겨 사용하는 표현이 바로 You can't miss it!입니다. 동사 miss가 '놓치다'란 의미가 있기 때문에, 이 표현은 찾고자 하는 장소를 '놓칠 수가 없다' 즉, 쉽게 찾을 수 있을 거라는 의미의 표현이지요. 상대방에게 길을 친절하게 가르쳐 준 후, 웃으면서 You can't miss it!이라고 말해 보세요.

A   **Take a left on Blanton Street...** (중략)
So you get to that first stop sign after the rotary, and you take a left. The school's right there. You can't miss it.

A   블랜튼 거리에서 좌회전해. 그러면 교차로 이후에 첫 번째 정지 표지판에 도달하게 될 거야. 그리고 나서 좌회전을 해. 학교는 바로 거기에 있지. 못 찾을 리 없어.

From **Dawsons' Creek**

어구   · take a left 좌회전하다

Speak up 1

네이티브들이 즐겨 사용하는 미드 속 기본 회화를 배워 봐요!

How often do you brush? (이를) 얼마나 자주 닦나요?

'얼마나 자주 ~ 하나요?'라는 빈도 혹은 횟수를 묻는 질문을 영어로 던지기 위해서 꼭 익숙해지셔야 하는 것이 바로 How often do you ~?입니다. often은 '종종, 자주'란 의미가 있기 때문에 얼마나 자주 무엇을 하는지 물어볼 때 쓰일 수 있지요. 예를 들어, 요즘 블로그를 이용하는 사람들이 많은데 이들은 서로 'How often do you update your blog?(블로그를 얼마나 자주 업데이트 하나요?)'라고 질문할 수 있겠죠.

A　How often do you brush?

B　Three times a day.

A　너 (이를) 얼마나 자주 닦니?

B　하루에 세 번.

From **The Simpsons**

Speak up 2

대화문을 확장시켜서 다시 한 번 귀와 입을 뚫어 볼까요?

A　You smell like crap.

B　Really? I don't smell anything from me.

A　How often do you take a shower?

B　About once a month.

A　너한테서 쓰레기 냄새가 나.

B　정말? 나한테서 아무 냄새도 안 나는데.

A　너 샤워를 얼마나 자주 하니?

B　한 한 달에 한 번 정도.

🔊 Speak up 3

좀 더 알고 싶다고요? 다음 말들도 도전해 봐요!

1. Three times a week. 일주일에 세 번이요.

빈도, 정도와 관련된 질문을 들었을 때, 그에 적절한 대답을 하기 위해서 꼭 알아 두어야 하는 것이 바로 〈숫자 + times a week[day, month, year]〉입니다. 간단하게 연습해 볼까요? '일주일에 두 번'은 Twice a week, '한 달에 네 번'은 Four times a month, '일 년에 다섯 번'은 Five times a year라고 하면 되는 거죠.

A   **How often do you do it?**

B   **Three times a week.**

A   얼마나 자주 그걸 하시나요?

B   일주일에 세 번이요.

From **House**

2. Every five minutes. 매 5분 마다요.

빈도, 정도에 대한 대답으로 또 하나 유용한 것이 바로 〈Every + 숫자 + minutes[seconds, months, years]〉입니다. 우리말로 '매 ~ 마다요'란 뜻이죠. 간단하게 연습해 볼까요? '매 10초 마다요'는 Every 10 seconds. '매 석 달 마다요'는 Every three months. '매 2년 마다요'는 Every two years.라고 하면 되는 거죠.

A   **Every five minutes, he's gotta pee.**

B   **I've always had a small bladder.**

A   매 5분마다. 이 사람은 소변을 봐야 해요.

B   내가 항상 방광이 작았잖아.

From **Grey's Anatomy**

어구   · pee 소변보다   · bladder 방광

🔊 Speak up 1

네이티브들이 즐겨 사용하는 미드 속 기본 회화를 배워 봐요!

How long does it take to drive? 운전해서 가면 얼마나 걸리죠?

어딘가로 가는 데 있어서 걸리는 시간을 물어보기 위해서 네이티브들은 How long does it take?를 사용합니다. 우리말로 '얼마나 걸립니까?'란 질문이죠. 보통, '버스로' 혹은 '전철로' 등의 교통수단과 연관 지어 얼마나 걸리는지 물어볼 경우에는 전치사 by와 함께 사용하여 How long does it take by bus?, How long does it take by subway?라고 질문하면 됩니다. 단, 직접 운전해서 가는 경우를 물을 때는 How long does it take to drive?라고 질문하면 되지요.

A　**How long does it take to drive?**

B　**Over an hour.**

A　운전해서 가면 얼마나 걸리죠?

B　한 시간 넘게요.

From **X-Files**

🔊 Speak up 2

대화문을 확장시켜서 다시 한 번 귀와 입을 뚫어 볼까요?

A　**How long does it take to drive?**

B　**From where to where?**

A　**From Las Vegas to Phoenix.**

B　**Without any trouble on the road, it will take between 5 and 6 hours.**

A　운전해서 가면 얼마나 걸리죠?

B　어디서부터 어디까지요?

A　라스베가스에서 피닉스까지요.

B　길에서 문제가 생기지 않는다면 5시간에서 6시간이 걸릴 겁니다.

어구　· ⟨It takes + 시간⟩ 시간이 ~ 걸리다

 Speak up 3

좀 더 알고 싶다고요? 다음 말들도 도전해 봐요!

1. What took you so long? 왜 이렇게 오래 걸린 거야?

누군가 예정된 시간보다 늦게 도착한다면 누구나 '왜 이렇게 오래 걸린 거야?'라며 다그쳐 묻겠죠? 이때 사용할 수 있는 영어 표현이 바로 What took you so long?입니다. 동사 take는 '(시간이) 걸리다'란 의미가 있기 때문에, '뭐 때문에 이렇게 오래 걸린 거야?'란 의미의 질문이 되는 거죠.

A **What took you so long? It's midnight.**

B **Traffic.**

A 왜 그렇게 오래 걸린 거야? 벌써 자정이잖아.

B 교통이 막혀서 말이지.

From **House**

2. I'm on my way. 가는 중이에요.

약속 시간에 늦어서 한참 가고 있는데, 친구에게 전화가 와서 어디쯤 왔냐고, 혹은 어디냐고 물을 때, 대답으로 유용하게 쓸 수 있는 표현이 바로 I'm on my way.입니다. 우리말로는 '가는 중이야', '가고 있어'란 의미죠. 약속 시간에 번번이 늦는 분이시라면 꼭 외워 둬야 할 표현이겠죠?

A **Wayne. Where are you?**

B **I'm on my way.**

A 웨인. 너 어디야?

B 가고 있어.

From **X-Files**

미국 문화 훔쳐보기

파티의 드레스 코드

미국은 정말 수많은 파티가 열리는데요. 친구들끼리 여는 간단한 파티라면야 그냥 캐쥬얼한 옷차림으로 가면 되지만, 공식적인 파티라면 대부분 파티의 초대장에 적혀 있는 드레스 코드(dress code)에 맞춰 입고 가야합니다. 그럼 Black Tie Invitation과 White Tie Invitation 두 가지를 알아볼게요.

– **Black Tie:** Formal한 파티에서 입는 옷차림으로 남자는 턱시도를 입어야 하며, 여자는 칵테일드레스나, 이브닝드레스를 입어야 합니다.

– **White Tie:** 이건 정말 Ultra Formal인데요, 남자는 흰색 타이와, 조끼, 셔츠를 모두 갖춰 입어야 하며 여자는 좀 더 격식 있는 Black Tie일 때보다 롱 드레스를 입어야 합니다.

Take a bus.
버스를 타세요.

🔊 Speak up 1

네이티브들이 즐겨 사용하는 미드 속 기본 회화를 배워 봐요!

Take a bus. 버스를 타세요.

대표적인 대중교통수단이라면 버스(bus), 전철(subway), 택시(taxi, cab), 그리고 기차(train)가 있죠. 이러한 교통수단을 '타다'란 말은 동사 take로 나타내는데요. 명령문은 주어가 없이 바로 동사로 문장을 시작해 주기 때문에 상대방에게 '버스를 타' '전철을 타' 등의 말은 모두 Take a bus. / Take the subway. 등으로 말해 주면 된답니다. 물론 이를 좀 더 부드럽게 순화시키기 위해서는 앞에 Please를 붙여서 말해 주면 되지요. ex) Please take a bus.

A   **Next time, take a bus. You're too pretty to hitch.**

B   **Thanks.**

A   다음번에는 버스를 타요. 당신은 히치하이킹하기에는 너무 예뻐요.

B   고맙습니다.

*From **That 70's Show***

어구   · too ~ to ... …하기에는 너무 ~한   · hitch 히치하이킹하다

🔊 Speak up 2

대화문을 확장시켜서 다시 한 번 귀와 입을 뚫어 볼까요?

A   **How can I get to the City Museum?**

B   **Take the subway.**

A   **What line should I take?**

B   **Line four, the blue line.**

A   시립 박물관으로 어떻게 갈 수 있나요?

B   전철을 타세요.

A   몇 호선을 타야 되죠?

B   파란색 4호선이요.

🔊 Speak up 3

좀 더 알고 싶다고요? 다음 말들도 도전해 봐요!

1. Hop in! 타! / 타요!

상대방에게 자신의 차에 타라고 할 때 쓸 수 있는 표현이 바로 Hop in!입니다. 말 그대로 안으로 깡충 뛰듯이 들어오라는 의미를 가진 표현이지요. 과거 한때 유행했었던 '야! 타!' 를 영어로 말하면 'Hey! Hop in!'이 되겠네요.^^ 같은 의미로 Get in!이란 표현 역시 즐겨 사용되니 같이 기억해 두도록 하세요.

A   **Do you need a ride?**

B   **I need you to tell me the truth about my father.**

A   **Hop in!**

A   태워다 줄까?

B   제게 제 아버지에 대한 사실을 말씀해 주셨으면 좋겠어요.

A   타거라!

From ***Desperate Housewives***

2. Can you give me a ride home? 나 집까지 태워 줄 수 있어요?

대중교통을 이용하시는 분들이라면 밤에 술 마시고 진탕 놀다가 버스나 전철이 끊겨서 당황하신 적 한 번쯤은 있을 겁니다. 물론 택시를 타면 되겠지만, 집이 멀다면 그 비용이 만만치가 않죠. 이때는 차를 가진 동료나 친구에게 꼭 Can you give me a ride?라고 물어보세요. give someone a ride는 '~를 태워주다'란 표현으로 상대방에게 '나 좀 태워 줄 수 있어?'란 질문은 Can you give me a ride?라고 말할 수 있죠.

A   **Can you give me a ride home?**

B   **Yeah.**

A   나 집까지 태워 줄 수 있어요?

B   그래.

From ***Numbers***

교통 혼잡 말하기

Speak up 1

네이티브들이 즐겨 사용하는 미드 속 기본 회화를 배워 봐요!

How was the traffic? 교통은 어땠어? / 차 많이 막혔어?

How was ~?는 무언가의 상태에 대해서 상대방의 의견을 물을 때, 요긴하게 사용할 수 있는 표현입니다. 예를 들어, 스테이크를 먹은 친구에게는 How was the steak?(스테이크 어땠어?)라고 물을 수 있고, 콘서트에 갔다 온 친구에게는 How was the concert?라고 물을 수 있지요. 마찬가지로 교통과 관련해서는 '교통(흐름)'이란 뜻을 가진 명사 traffic을 이용해서 How was the traffic?이라고 물을 수 있지요. 우리말로 '교통은 어땠어?'란 뜻으로 '차 많이 막혔어?'로 의역해 줄 수 있는 표현이랍니다.

A **How was the traffic?**

B **Uh, it was... it was fine.**

A 교통은 어땠어?

B 아, 괜찮… 괜찮았어.

From ***Brothers and Sisters***

 Speak up 2

대화문을 확장시켜서 다시 한 번 귀와 입을 뚫어 볼까요?

A **John, how was the traffic?**

B **It was bumper to bumper.**

I spent almost an hour on the road.

A **That's why I always take the subway.**

B **Good for you. There's no subway line near my house.**

A 존, 교통은 어땠어?

B 꽉 막혔었어. 길에서 거의 한 시간가량을 보냈어.

A 그래서 내가 항상 전철을 타는 거야.

B 좋겠다. 우리 집 근처에는 지하철 노선이 없어.

어구   · bumper to bumper 차가 꽉꽉 막힌   · That's why ~. 그게 ~ 인 이유야.

How was
the traffic?
교통은 어땠어?

 Speak up 3

좀 더 알고 싶다고요? 다음 말들도 도전해 봐요!

1. I'm sorry I'm late. It was the traffic. 늦어서 미안해. 차가 막혀서 말이야.

아침에 지각했을 때, 흔히 사용하는 변명이 '차가 막혀서요.'죠. 이처럼 '교통이 막혔다'라는 의미로 사용할 수 있는 것은 앞서 나온 It was bumper to bumper. 이외에도 The traffic was backed up. / The traffic was terrible. 등이 있습니다. 또는 먼저 자신이 늦었다고 말한 후에, 간단하게 It was the traffic. 이라고만 지적해 줘도 되지요.

A   **Oh, I'm sorry I'm late. It was the traffic.**

B   **It doesn't matter.**

A   아, 늦어서 미안해. 차가 막혀서 말이야.

B   상관없어.

From **Grey's Anatomy**

2. Just give me a ticket. 그냥 딱지나 끊어 주세요.

교통, 운전과 관련해서 가장 열 받는 일은 무엇보다도 딱지를 떼게 되는 상황이 아닌가 싶네요. 딱지는 영어로 간단히 ticket이라고 합니다. 원래 '과속딱지'는 speeding ticket, '주차위반딱지'는 parking ticket이라고 하는데 줄여서 간단히 ticket이라고 부르지요.

A   **I know I was going too fast. Just give me a ticket.**

B   **I beg your pardon?**

A   **Just give me a ticket!**

A   제가 너무 과속했다는 거 알아요. 그냥 딱지나 끊어 주세요.

B   뭐라고요?

A   그냥 딱지나 끊어달라고요!

From **The Simpsons**

어구   · I beg your pardon? 다시 한번 말씀해 주시겠어요?

Review 이제 배운 걸 가볍게 정리해 볼까요?

먼저 한글 표현을 영어로 바꿔 말해 보고 실제 미드 속 네이티브들의 음성 속도, 발음, 억양에 맞춘 MP3 파일을 들으며 빈칸에 배웠던 표현을 받아 적어 보세요.

1.

A Can I help you?

B I think ___________________. ___________________?

A Go down three blocks and turn left. ___________________.

B Thank you very much.

> **A** 도와 드릴까요?
> **B** 길을 잃어버린 것 같아요. 가장 가까운 경찰서가 어디죠?
> **A** 아래로 세 블럭 가시다 좌회전하세요. 못 찾으실 리 없습니다.
> **B** 매우 감사해요.

2.

A ___________________?

B ___________________.

A How often do you go to the bathroom?

B ___________________. I pee a lot.

> **A** (이를) 얼마나 자주 닦아요?
> **B** 하루에 세 번이요.
> **A** 화장실에는 얼마나 자주 가요?
> **B** 30분 마다요. 제가 소변을 자주 봐요.

3.

A ___________________?

B About an hour, I guess.

> **A** 택시로 얼마나 걸려요?
> **B** 약 한 시간 정도 걸릴 것 같네요.

4.

A   Jack! Everybody is waiting for you. Where are you now?

B   ____. I'll be there soon.

A   잭! 모든 사람들이 널 기다리고 있어. 너 지금 어디야?
B   <u>가고 있어.</u> 곧 거기 도착할 거야.

5.

A   ____?

B   ____.

A   Oh, please. please, please.

B   All right. But this will be the last time, okay? ____________!

A   <u>나 좀 태워 줄 수 있어요?</u>
B   버스 타.
A   아, 제발, 제발, 제발.
B   알았어. 하지만 이번이 마지막이 될 거야. 알았지? <u>타!</u>

6.

A   ____?

B   It was terrible.

A   <u>교통은 어땠어?</u>
B   끔찍했어. (= 완전 막혔어.)

7.

A   Sir, you were driving above the speed limit.

B   I know. ____.

A   제한속도 이상으로 운전하셨습니다.
B   나도 알아요. <u>그냥 딱지나 끊어 주세요.</u>

그림자 따라 읽기로 배운 문장을 입에 붙여 봅시다.

이번엔 눈으로 확인하며 실제 미드 속 네이티브들의 음성 속도, 발음, 억양에 맞춘 MP3 파일을 들으며 동시에 따라 읽어 보세요.

1.

A **Can I help you?**

B **I think I got lost. Where is the nearest police station?**

A **Go down three blocks and turn left. You can't miss it.**

B **Thank you very much.**

A 도와 드릴까요?
B 길을 잃어버린 것 같아요. 가장 가까운 경찰서가 어디죠?
A 아래로 세 블럭 가시다 좌회전하세요. 못 찾으실 리 없습니다.
B 매우 감사해요.

2

A **How often do you brush?**

B **Three times a day.**

A **How often do you go to the bathroom?**

B **Every 30 minutes. I pee a lot.**

A (이를) 얼마나 자주 닦아요?
B 하루에 세 번이요.
A 화장실에는 얼마나 자주 가요?
B 30분 마다요. 제가 소변을 자주 봐요.

3.

A **How long does it take by taxi?**

B **About an hour, I guess.**

A 택시로 얼마나 걸려요?
B 약 한 시간 정도 걸릴 것 같네요.

4.

A   **Jack! Everybody is waiting for you. Where are you now?**

B   **I'm on my way. I'll be there soon.**

A   잭! 모든 사람들이 널 기다리고 있어. 너 지금 어디야?

B   가고 있어. 곧 거기 도착할 거야.

5.

A   **Can you give me a ride?**

B   **Take a bus.**

A   **Oh, please. please, please.**

B   **All right. But this will be the last time, okay? Hop in!**

A   나 좀 태워 줄 수 있어요?

B   버스 타.

A   아, 제발, 제발, 제발.

B   알았어. 하지만 이번이 마지막이 될 거야. 알았지? 타!

6.

A   **How was the traffic?**

B   **It was terrible.**

A   교통은 어땠어?

B   끔찍했어. (= 완전 막혔어.)

7.

A   **Sir, you were driving above the speed limit.**

B   **I know. Just give me a ticket.**

A   제한속도 이상으로 운전하셨습니다.

B   나도 알아요. 그냥 딱지나 끊어 주세요.

Chapter

5

전화 · 인터넷 · 통신

 Speak up 1

네이티브들이 즐겨 사용하는 미드 속 기본 회화를 배워 봐요!

Can I ask who's calling? 전화거신 분이 누구신지 여쭤도 될까요?

누군가에게서 전화를 받았을 때, 그 사람이 누군지 정도는 영어로 물어볼 줄 알아야 하겠죠? 특히나 회사에서 상사를 찾는 전화를 받았을 때는, 반드시 전화 건 사람의 이름을 받아 적는 것이 중요하죠. 이때 사용할 수 있는 영어 표현이 바로 Can I ask who's calling?입니다. 우리말로는 '전화 거신 분이 누구신지 여쭤도 될까요?'가 되지요. 'Can I ~'의 경우는 전화통화 시 굉장히 유용하게 사용할 수 있는 패턴인데요. 예를 들어, 전화를 걸어서 누구를 바꿔 달라고 할 때는 〈Can I speak to + 사람 이름?〉으로 질문을 하곤 하죠.

A **Hi, Monica and Rachel's. Yeah, Just a second. Can I ask who's calling?** (*towards B*) **It's Michelle! She must have that 'caller ID' thing. You should get that.**

B **Michelle?**

A 여보세요. 모니카와 레이첼의 집입니다. 네. 잠시만요. 전화 거신 분이 누구신지 여쭤도 될까요? (B를 보며) 미셸한테 전화 왔어! '발신자 확인' 같은 걸 해 놨나 봐. 전화 받아 봐.

B 미셸이라고?

From ***Friends***

어구 · caller ID 발신자 확인　· thing ~같은 것　· get (전화를) 받다

 Speak up 2

대화문을 확장시켜서 다시 한 번 귀와 입을 뚫어 볼까요?

A **Hello, can I speak to Mrs. Hopkinson, please?**

B **Can I ask who's calling?**

A **This is Jaymax Lee.**

B **One moment, please.**

A 여보세요. 홉킨슨 씨와 통화를 할 수 있을까요?　/　B 전화거신 분이 누구신지 여쭤도 될까요?

A 전 제이맥스 리라고 합니다.　/　B 잠시만 기다려 주세요.

🔊 Speak up 3

좀 더 알고 싶다고요? 다음 말들도 도전해 봐요!

1. Can I take a message? 메시지 남겨 드릴까요?

상대방이 Can I speak to ~?라고 누군가와의 전화 통화를 요청했는데, 찾는 사람이 없을 경우 용건이 무엇인지 메시지 정도는 받아 두는 것이 좋겠죠? 이때, 유용하게 사용할 수 있는 표현이 바로 Can I take a message?입니다. take a message가 '메시지를 받다'란 의미가 있기 때문이죠. 반대로 전화건 사람이 메시지를 남겨도 되는지 묻고 싶을 때는 동사 leave를 사용해서 Can I leave a message?라고 물어보면 됩니다.

A **Hello, is Mr. Forman there?**

B **I'm sorry you just missed him.**
Can I take a message?

A 여보세요. 포먼 씨 거기 계시나요?

B 죄송하지만 방금 나가셨네요. 메시지 남겨 드릴까요?

From ***That 70's Show***

2. You've got the wrong number. 전화 잘못 거셨습니다.

전화 통화와 관련해서 역시 또 하나 빼놓을 수 없는 것이 바로 잘못 걸려온 전화일 겁니다. 이런 전화를 받으면 친절히 '전화 잘못 거셨습니다.'라고 말해 줄 필요가 있겠죠? 영어로는 You've got the wrong number.라고 말해 주면 됩니다.

A **No, you've got the wrong number.**

B **I don't think so. It's on my speed dial.**

A 아뇨. 전화 잘못 거셨습니다.

B 그럴 리가요. 제 단축번호로 전화한 건데요.

From ***Monk***

어구 · **speed dial** 단축번호

22 전화 용건 말하기

🔊 Speak up 1

네이티브들이 즐겨 사용하는 미드 속 기본 회화를 배워 봐요!

I'm calling to apologize. 사과드리려고 전화했습니다.

전화 통화와 관련한 영어에서 많은 사람들이 당황해 하는 것이 전화를 건 후에, 자신이 하고 싶은 말, 즉 용건을 어떤 식으로 전달해야 하는 가입니다. 네이티브들은 보통 전화를 건 후에 용건을 말할 때 I'm calling to ~.로 말문을 엽니다. 예를 들어 '몇 가지 질문을 드리려고 전화 드렸어요.'는 '몇 가지 질문을 하다'에 해당하는 ask you a few questions를 뒤에 붙여 I'm calling to ask you a few questions.라고 말하면 되지요.

A **I'm calling to apologize.**

B **Okay.**

A 사과드리려고 전화했습니다.

B 그래요.

From **Prison Break**

🔊 Speak up 2

대화문을 확장시켜서 다시 한 번 귀와 입을 뚫어 볼까요?

A **Hello. This is Jaymax speaking.**

B **Hi, Jaymax. It's me, Mary. How are you?**

A **Hi, Mary. I'm good, thanks. What's up?**

B **Listen, I'm calling to ask if you're free this afternoon.**

A 여보세요. 제이맥스입니다.

B 안녕, 제이맥스. 나야, 매리. 잘 지내?

A 안녕, 매리. 난 잘 지내지. 고마워. 무슨 일이야?

B 있잖아. 네가 오늘 점심 때 시간이 되는지 물어보려고 전화했어.

어구 · ask if ~인지 물어보다

🔊 Speak up 3

좀 더 알고 싶다고요? 다음 말들도 도전해 봐요!

1. Are we still on? 우리 약속 아직 유효한 거지?

이전에 정해 놓은 약속의 유효 여부를 재확인할 때 네이티브들은 Are we still on?이란 표현을 즐겨 사용합니다. 보통 뒤에 〈for + 명사〉 형태를 붙여서 구체적인 약속의 내용을 언급하기도 합니다. ex) Are we still on for tomorrow night? 우리 내일 저녁 약속 아직 유효한 거지? Are we still on for the movie? 우리 영화 보러 가잔 약속 아직 유효한 거지?

A **I'm calling to confirm tomorrow night. Are we still on?**

B **Yeah, of course.**

A 내일 밤 (약속) 확인하려고 전화했어. 우리 약속 아직 유효한 거지?

B 응, 물론이지.

*From **Sex and the City***

어구 · confirm 확인하다

2. Could you call my cell? 내 휴대폰으로 전화해 줄래?

핸드폰이 콩글리시인거 모르시는 분은 없겠죠? 핸드폰은 영어로 cell phone이라고 해야 맞습니다. 줄여서 말하는 것을 좋아하는 네이티브들은 이를 또 간단히 cell이라고만 부르기도 하죠. 그러므로 '내 휴대폰으로 전화해'란 말은 간단히 'Call my cell.'이라고 하면 되죠. (영국, 호주 쪽에서는 cell (phone) 대신 mobile (phone)이라고 말하기도 합니다.)

A **Could you call my cell? I think the ringer is broken.**

B **Syd. I can barely hear you.**

A 내 휴대폰으로 전화해 줄래? 벨 소리가 고장이 난 것 같아.

B 시드. 네 목소리가 거의 안 들려.

*From **One Tree Hill***

어구 · ringer 벨소리 · broken 고장난

 Speak up 1

네이티브들이 즐겨 사용하는 미드 속 기본 회화를 배워 봐요!

Are you online? 너 인터넷에 접속했니?

요즘에는 인터넷을 사용하지 않는 분들이 없겠죠? 저 역시 직업이 글쓰기다 보니 자료 수집을 위한 인터넷 사용량이 엄청나답니다. 잠시 얘기가 샜는데요, (^^) 네이티브들은 인터넷에 접속한 상태를 나타내는 단어로 online을 사용합니다. 그래서 상대방에게 '인터넷에 접속했니?'란 말을 간단히 'Are you online?'이라고 물어보죠. 물론 대답으로 '나 인터넷에 접속했어.'는 간단하게 I'm online.이라고 하면 되겠죠?

A **Are you online?**

B **Yeah.**

A 인터넷에 접속한 거야?

B 응.

From ***One Tree Hill***

 Speak up 2

대화문을 확장시켜서 다시 한 번 귀와 입을 뚫어 볼까요?

A **Are you online?**

B **Yes, I am. Where are you now?**

A **I'm waiting in a chat room.**

B **Okay. Just hold on a second.**

A 너 인터넷에 접속했니?

B 응. 했어. 너 지금 어디야?

A 나 채팅방에서 기다리고 있어.

B 알았어. 잠깐만 기다려 봐.

🔊 Speak up 3

좀 더 알고 싶다고요? 다음 말들도 도전해 봐요!

1. I googled you. 제가 당신을 인터넷으로 검색해 봤어요.

우리나라에선 네이버와 다음이 인기를 누리고 있지만, 사실 전 세계 최고의 검색 엔진은 **google**이죠. 많은 사람들이 사용하는 만큼 네이티브들은 이 **google**을 아예 '인터넷으로 검색하다'라는 동사로도 쓰는데요. '검색해 봐.'라고 말할 때, 간단하게 'Google it.'이라고 하면 되는 거죠.

A **What exactly do you do?**

B **I'm a hedge fund manager.**

C **Oh, come on, he's being modest. I googled you. He's one of the top hedge fund managers in the country.**

A 정확히 직업이 어떻게 되세요?

B 전 헤지 펀드 매니저입니다.

C 아, 왜 그러세요. 이 분 겸손해 하시는 거야. 제가 당신을 인터넷으로 검색해 봤어요.
이 분은 우리나라에서 최고의 헤지 펀드 매니저 중 한 분이라고.

*From **Brothers and Sisters***

어구 · modest 겸손한

2. Why don't you post it on your blog? 그거 네 블로그에 올리는 게 어때?

요즘엔 많은 사람들이 인터넷으로 블로그를 즐깁니다. 이렇게 인터넷의 블로그나 혹은 여러 게시판에 글을 '등록하다'는 영어로 **post**라고 하지요. 그 외에도 게시판에 사진, 그리고 동영상에 이르기까지 다양한 자료들을 인터넷상에 올리는 것을 동사 **post**로 나타냅니다.

A **I got this really strange email a few hours ago.**

B **Ok. So why don't you post it on your blog?**

A 나 몇 시간 전에 정말로 이상한 이메일을 받았어.

B 그래. 그러면 네 블로그에 그걸 올리는 게 어때?

*From **Ghost Whisperer***

🔊 Speak up 1

네이티브들이 즐겨 사용하는 미드 속 기본 회화를 배워 봐요!

I'll transfer your call to customer service.
고객센터로 전화 연결해 드릴게요.

회사나 업체로 전화가 오게 되면, 자신의 부서가 아닌 다른 곳으로 전화를 연결해 주어야 하는 경우가 있습니다. 이때 유용하게 쓸 수 있는 것이 바로 'I'll transfer your call to ~.'지요. 전치사 to 뒤에는 전화가 연결되어야 할 사람이나 부서를 언급해 주면 되는 거죠. 예를 들어, 'Mr. Kim에게 연결해 드리겠다.'라는 말은 I'll transfer your call to Mr. Kim.이라 하고, '회계부서로 연결해 드리겠다.'란 말은 I'll transfer your call to Accounting.이라고 말하면 되는 거죠.

A **When will you have the one with the comfort grip in stock?**

B **I'll transfer your call to customer service.**

A   편한 손잡이를 가진 물품이 언제쯤 재고가 들어올까요?

B   제가 고객 상담센터로 전화를 연결해 드릴게요.

*From **Friends***

어구 · have A in stock A를 재고로 갖고 있다

🔊 Speak up 2

대화문을 확장시켜서 다시 한 번 귀와 입을 뚫어 볼까요?

A **May I speak to Mr. Brown, please?**

B **I'm sorry, but Mr. Brown works in the Marketing Department.**
This is the Accounting Department.

A **Oh, I'm sorry. I may have entered the wrong extension number.**

B **No worries. I'll transfer your call to the Marketing Department.**

A   브라운 씨와 통화를 할 수 있을까요?

B   죄송합니다만 브라운 씨는 마케팅 부서에서 일하십니다. 이곳은 회계부서고요.

A   아, 죄송합니다. 제가 내선번호를 잘못 눌렀나 보네요.

B   걱정 마세요. 제가 마케팅 부서로 전화를 연결해 드릴게요.

🔊 Speak up 3

좀 더 알고 싶다고요? 다음 말들도 도전해 봐요!

1. Let me put you through. 전화 연결시켜 드릴게요.

상대방의 전화를 연결해 줄 때, I'll transfer your call to ∼.만큼이나 즐겨 사용되는 것이 바로 **Let me put you through.**입니다. I'll transfer your call to ∼.가 뒤에 전화를 연결시켜 주는 대상을 언급해 줘야 하는 반면, Let me put you through.는 그럴 필요 없이 이 표현만으로 사용 가능합니다.

A **Let me put you through.**
(*Transferring C to B*)
B **What?**
C **Good morning, Mr. President. It's Charlie.**

A 전화 연결시켜 드릴게요. (C를 B에게 연결해 줌)
B 뭔가?
C 좋은 아침입니다. 대통령님. 찰리입니다.

From **West Wing**

2. I'm on hold. 대기 중이야.

상담원과 전화 통화를 시도할 때, 만약 모든 상담원들이 통화 중이라면 전화기에서는 계속 음악소리가 나오며 전화가 연결될 때까지 기다려야 하는 경우가 있죠. 이런 상황을 영어로 I'm on hold.라고 말할 수 있습니다. on hold는 '대기 중인'이란 의미가 있기 때문이죠.

A **Hang up the phone.**

B **I'm on hold. I'm just waiting to get one of the representatives.**

A 전화 끊어.
B 나 대기 중이야. 상담원 중 한 명과 연결되려고 기다리고 있는 중이라고.

From **Monk**

어구 · hang up 전화를 끊다 · representative 대표자

🔊 Speak up 1

네이티브들이 즐겨 사용하는 미드 속 기본 회화를 배워 봐요!

I already emailed her. 난 벌써 그녀에게 이메일을 보냈어.

요즘 같은 인터넷 시대에 이메일을 쓰지 않으시는 분은 없겠죠? 이메일(email)은 영어에서 그냥 명사로도 사용되지만, '이메일을 보내다'라는 의미의 동사로도 사용됩니다. 즉, '탐에게 이메일을 보내다'란 말은 동사 send를 사용해 send an email to Tom이라고 해도 되지만, 더 간단히는 email Tom이라고 말해도 되는 거죠.

A **I already emailed her.**

B **Let me see what you wrote about yourself.**

A 나 벌써 그녀에게 이메일을 보냈어.

B 어디 네 자신에 대해서 뭐라고 적었는지 보여 줘봐.

From *Friends*

🔊 Speak up 2

대화문을 확장시켜서 다시 한 번 귀와 입을 뚫어 볼까요?

A **Did you send the email to Susan?**

B **Yup, I already emailed her.**

A **Good. Let me know when you get her reply.**

B **Okay.**

A 수잔에게 이메일 보냈니?

B 응, 벌써 그녀에게 이메일을 보냈지.

A 잘했어. 그녀에게 답장을 받으면 내게 알려 줘.

B 그래.

🔊 Speak up 3

좀 더 알고 싶다고요? 다음 말들도 도전해 봐요!

1. There were attachments. 첨부파일들이 있었어.

이메일하면 또 빼놓을 수 없는 것이 바로 '첨부파일'입니다. 영어로는 attachment file 혹은 더 간단히 attachment라고 하지요. 만약 수신한 메일에 첨부파일이 딸려 있다면 '~가 있다'라는 의미로 사용되는 There is(are)를 사용해서 There is an attachment. 혹은 There are attachments.라고 말하면 됩니다.

A He sent a whole bunch of e-mails to Woody, all from different email addresses.

B What did they say?

A Nothing. **There were attachments.**

A 그가 우디에게 다량의 이메일을 보냈어. 모두 다 다른 이메일 주소로 말이야.

B 이메일에 뭐라고 써 있었어?

A 아무것도 써 있지 않았어. 첨부파일들은 있었어.

From ***Veronica Mars***

2. I'm gonna forward you an email.
너에게 이메일을 하나 전송할게. = 포워딩 해 줄게.

보통 회사의 같은 부서 동료나 상사와 업무 관련 이메일을 공유하는 경우가 많기 때문에 '이메일을 포워딩해 줄게.'라고 하거나 혹은 '내게 이메일 좀 포워딩해 줘.'라는 말을 자주 하는데요. 여기서 말하는 포워딩이 바로 forward라는 동사로 '전달하다'란 의미가 있지요. 그래서 영어로도 상대방에게 '이메일을 전달해 줄게.'란 말은 I'm gonna forward you an email. 또는 I'm gonna forward an email to you.라고 말합니다.

A **I'm gonna forward you an email,** and I need you to use the IP address to track down the location of the computer that originally sent them. Can you do it?

B Sure.

A 너에게 이메일을 하나 전송할게. 아이피 주소를 사용해서 이것들을 최초로 보낸 컴퓨터 위치를 추적해 줬으면 해. 할 수 있겠니?

B 물론이지.

From ***Ghost Whisperer***

먼저 한글 표현을 영어로 바꿔 말해 보고 실제 미드 속 네이티브들의 음성 속도, 발음, 억양에 맞춘 MP3 파일을 들으며 빈칸에 배웠던 표현을 받아 적어 보세요.

1.

A   Hi. Can I speak to Mike Holland, please?

B   I'm sorry, but he just stepped out. _______________________?

A   여보세요. 마이크 홀란드 씨와 통화할 수 있을까요?
B   죄송하지만 방금 나가셨어요. 메시지 남겨 드릴까요?

2.

A   _______________________?

B   This is John Cruise. I'm an old friend of Bobby's.

A   전화 거신 분이 누구신지 여쭤 봐도 될까요?
B   전 존 크루즈라고 합니다. 바비의 오래된 친구이지요.

3.

A   _____________________. _____________________?

B   Sure.

A   Good. Then, I will see you tomorrow.

B   Okay. _____________________ before you leave?

A   우리 데이트 확인하려고 전화했어. 우리 약속 아직 유효한 거지?
B   물론이지.
A   좋아. 그러면 내일 보자.
B   알았어. 출발하기 전에 내 휴대폰으로 전화해 줄래?

4.

A   _____________________?

B   Yes, _____________________. And I found this sexy video of her.

A   _____________________?

B   That's what I'm gonna do now.

A	너 인터넷에 접속했니?
B	응, 브리트니 스피어스를 검색 중이야. 그녀의 섹시한 비디오를 찾아냈어.
A	그거 네 블로그에 올리는 게 어때?
B	이제 하려고 했지.

5.

A **I'd like to speak to Mrs. Jackson.**

B **Okay. ____.**

A	잭슨 씨와 통화하고 싶습니다.
B	알겠습니다. 잭슨 씨에게 전화 연결시켜 드릴게요.

6.

A **Are you still on the phone?**

B **________________________. It says all the representatives are busy at the moment.**

A	너 아직도 통화 중이야?
B	나 대기 중이야. 모든 상담원들이 지금 바쁘다고 말하네.

7.

A **Did you send the email to Amy?**

B **Yup, ____.**

A **But she told me she hasn't received it yet. Were there attachments?**

B **Yeah, ____________________. Maybe, they were too heavy.**

A	에이미에게 이메일을 보냈나요?
B	넵, 벌써 그녀에게 이메일을 보냈죠.
A	그런데 제게 아직 받지 못했다고 말하네요. 첨부파일들이 있었나요?
B	네, 첨부파일들이 있었어요. 아마도 (용량이) 너무 컸나 봐요.

이번엔 눈으로 확인하며 실제 미드 속 네이티브들의 음성 속도, 발음, 억양에 맞춘 MP3 파일을 들으며 동시에 따라 읽어 보세요.

1.

A   **Hi. Can I speak to Mike Holland, please?**

B   **I'm sorry, but he just stepped out. Can I take a message?**

A   여보세요. 마이크 홀란드 씨와 통화할 수 있을까요?
B   죄송하지만 방금 나가셨어요. 메시지 남겨 드릴까요?

2

A   **May I ask who's calling?**

B   **This is John Cruise. I'm an old friend of Bobby's.**

A   전화 거신 분이 누구신지 여쭤 봐도 될까요?
B   전 존 크루즈라고 합니다. 바비의 오래된 친구이지요.

3.

A   **I'm calling to confirm our date. Are we still on?**

B   **Sure.**

A   **Good. Then, I will see you tomorrow.**

B   **Okay. Could you call my cell before you leave?**

A   우리 데이트 확인하려고 전화했어. 우리 약속 아직 유효한 거지?
B   물론이지.
A   좋아. 그러면 내일 보자.
B   알았어. 출발하기 전에 내 휴대폰으로 전화해 줄래?

4

A   **Are you online?**

B   **Yes, I'm googling Britney Spears. And I found this sexy video of her.**

A   **Why don't you post it on your blog?**

B   **That's what I'm gonna do now.**

A	너 인터넷에 접속했니?
B	응, 브리트니 스피어스를 검색 중이야. 그녀의 섹시한 비디오를 찾아냈어.
A	그거 네 블로그에 올리는 게 어때?
B	이제 하려고 했지.

5.

A **I'd like to speak to Mrs. Jackson.**

B **Okay.** I'll transfer your call to Mrs. Jackson. **(= Let met put you through.)**

A	잭슨 씨와 통화하고 싶습니다.
B	알겠습니다. 잭슨 씨에게 전화 연결시켜 드릴게요.

6.

A **Are you still on the phone?**

B I'm on hold. **It says all the representatives are busy at the moment.**

A	너 아직도 통화 중이야?
B	나 대기 중이야. 모든 상담원들이 지금 바쁘다고 말하네.

7.

A **Did you send the email to Amy?**

B **Yup,** I already emailed her.

A **But she told me she hasn't received it yet.**
Were there attachments?

B **Yeah,** there were attachments. **Maybe, they were too heavy.**

A	에이미에게 이메일을 보냈나요?
B	넵, 벌써 그녀에게 이메일을 보냈죠.
A	그런데 제게 아직 받지 못했다고 말하네요. 첨부파일들이 있었나요?
B	네, 첨부파일들이 있었어요. 아마도 (용량이) 너무 컸나 봐요.

서로간의 Communication

Speak up 1

네이티브들이 즐겨 사용하는 미드 속 기본 회화를 배워 봐요!

Can I have a word with you? 잠깐 얘기 좀 할 수 있을까요?

상대방과 잠깐의 대화를 요청할 때 네이티브들은 Can I have a word with you?란 표현을 즐겨 사용합니다. 우리말로 '잠깐 얘기 좀 할 수 있을까요?'란 뜻이 되지요. 뉘앙스 상 무언가 둘 만이 따로 해야 할 사안의 대화를 나누자는 요청을 할 때 쓰시면 됩니다. a word 대신에 a few words를 넣어서 Can I have a few words with you?라고 말할 수도 있고요.

A   **Dr. Kim. Can I have a word with you?**

B   **Yes, Veronica.**

A   김 선생님. 잠깐 얘기 좀 할 수 있을까요?

B   그럼요, 베로니카.

From *The. O.C*

Speak up 2

대화문을 확장시켜서 다시 한 번 귀와 입을 뚫어 볼까요?

A   **Can I have a word with you, Jack?**

B   **Sure. Have a seat.**

A   **Thanks. I'd like to talk to you about the new project.**

B   **The new project? What about it?**

A   잭, 잠깐 얘기 좀 할 수 있을까?

B   물론이지. 앉아.

A   고마워. 너와 새 프로젝트에 관해서 이야기를 하고 싶어.

B   새 프로젝트? 그거 뭐?

🔊 Speak up 3

좀 더 알고 싶다고요? 다음 말들도 도전해 봐요!

1. I'm all ears. (집중해서) 듣고 있어.

미드를 보면 상대방이 무언가 이야기를 하고자 할 때, 이를 듣는 사람이 I'm all ears.라고 하는 장면을 종종 볼 수 있습니다. I'm all ears.라는 표현은 마치 내 몸 전체가 귀(ears)가 된 것처럼 상대방의 말에 집중해서 '잘 듣고 있다.' 혹은 '(잘 들어 줄게) 말해 봐.'란 의미로 네이티브들이 즐겨 사용하는 표현이지요. 동일한 의미로 I'm listening.이란 표현도 자주 사용되니 같이 기억해 두도록 하세요.

A   **I came up with a solution.**

B   **I'm all ears.**

A   내가 해결책을 찾아냈어.

B   잘 듣고 있으니까 말해 봐.

From ***The O.C***

어구   · come up with ~를 생각해내다

2. Can't it wait? 나중에 하면 안 될까?

이미 바쁜 와중에 누가 잠깐 얘기 좀 하자며 재촉할 때 Can't it wait?이라고 질문할 수 있습니다. 우리말로는 '나중에 하면 안 될까?'란 표현이지요. 여기서 it은 상대방이 하고자 하는 이야기 내용이나 상대방이 내게 하길 원하는 행동으로 그 자체가 기다려 줄 수 있는지, 다시 말해 나중에 하면 안 되는지 여부를 묻는 질문인 것이죠.

A   **Can't it wait?**

B   **No, no. He's very important.**

A   나중에 하면 안 될까?

B   안 돼, 안 돼. 그는 굉장히 중요한 사람이라고.

From ***Monk***

🔊 Speak up 1

네이티브들이 즐겨 사용하는 미드 속 기본 회화를 배워 봐요!

What I'm trying to say is I'm in love with you.
내가 말하려는 것은 내가 널 사랑하고 있다는 거야.

대화를 나누다 보면 명확히 자신이 의도하는 바가 전달되지 않는 때가 있죠. 이때는 다시 한 번 자신이 하고자 하는 말을 정리해서 다시 언급해 줄 필요가 있습니다. 이를 위해 네이티브들이 즐겨 사용하는 것이 What I'm trying to say is that ~.입니다. that 이후에는 〈주어 + 동사 ~〉의 완전한 문장으로 자신이 말하고자 하는 바를 정리해 주면 되는 거죠. 예를 들어, '내가 말하려는 것은 그녀가 널 사랑한다는 거야.'란 말을 하고 싶다면 '그녀가 널 사랑한다.'에 해당하는 She loves you.를 뒤에 붙여 What I'm trying to say is that she loves you.라고 하면 되는 겁니다. 참고로 that은 생략이 가능합니다.

A **What are you saying - You're not pretty?**

B **What I'm trying to say is I'm in love with you.**

A   너 무슨 말 하는 거야 – 네가 예쁘지 않다는 거야?

B   내가 말하려는 것은 내가 널 사랑하고 있다는 거야.

*From **One Tree Hill***

🔊 Speak up 2

대화문을 확장시켜서 다시 한 번 귀와 입을 뚫어 볼까요?

A **I don't get it. What are you talking about?**

B **Well, what I'm trying to say is you should not trust him.**

A **Why?**

B **Because he's not trustworthy.**

A   이해가 안 가. 너 무슨 말을 하는 거야?

B   음, 내가 말하려는 것은 네가 그를 믿어서는 안 된다는 거야.

A   왜?

B   왜냐면 그는 믿을 만한 사람이 아니니까.

🔊 Speak up 3

좀 더 알고 싶다고요? 다음 말들도 도전해 봐요!

1. Where were we? 우리가 어디까지 얘기했지?

상대방과 대화 도중 갑자기 다른 일로 대화가 중단되는 경우가 있죠. 그러다 다시 대화를 하려고 하면 무슨 대화를 하던 중이었는지, 혹은 무슨 말을 하고 있었는지가 순간적으로 기억나지 않곤 합니다. 이때 '우리 어디까지 얘기했죠?'라고 물을 수 있는 표현이 바로 'Where were we?' 입니다. 대화를 장소개념으로 적용해서 where라고 묻는 것이죠.

A   **I'm gonna hang up now.**
So where were we?

B   **Your ex-husband moved in across the street?**

A   이제 그만 끊을게요. 자, 우리가 어디까지 얘기했지?

B   네 전 남편이 길 건너편으로 이사 왔다고?

From **Desperate Housewives**

2. Come again? 뭐라고요? / 뭐라고 했어요?

대화 도중에 상대방의 말을 순간적으로 듣지 못하거나 놓치는 경우가 있습니다. 특히 아직 영어에 익숙하지 못한 학습자들은 네이티브들과 대화할 때 순간순간 말을 놓치는 경우가 많죠. 이때, 다시 말해 달라는 의미로 Come again?이란 표현을 알아 두세요. 동일한 의미지만, 좀 더 정중한 Pardon? / Excuse me?도 같이 외워 두시고요.

A   **Maybe I can use your help around the office... a bit.**

B   **I'm sorry. Come again?**

A   사무실에서 네 도움이 필요할지도 모르겠다… 조금은.

B   죄송해요, 뭐라고 하셨죠?

From **Veronica Mars**

28 의미패턴 진심

Speak up 1

네이티브들이 즐겨 사용하는 미드 속 기본 회화를 배워 봐요!

I'm gonna level with you. 솔직하게 말할게.

아무리 친한 사이끼리의 대화라고 하더라도 모든 걸 솔직하게 말해 줄 수는 없죠. 예를 들어, 객관적으로 볼 때 도저히 노래에 재능이 없는 친구가 가수가 되겠다고 할 때 친구로서 솔직하게 '넌 노래를 못해서 가수가 못 돼!'라고 얘기하기가 쉽지 않은 것처럼요. 하지만 가끔은 진실을 솔직하게 얘기해 줄 때도 필요하겠죠? 바로 이럴 때 사용할 수 있는 것이 I'm gonna level with you.입니다. I'm gonna ~.는 I'm going to ~.의 줄임말로 '~하겠다'라는 뜻이고, level with는 '~에게 솔직히 말하다'란 표현이지요.

A **I know I'm good. I just wanna prove that I'm good enough.**

B **Nathan, I'm gonna level with you.**
You getting into that camp is a long shot.

A 전 제가 잘한다는 것 알아요. 전 그냥 제가 충분히 잘한다는 것을 증명하길 원한다고요.
B 네이든. 솔직하게 말하마. 네가 그 캠프에 들어가는 것은 어림도 없는 일이야.

From **One Tree Hill**

어구 · a long shot 어림없는 일, 가능성 없는 일

Speak up 2

대화문을 확장시켜서 다시 한 번 귀와 입을 뚫어 볼까요?

A **I'm leaving for Hollywood tomorrow.**

B **What? Why?**

A **Because I wanna be an actress.**

B **Jenny, Listen. I'm gonna level with you.**
You becoming an actress is a long shot.

A 나 내일 헐리우드로 떠나.
B 뭐? 왜?
A 왜냐면 난 배우가 되고 싶거든!
B 제니, 내 말 들어 봐. 솔직하게 말할게. 네가 배우가 된다는 것은 어림도 없는 일이야.

🔊 Speak up 3

좀 더 알고 싶다고요? 다음 말들도 도전해 봐요!

1. Come clean about everything. 모든 걸 다 털어놔.

거짓이 많고 마음속에 남들 모르게 숨겨 놓은 비밀이 많은 사람들의 속은 깨끗하진 않겠죠? ^^ 이처럼 더러운 거짓이나 숨겨놨던 일들을 솔직하게 털어놓겠다는 의미로 네이티브들은 come clean이란 표현을 자주 씁니다. 표현의 특성상 수사물 미드에서 자주 등장하곤 하지요.

A **We need to start being completely honest with each other.**
Come clean about everything.

B **Okay.**

A   우리 서로 완전히 솔직해질 필요가 있어. 모든 걸 털어놔 봐.

B   그래.

From **Heros**

2. That's none of your business. 그건 네가 상관할 바 아냐.

누군가 내게 꼬치꼬치 뭔가를 묻거나 알려고 한다 해서 모두 대답해 줄 필요는 없죠. 이렇게 상대방이 굳이 알지 않아도 될 일들을 나에게 물어볼 때면 That's none of your business.라고 대답해 주세요. 우리말로 '그건 네가 상관할 바 아냐.' '신경 꺼!'란 뜻의 표현입니다.

A **Tell me how you feel about my daughter?**

B **That's none of your business.**

A   내 딸에 대해서 어떻게 느끼는지 말해 보게.

B   상관할 바 없으시잖아요.

From **Alias**

미국 문화 훔쳐보기   끼리끼리 노는 Clique

우리나라는 특별히 친한 경우가 아니라도 같은 반이면 그래도 두루두루 친하게 지내곤 하는데요, 미국은 끼리끼리 뭉치는 경향이 좀 더 강합니다. 예를 들어, 소위 말해 잘 나가는 예쁜 여자아이들끼리만 몰려다니기도 하고요, Jock이라고 하여 운동부 소속의 덩치 큰 아이들끼리 함께 다니기도 하죠. 또한 약간 멍해 보이는 모습으로 공부만 열심히 파고드는 Nerd들도, 만화 같은 것에 푹 빠져 있거나 독특한 취미를 가진 Geek들도 자신들만의 그룹이 있습니다. 이렇게 어떤 그룹에도 끼지 못한다면, outsider가 되어 버리고 말죠.

🔊 Speak up 1

네이티브들이 즐겨 사용하는 미드 속 기본 회화를 배워 봐요!

That depends on what we buy. 그건 우리가 뭘 사느냐에 따라 다르지.

제가 제일 좋아했던 유행어 중의 하나가 바로 '그때그때 달라요~.'였는데요. 상대방과 대화를 하다 보면 어떤 사안에 대해서 명확하게 이렇다라고 정의하기가 쉽지 않은 것들이 많죠. 이때 네이티브들이 유용하게 사용하는 것이 바로 That depends on ~.입니다. 우리말로는 '~에 따라 다르다'란 의미죠.

A **Can our lives have any meaning if all we ever do is buy stuff?**

B **That depends on what we buy.**

A 만약 우리가 하는 게 물건을 사는 것뿐이라면 우리의 삶이 의미가 있을까?

B 그건 우리가 뭘 사느냐에 따라 다르지.

From **Desperate Housewives**

어구 · meaning 의미 · stuff 물건(들)

🔊 Speak up 2

대화문을 확장시켜서 다시 한 번 귀와 입을 뚫어 볼까요?

A **Do you think she will eventually fall in love with me?**

B **Well, that depends on how much money you spend for her.**

A **What are you talking about? She's not that superficial.**

B **Believe me, I know her better than you do.**

A 그녀가 결국에는 나와 사랑에 빠질 거라고 생각해요?

B 음. 그건 당신이 그녀를 위해 얼마나 많은 돈을 쓰느냐에 따라 다르죠.

A 무슨 소릴 하는 거예요? 그녀는 그렇게 피상적이지 않아요.

B 내 말 믿어요. 전 그녀를 당신보다 잘 안다고요.

어구 · eventually 결국에는, 마침내 · fall in love with ~와 사랑에 빠지다 · superficial 피상적인

 Speak up 3

좀 더 알고 싶다고요? 다음 말들도 도전해 봐요!

1. Let me think about that. 생각해 보도록 할게요.

무언가에 대해서 확신이 서지 않는다거나 좀 더 시간을 두고 생각해 볼 필요가 있을 때 네이티브들은 **Let me think about that.**이란 말을 즐겨 사용합니다. 우리말로 '생각해 보도록 할게요.'란 표현이지요. 대화 도중 바로 답변을 주기 힘든 상황에서는 여러분들도 **Let me think about that.**이라고 말하며 시간을 벌 도록 하세요. ^^

A **(Are) You sure about that?**

B **Wait. Let me think about that.**
Don't pressure me.

A 그거 확실해요?

B 잠깐만요. 생각해 보도록 할게요. 제게 부담주지 마요.

From **House**

2. That makes sense. 그거 말 되네.

상대방의 말에 일리가 있을 때 쓸 수 있는 말로 That makes sense.가 있습니다. sense는 우리말로 '일리, 이치'란 뜻이 있어서 이 표현은 '그 말에 일리가 있다.'란 의미가 되는 것이죠. 100% 동의를 하지 않더라도, 상 대방의 말에 일리가 있다면 고개를 끄덕이며 말해 주세요. That makes sense.라고요.

A **You have to go to London. You have to fight for her.**

B **That makes sense.**

A 넌 런던에 가야만 해. 그녀를 싸워서 쟁취하는 거야!

B 그거 말 되네.

From **Friends**

세부적인 대화

Speak up 1

네이티브들이 즐겨 사용하는 미드 속 기본 회화를 배워 봐요!

Can you be more specific? 좀 더 구체적으로 말해 줄래요?

상대방과의 대화 중에 무언가 상대방이 한 말의 설명이 충분치 않다거나 좀 더 자세히 이야기를 듣고 싶을 때 할 수 있는 질문이 바로 Can you be more specific?입니다. specific은 '구체적인'이란 의미를 가진 형용사이기 때문에, Can you be more specific?은 우리말로 '좀 더 구체적으로 말해 줄래요?'란 의미가 되는 거죠.

A **When did this happen?**

B **Last summer.**

A **Can you be more specific?**

B **It was August.**

A 언제 이런 일이 있었죠?   / B 지난여름이요.

A 좀 더 구체적으로 말해 줄래요? / B 8월이었어요.

From **Close to home**

Speak up 2

대화문을 확장시켜서 다시 한 번 귀와 입을 뚫어 볼까요?

A **So what do you do for a living?**

B **I'm a writer.**

A **Writer? Can you be more specific?**

B **Well, I write mystery novels.**

A 그러면 직업이 어떻게 되세요?

B 작가입니다.

A 작가요? 좀 더 구체적으로 말해 줄래요?

B 아, 저는 미스테리 소설을 써요.

🔊 Speak up 3

좀 더 알고 싶다고요? 다음 말들도 도전해 봐요!

1. Fill me in. 말해 봐. / 나도 알려 줘.

단순히 Tell me.라고 말하는 것보다 좀 더 자세하게 조목조목 나에게 얘기를 해 달라고 할 때는 **Fill me in.**이라고 말하면 됩니다. **Fill in**은 '~을 채우다'란 뜻으로 마치 아무것도 모르는 내 머리 속에 자세한 정보들을 채워 넣어 달라는 뉘앙스를 가진 표현이라고 할 수 있지요.

A **Fill me in. From the top. Start with your name and birth date.**

B **John Fitzgerand Byers. 11/22 in '63.**

A 말해 봐. 처음부터 말이지. 네 이름하고 생년월일부터 시작해 봐.

B 이름은 존 피처런드 바이어스구요.
생년월일은 63년도 11월 22일생입니다.

From **Monk**

2. I'm in the dark. 난 하나도 아는 게 없어. / 난 하나도 모르겠어.

마치 깜깜한 방안에 있는 것처럼 무언가에 대해서 머릿속에 아는 것이 하나도 없이 깜깜한 상태다라고 말할 때 네이티브들은 I'm in the dark.라고 합니다. be in the dark는 말 그대로 깜깜한 어둠속에 있어서 아무것도 아는 게 없다는 것을 전달해 주는 거지요.

A **I've already got them. They just don't know it yet.**

B **Look, whatever you got going on, fill me in. Because I'm in the dark here.**

A 벌써 그들을 구해 놨어. 그들은 그걸 아직 모르고 있을 뿐이라고.

B 있잖아. 네가 무슨 일을 계획하고 있던 말이지, 내게 말해 봐. 난 하나도 모르겠으니까.

From **Prison Break**

Review 이제 배운 걸 가볍게 정리해 볼까요?

먼저 한글 표현을 영어로 바꿔 말해 보고 실제 미드 속 네이티브들의 음성 속도, 발음, 억양에 맞춘 MP3 파일을 들으며 빈칸에 배웠던 표현을 받아 적어 보세요.

1.

A ____?

B ___________________________________? I'm a little busy right now.

A No, it's kind of an emergency.

B Okay. ___________________________________.

A	잠깐 얘기 좀 할 수 있을까요?
B	나중에 하면 안 될까? 내가 지금 좀 바빠서.
A	안 돼. 좀 급한 거라서.
B	알았어. 말해 봐.

2.

A ____?

B Let's just give up.

A I don't understand. I thought you hate giving things up.

B Yes, I do. But ___________________________________.

A	뭐라고요?
B	그냥 포기하자.
A	이해가 안 가요. 전 당신이 포기하는 걸 싫어한다고 생각했는데.
B	네, 그렇죠. 하지만 제가 말하려는 것은 이젠 너무 늦었다는 거예요.

3.

A ____.

B Okay. ___________________________. What do you want to know?

A What's your relationship with Jenny Smith?

B She and I are lovers.

A	모든 걸 다 털어놔.
B	그래. 솔직하게 말할게. 뭘 알고 싶니?
A	제니 스미스와의 관계가 뭐야?
B	그녀와 나는 연인 관계야.

4.

A That was a long speech, huh?

B Yes, it was. Speaking of which, do you think his theory is right?

A ____.

After all, a theory is just a theory.

B Yeah, ____.

A 긴 연설이었어, 그렇지?

B 응, 그랬어. 말이 나왔으니 말인데, 그의 이론이 맞다고 생각해?

A 그건 상황에 따라 다르지. 결국, 이론은 이론일 뿐이잖아.

B 그래, 그거 말 되네.

5.

A I don't understand. ____?

B I'm sorry, but this is all I can say.

A Oh, come on. ____.

____.

B I think you'd better ask someone else.

A 난 이해가 안 돼. 좀 더 구체적으로 말해 줄래?

B 미안하지만 이게 내가 말해 줄 수 있는 전부야.

A 아, 그러지 말고. 내게 말해 봐. 난 이것에 대해 아는 게 하나도 없어.

B 너 다른 사람한테 물어보는 게 좋을 것 같아.

그림자 따라 읽기로 배운 문장을 입에 붙여 봅시다.

이번엔 눈으로 확인하며 실제 미드 속 네이티브들의 음성 속도, 발음, 억양에 맞춘 MP3 파일을 들으며 동시에 따라 읽어 보세요.

1.

A Can I have a word with you?

B Can't it wait? **I'm a little busy right now.**

A **No, it's kind of an emergency.**

B **Okay.** I'm all ears.

A 잠깐 얘기 좀 할 수 있을까요?
B 나중에 하면 안 될까? 내가 지금 좀 바빠서.
A 안 돼. 좀 급한 거라서.
B 알았어. 말해 봐.

2

A Come again?

B **Let's just give up.**

A **I don't understand. I thought you hate giving things up.**

B **Yes, I do. But** what I'm trying to say is it's too late now.

A 뭐라고요?
B 그냥 포기하자.
A 이해가 안 가요. 전 당신이 포기하는 걸 싫어한다고 생각했는데.
B 네, 그렇죠. 하지만 제가 말하려는 것은 이젠 너무 늦었다는 거예요.

3.

A Come clean about everything.

B Okay. I'm gonna level with you. **What do you want to know?**

A **What's your relationship with Jenny Smith?**

B **She and I are lovers.**

A 모든 걸 다 털어놔.
B 그래. 솔직하게 말할게. 뭘 알고 싶니?
A 제니 스미스와의 관계가 뭐야?
B 그녀와 나는 연인 관계야.

4.

A **That was a long speech, huh?**

B **Yes, it was. Speaking of which, do you think his theory is right?**

A That depends on the situation. **After all, a theory is just a theory.**

B **Yeah,** that makes sense.

A 긴 연설이었어, 그렇지?
B 응, 그랬어. 말이 나왔으니 말인데, 그의 이론이 맞다고 생각해?
A 그건 상황에 따라 다르지. 결국, 이론은 이론일 뿐이잖아.
B 그래, 그거 말 되네.

5.

A **I don't understand.** Can you be more specific?

B **I'm sorry, but this is all I can say.**

A **Oh, come on.** Fill me in. I'm in the dark about this.

B **I think you'd better ask someone else.**

A 난 이해가 안 돼. 좀 더 구체적으로 말해 줄래?
B 미안하지만 이게 내가 말해 줄 수 있는 전부야.
A 아, 그러지 말고. 내게 말해 봐. 난 이것에 대해 아는 게 하나도 없어.
B 너 다른 사람한테 물어보는 게 좋을 것 같아.

미국 문화 훔쳐보기

친구들과 연락은 페이스북(**Face Book**)과 트위터(**Twitter**)로!

우리나라에 싸이월드(Cyworld)가 있다면, 미국에는 Face Book과 Twitter가 있는데요, 미국 뿐 아니라 전 세계 사람들이 이용하고 있을 만큼 인기가 많답니다. Face Book이나 Twitter는 싸이월드처럼 복잡하거나 많은 기능을 가지고 있는 게 아니라, 정말 심플하게 친구들과 의사소통을 할 수 있는 공간입니다. Face Book은 간단하게 사진을 올리거나 글을 써서 서로 안부를 묻는 공간이고요, Twitter는 좀 더 단순화되어 한 줄 블로그라고 불릴 만큼 글자도 140자로 제한되어 있습니다. 그냥 간단하게 자신이 하고 싶은 말을 한두 줄 정도로 남기는 정도죠. 외국인 친구를 만들고 싶다면, Face Book이나 Twitter에 가입하는 것도 하나의 방법일 거예요.^^

약속 · 계획 및 예약

 Speak up 1

네이티브들이 즐겨 사용하는 미드 속 기본 회화를 배워 봐요!

What time do you need me? 몇 시에 제가 필요하세요? / 몇 시에 갈까요?

상대방과 어떤 계획 혹은 약속을 잡으려면 반드시 시간부터 정해야 합니다. 이처럼 상대방과의 약속 시간을 정하기 위해서는 What time ~ ?으로 문장을 시작해 주면 됩니다. 예를 들어, '몇 시에 나가고 싶니?'란 질문은 What time do you want to go out?, '몇 시에 잠자리에 들고 싶니?'란 질문은 What time do you want to go to bed?라고 물어보면 되는 거죠. 누가 툭 건들기만 해도 입에서 자연스럽게 What time ~?이 튀어나올 수 있도록 수십 번 큰 소리로 외쳐 보세요!

A   **You're coming, right?**

A   **Are you kidding? What time do you need me?**

B   **Two, two-thirty?**

A   너도 올 거지, 그렇지?

B   농담하니? 몇 시에 갈까?

A   두 시나 두 시 반?

From ***Desperate Housewives***

 Speak up 2

대화문을 확장시켜서 다시 한 번 귀와 입을 뚫어 볼까요?

A   **What time do you need me, Susan?**

B   **What time is it now?**

A   **It's 7.**

B   **Then, I need you at 8. Would it be okay?**

A   몇 시에 갈까, 수잔?

B   지금이 몇 시죠?

A   7시야.

B   그러면 8시에 와 줘요. 괜찮겠어요?

🔊 Speak up 3

좀 더 알고 싶다고요? 다음 말들도 도전해 봐요!

1. What time should I pick you up? 내가 몇 시에 널 데리러 가면 될까?

내가 해야만 하는 일과 관련해서 약속이나 계획을 잡을 때는 '~해야만 한다'란 의미를 가진 조동사 should 와 주어로 I를 사용해서 약속을 잡아 보세요. 우리말로는 '내가 몇 시에 ~하면 될까?'라는 해석이 되는 거죠. What time should I ~?를 하나의 패턴처럼 기억해 주셔야 해요.

A   **What time should I pick you up?**

B   **Actually, why don't I pick you up? 7:00.**

A   **All right. That'll work, too.**

A   내가 몇 시에 널 데리러 가면 될까?

B   사실 말이지, 내가 널 데리러 가면 어떨까? 7시에.

A   좋아. 그것도 괜찮겠다.

From ***Dawson's Creek***

어구   · pick up ~를 데리러 가다(오다)

2. What's the plan for tonight? 오늘 밤 뭐할 거야?

이미 상대방과 무엇을 할지 계획이 잡힌 상태가 아닐 때, 상대방에게 '계획이 뭐야? / 뭐 할 거야?'란 뜻으로 네이티브들은 What's the plan?이란 표현을 즐겨 사용합니다. '오늘 밤 뭐 할 거야?'는 What's the plan for tonight?, '이번 주말에 뭐할 거야?'는 What's the plan for this weekend?라고 물어보면 되죠.

A   **So, what's the plan for tonight?**

B   **Uh, I don't know, maybe rent a movie.**

A   그래서, 오늘 밤에 뭐 할 거야?

B   음, 모르겠어. 그냥 영화나 빌려 볼까.

From ***Dawson's Creek***

미국영어 vs. 영국영어

같은 단어이지만, 미국과 영국에서 각기 다른 뜻으로 쓰이는 단어들이 있습니다.
예를 들어 bill은 미국에서는 지폐를 뜻하는 단어이지만, 영국에서 지폐는 note나 banknote라고 불립니다. 그리고 The bill은 슬랭으로 경찰을 뜻하기도 하지요. 또한 callbox는 미국에서는 길에 비치된 (경찰, 화재 신고 등) 비상용 전화를 말하지만, 영국에서는 공중전화박스를 일컫는 단어입니다. callbox 대신 telephone box라고 하기도 하고요.

🔊 Speak up 1

네이티브들이 즐겨 사용하는 미드 속 기본 회화를 배워 봐요!

How about going out with me Friday night?
금요일 밤에 나랑 데이트 하는 게 어때?

상대방에게 무언가를 하자고 계획을 제안할 때 가장 쉬우면서도 네이티브들이 즐겨 사용하는 것이 바로 How about ~?입니다. 이 뒤에 명사가 바로 위치해서 How about a popcorn?(팝콘 먹는 게 어때?)라고 묻기도 하고, 혹은 동사의 −ing 형태가 붙어서 How about seeing a movie?(영화 보는 건 어때?)라고 물을 수도 있죠. 최소한 20번 정도 'How about ~?을 큰 소리로 읽어서 입에 붙도록 하는 노력 반드시 해 주셔야 합니다. ^^

A **How about going out with me Friday night?**

B **No, thanks.**

A 금요일 밤에 저랑 데이트 하는 게 어때요?

B 고맙지만 됐어요.

From ***Friends***

🔊 Speak up 2

대화문을 확장시켜서 다시 한 번 귀와 입을 뚫어 볼까요?

A **Amy, how about going out with me Friday night?**

B **In your dreams!**

A **Come on, just give me a chance.**

B **You're just not my type, sorry.**

A 에이미, 금요일 밤에 나랑 데이트하는 게 어때?

B 꿈 깨셔!

A 왜 이래, 나한테 한 번만 기회를 줘.

B 넌 내 타입이 아니라서 말이지, 미안해.

🔊 Speak up 3

좀 더 알고 싶다고요? 다음 말들도 도전해 봐요!

1. Why don't we head over to my office?
우리 내 사무실로 가 보는 건 어때?

상대방에게 무언가를 하자고 제안할 때 How about ~?만큼이나 자주 쓰이는 것이 바로 Why don't we ~?입니다. 우리말로 '우리 ~ 하는 게 어때?'라는 해석이 되지요. '우리 집에 가는 게 어때?'는 Why don't we go home?, '우리 커피 마시는 게 어때?'는 Why don't we have a coffee?라고 물으면 되는 거지요.

A Why don't we head over to my office?

I have great fifties furniture.

B Cool. I love that stuff.

A   우리 내 사무실로 가 보는 건 어때? 훌륭한 50년대 가구들을 가지고 있거든.

B   멋진데. 나 그런 것들 좋아해.

From ***Ghost Whisperer***

어구 · head over to ~ 로 향하다   · stuff 물건들, 것들

2. Why don't you come over?
너 우리 집에 놀러 오지 않을래?

위의 Why don't we ~?가 서로 함께 하는 무언가를 제안하는 것인 반면, Why don't you ~?는 상대방에게만 무엇을 하라고 계획이나 의견을 제안할 때 즐겨 사용할 수 있습니다. 우리말로는 '너 ~하는 게 어때?'가 되지요.

A Why don't you come over?

B I'd love to.

A   너 우리 집에 놀러 오는 게 어때?

B   좋지.

From ***Lost***

어구 · come over (상대방의 집에) 놀러가다

🔊 Speak up 1

네이티브들이 즐겨 사용하는 미드 속 기본 회화를 배워 봐요!

I'd like to make a reservation. 예약을 하고 싶습니다.

외국은 호텔을 가거나 고급 식당을 이용하기 위해서는 반드시 예약을 하는 것이 필수입니다. 그렇지 않고 그냥 찾아가게 되면 이미 방 자리가 꽉 차서 허탕을 치고 돌아 와야 하는 경우가 많죠. make a reservation은 '예약하다'란 의미로 사용되는 표현인데요. 보통 식당이나 호텔에 전화해서 예약을 하고 싶다고 말할 때는 I'd like to make a reservation.이라고 말하지요.

A (*On the phone*) **I'd like to make a reservation** for this evening under the name, Hodge and Bigsby, and, um, we'll be needing a table in the center of the room.

A (전화로) 오늘 저녁에 Hodge와 Bigsby란 이름으로 예약을 하고 싶어요. 그리고 음, 방의 중앙에 있는 테이블로 잡아 주세요.

From ***Desperate Housewives***

🔊 Speak up 2

대화문을 확장시켜서 다시 한 번 귀와 입을 뚫어 볼까요?

A **I'd like to make a reservation** for a single room.

B **Certainly, sir. Your name, please?**

A **My name is Jaymax Lee. That's J-A-Y-M-A-X.**

B **Thank you. Will you be paying by credit?**

A 저 싱글 룸 예약하고 싶습니다.

B 물론이죠. 성함이 어떻게 되시죠?

A 제 이름은 제이맥스 리입니다. 스펠링은 J-A-Y-M-A-X이지요.

B 감사합니다. 신용카드로 계산하시겠습니까?

🔊 Speak up 3

좀 더 알고 싶다고요? 다음 말들도 도전해 봐요!

1. I'd like to cancel a reservation. 예약을 취소하고 싶어요.

예약을 잡았으면 반대로 예약을 취소하고 싶다는 표현도 알아야겠죠?
'예약을 하다'가 영어로 make a reservation이라면 반대로 취소는 동사 cancel을 사용해서 cancel a reservation이라고 말하면 됩니다.

A Hi, it's Kirsten Cohen. I'd like to cancel a reservation.

B And what time was your reservation?

A 여보세요. 전 키얼스틴 코헨이라고 하는데요. 예약을 취소하고 싶어요.

B 그러면 예약 시간이 어떻게 되셨죠?

From ***The O.C.***

2. I have to reschedule my appointment. 저 예약을 다시 잡아야 합니다.

호텔, 식당 등의 예약을 하는 것은 make a reservation이라고 하지만, 병원 혹은 사람과의 사전 약속은 make an appointment라는 표현을 사용합니다. 그리고 이러한 예약(reservation)이나 약속(appointment)을 변경하거나 다시 잡을 때는 동사 reschedule을 사용해서 말하면 되지요. '예약을 다시 잡고 싶어요.'는 I'd like to reschedule my appointment.라고 말하면 됩니다.

A Please tell the doctor that I have to reschedule my appointment.

B But she should be right with you.

A 의사 선생님께 제 예약을 다시 잡아야 한다고 말씀 좀 해 주세요.

B 하지만 곧 오실 텐데요.

From ***CSI***

 Speak up 1

네이티브들이 즐겨 사용하는 미드 속 기본 회화를 배워 봐요!

I'm gonna go home. 난 집에 갈 거야.

자신의 명확한 계획에 대해서 '나 ~할 거야'라고 말할 때 네이티브들은 I'm gonna ~.라고 말을 합니다. gonna는 going to를 빠르게 발음할 때 나는 소리로 보통 실제 회화에서 네이티브들은 I'm going to ~.라고 또박또박 말하기보다는 빠르게 I'm gonna ~.라고 말하는 경우가 대부분이기 때문에 여러분들도 gonna로 외워 두는 것이 좋습니다.

A **Look, I'm going to a great Halloween party.
Do you want to come?**

B **Uh, no. I'm gonna go home, take a hot bath and think about anything but ghosts.**

A 있잖아. 나 끝내주는 할로윈 파티에 갈 거야. 너도 갈래?

B 음, 아니. 난 집에 가서 뜨거운 물로 목욕하고 유령 생각은 하지 말아야지.

*From **Ghost Whisperer***

어구 · anything but A 결코 A는 아닌

 Speak up 2

대화문을 확장시켜서 다시 한 번 귀와 입을 뚫어 볼까요?

A **What's the plan for tonight?**

B **I'm gonna go to Jake's party tonight.
Do you want to come?**

A **No, I'm gonna stay home and watch television.**

B **That sounds lame.**

A 오늘 밤 뭐할 거야? / B 나 오늘 밤 제이크의 파티에 갈 거야. 너도 갈래?

A 아니, 난 집에 가서 텔레비전 볼 거야. / B 재미없을 것 같은데.

🔊 Speak up 3

좀 더 알고 싶다고요? 다음 말들도 도전해 봐요!

1. I plan to kiss her at the New Year's countdown.
나 새해의 마지막에 그녀에게 키스를 할 계획이야.

I'm gonna ~.와 마찬가지로 자신이 '~을 할 거다'란 것을 의미하지만 좀 더 계획이란 의미가 강조되어 사용되는 것이 바로 I plan to ~.입니다. 단순히 '~할 거다'란 의미가 아닌 사전에 생각하고 준비하고 있다는 느낌을 줄 수 있지요.

A **I plan to kiss her at the New Year's countdown.**
I'm trying to win her over.

B **I don't think so.**

A 나 새해의 마지막에 그녀에게 키스를 할 계획이야. 그녀를 다시 되찾으려고 노력 중이야.

B 그렇게 될 것 같지 않은데.

From ***Friends***

2. Can I get a raincheck? 다음으로 미루면 안 될까?

이미 선약이 있거나 다른 무언가를 하려고 계획 중이었는데, 친구가 같이 무언가를 하자고 제안할 때, 우리는 보통 '다음으로 미루자'라고 말하죠. 이때 사용할 수 있는 표현이 바로 Can I get a raincheck?입니다. raincheck는 마치 야구경기에서 비가 내리면 경기가 다음날 다시 열리는 것처럼, 상대방이 제안한 약속도 다음으로 미뤄서 하자는 의미로 사용되는 것이죠.

A **Can I get a raincheck?**

B **Yeah, no problem. Good night.**

A 다음으로 미루면 안 될까?

B 그래, 물론이지. 안녕.

From ***Ghost Whisperer***

Speak up 1

네이티브들이 즐겨 사용하는 미드 속 기본 회화를 배워 봐요!

We're scheduled to go in at 8?
우리 8시에 안으로 들어가기로 예정되어 있는 거지?

We're scheduled to go in at 8? 우리 8시에 안으로 들어가기로 예정되어 있는 거지?

schedule은 동사로 '예정하다'란 뜻을 갖고 있습니다. 그래서 이를 수동태로 고친 be scheduled to는 '~ 하기로 예정되어 있다'라는 의미로 사용되지요. 주로 구체적으로 짜여 예정되어진 일정을 말할 때 사용되어지는 표현입니다. 평서문이라도 끝 부분을 올려서 말하면 의문문처럼 사용된다는 것도 알아 두세요.

A **We're scheduled to go in at 8?**

B **Yeah. I'm gonna take you down to pre-op in just a few minutes.**

A 우리 8시에 안으로 들어가기로 예정되어 있는 거지?

B 응. 내가 곧 널 수술 전 준비실로 데려갈 거야.

From ***Grey's Anatomy***

어구 · gonna(= be going to) ~할 예정이다 · take ~로 데리고 가다
· pre-op(= pre-operation) 수술 전 (준비실)

Speak up 2

대화문을 확장시켜서 다시 한 번 귀와 입을 뚫어 볼까요?

A **I'm scheduled to attend a conference in Tokyo.**

B **When will the conference be held?**

A **It'll be held on next Tuesday.**

B **Oh, that's only a week from now.**

A 난 동경에서의 회의에 참석하기로 예정되어 있어.

B 회의가 언제인데?

A 다음 주 화요일에 열릴 거야.

B 아, 지금부터 일주일 밖에 안 남았네.

어구 · attend 참석하다 · conference 회의

 Speak up 3

좀 더 알고 싶다고요? 다음 말들도 도전해 봐요!

1. It's due tomorrow. 그거 내일까지야.

due는 '~하기로 되어 있는' '~할 예정인'이란 의미를 갖고 있습니다. 그래서 보통 학교에서 리포트와 관련해 이야기를 나눌 때, '그거 이번 주 금요일까지야'란 말은 due를 이용해 It's due this Friday.라고 말하곤 하지요. 마찬가지로 상대방에게 '리포트 언제까지니?'라고 묻고 싶다면 due를 사용해서 When is the report due?라고 물어보면 되지요.

A   **It's due tomorrow.**

B   **You can get an extension.**

A   그거 내일까지예요.

B   연장할 수도 있잖아.

From ***Dawson's Creek***

어구   · extension 연기, 연장(일)

2. It's just two weeks overdue. 단지 2주만 연체되었을 뿐이야.

월세, 공과금, 빚 등 지불하거나 갚아야 할 돈이 연체되었다는 것을 나타낼 때는 overdue라는 단어를 사용하면 됩니다. 연체된 날 수 뒤에 overdue를 붙여서 말하면 되지요. 예를 들어, 3일이 연체가 되었다면 It's three days overdue. 2주가 연체되었다면 It's two weeks overdue.라고 말하면 되지요.

A   **It's just two weeks overdue. I thought that I could handle it, okay?**

B   **Gee! I wonder why!**

A   단지 2주만 연체되었을 뿐이야. 난 내가 해결할 수 있을 거라고 생각했었다고, 응?

B   맙소사! 왜 그랬는지 궁금하지도 않다.

From ***Heros***

어구   · handle 해결하다   · Gee! 세상에나! 맙소사!
     · wonder 궁금해 하다 (본 대화문에서 I wonder why!는 반어법으로 비꼬는 의미로 쓰였음)

먼저 한글 표현을 영어로 바꿔 말해 보고 실제 미드 속 네이티브들의 음성 속도, 발음, 억양에 맞춘 MP3 파일을 들으며 빈칸에 배웠던 표현을 받아 적어 보세요.

1.

A ____?

B **Let's go to the movies together.**

A **Sounds like a plan.**

B **Good.** ________________________________?

A	오늘 밤 뭐할 거야?
B	같이 영화 보러 가자.
A	좋은데.
B	좋아. 몇 시에 내가 너 데리러 가면 될까?

2.

A ____?

B **No, thanks. I don't drink coffee.**

A **Oh, I didn't know that. Then, do you drink tea?**

B **No, I don't. Hey,** ________________________?

A	나랑 같이 커피 한 잔 마시는 게 어때?
B	아니, 괜찮아. 나 커피 안 마셔.
A	오, 그건 몰랐네. 그럼 너 차는 마셔?
B	아니. 야, 우리 그냥 지금 저녁 먹는 건 어때?

3.

A ____.

B **No problem. When would you like to leave?**

A	동경으로 가는 비행기 표를 예약하고 싶습니다.
B	문제없습니다. 언제 떠나시고 싶으세요?

4.

A I'm sorry, but ____.

B Let me check the schedule.

A 죄송하지만, 저 김 선생님과의 예약을 변경하고 싶습니다.
B 일정표를 확인해 볼게요.

5.

A Hey, Jack. What's up?

A Hey, Lisa. ________________________________. Why don't you come with me?

B I'd love to, but I have a previous engagement. ____?

A Why not?

A 안녕, 잭. 별 일 없지?
B 안녕, 리사. 나 술 한 잔 하러 갈 거야. 나랑 같이 가는 게 어때?
A 그러고 싶은데 선약이 있어. 다음으로 미루면 안 될까?
B 물론이지.

6.

A ____?

B Actually, ____.

A So, you still don't have the money?

B No, I don't. And I also have to pay the rent. ________________________. I really don't know what to do.

A 너 언제 그 돈을 갚기로 예정되어 있니?
B 사실, 한 주 연체되었어.
A 그러면, 너 아직도 돈이 준비가 안 된 거야?
B 응, 없어. 그리고 나 집세도 내야 해. 그거 내일까지거든. 정말 어떻게 해야 할지 모르겠어.

이번엔 눈으로 확인하며 실제 미드 속 네이티브들의 음성 속도, 발음, 억양에 맞춘 MP3 파일을 들으며 동시에 따라 읽어 보세요.

1.

A What's the plan for tonight?

B Let's go to the movies together.

A Sounds like a plan.

B Good. What time should I pick you up?

A 오늘 밤 뭐할 거야?
B 같이 영화 보러 가자.
A 좋은데.
B 좋아. 몇 시에 내가 너 데리러 가면 될까?

2.

A How about having a cup of coffee with me?

B No, thanks. I don't drink coffee.

A Oh, I didn't know that. Then, do you drink tea?

B No, I don't. Hey, Why don't we just have dinner now?

A 나랑 같이 커피 한 잔 마시는 게 어때?
B 아니, 괜찮아. 나 커피 안 마셔.
A 오, 그건 몰랐네. 그럼 너 차는 마셔?
B 아니. 야, 우리 그냥 지금 저녁 먹는 건 어때?

3.

A I'd like to make a reservation for a flight to Tokyo.

B No problem. When would you like to leave?

A 동경으로 가는 비행기 표를 예약하고 싶습니다.
B 문제없습니다. 언제 떠나시고 싶으세요?

4.

A I'm sorry, but I'd like to reschedule my appointment with Dr. Kim.

B Let me check the schedule.

A 죄송하지만, 저 김 선생님과의 예약을 변경하고 싶습니다.
B 일정표를 확인해 볼게요.

5.

A Hey, Jack. What's up?

A Hey, Lisa. I'm gonna go for a drink.
Why don't you come with me?

B I'd love to, but I have a previous engagement.
Can I get a raincheck?

A Why not?

A 안녕, 잭. 별 일 없지?
B 안녕, 리사. 나 술 한 잔 하러 갈 거야. 나랑 같이 가는 게 어때?
A 그러고 싶은데 선약이 있어. 다음으로 미루면 안 될까?
B 물론이지.

6.

A When are you scheduled to pay the money back?

B Actually, it's a week overdue.

A So, you still don't have the money?

B No, I don't. And I also have to pay the rent. It's due tomorrow.
I really don't know what to do.

A 너 언제 그 돈을 갚기로 예정되어 있니?
B 사실, 한 주 연체되었어.
A 그러면, 너 아직도 돈이 준비가 안 된 거야?
B 응, 없어. 그리고 나 집세도 내야 해. 그거 내일까지거든. 정말 어떻게 해야 할지 모르겠어.

칭찬 · 축하 · 사과 · 감사 표현하기

36 칭찬하기

Speak up 1

네이티브들이 즐겨 사용하는 미드 속 기본 회화를 배워 봐요!

I love your dress. 네 드레스가 너무 맘에 들어!

칭찬/축하/사과/감사 표현하기, 첫 번째! 칭찬하기!

감정 표현에 충실한 네이티브들은 상대방의 무언가가 맘에 들 때, 그것을 칭찬하는 것에 절대로 인색하지 않습니다. 이처럼 상대방의 무언가를 칭찬할 때 네이티브들이 가장 즐겨 사용하는 것이 바로 I love ~.입니다. 이때 동사 love는 '사랑하다'가 아닌 '너무 맘에 들다'라는 의미로 사용되지요. 예를 들어, 저희 책을 구매해 주신 여러분들은 각 온라인 서점에 방문해서 I love this book!(이 책 너무 맘에 들어요!)라고 말해 주실 수 있는 거죠. (그래 주실 거죠? ^^::)

A **I love your dress.**

B **You do? It's yours.**

A 네 드레스가 너무 맘에 들어!

B 그래? 네 거야. (= 너 가져.)

From *The O.C*

Speak up 2

대화문을 확장시켜서 다시 한 번 귀와 입을 뚫어 볼까요?

A **Did you get a haircut?**

B **Yes, I did.**

A **I love your hair.**

B **Thanks.**

A 너 머리 잘랐니?

B 응, 잘랐어.

A 네 머리 너무 맘에 든다!

B 고마워.

 Speak up 3

좀 더 알고 싶다고요? 다음 말들도 도전해 봐요!

1. What a great dinner! 저녁 너무 맛있었어요!

감탄문을 사용하면 무언가를 효과적으로 칭찬해 줄 수 있습니다. 감탄문은 〈What + a(n) + 형용사 + 명사〉 또는 〈How + 형용사/부사〉의 어순으로 문장을 만들어 주면 됩니다. 예를 들어, 상대방의 드레스가 정말 아름답다고 칭찬해 줄 때는 이 어순을 지켜서 What a beautiful dress! 또는 How beautiful!이라고 말해 주면 되는 거죠.

A   What a great dinner!

B   Yeah.

A   저녁 너무 맛있었어요!

B   맞아.

From ***Friends***

2. Good job! 수고했어! 잘 했어!

상대방이 무언가 일을 잘 처리했을 때, 우리나라 사람들도 보통 '수고했어!' 혹은 '잘했어!'라고 칭찬을 해 주곤 하지요. 영어에도 이와 같은 효과를 가진 표현이 있는데요, 바로 Good job!이지요. 또는 엄지손가락을 치켜 세우며 Thumps up!(최고야!)란 표현도 사용할 수 있으니 같이 기억해 두세요.

A   Good job, Nick.

B   Thanks.

A   수고했어, 닉.

B   고맙습니다.

From ***CSI Las Vegas***

Speak up 1

네이티브들이 즐겨 사용하는 미드 속 기본 회화를 배워 봐요!

Thank you for coming. 와 주셔서 감사해요.

상대방에게 '고맙다, 감사하다'라고 할 때 영어로 Thank you.라고 말한다는 걸 모르시는 분은 없겠죠? 하지만 좀 더 구체적으로 '~에 대해 고마워요'란 말을 하기 위해서는 뒤에 〈for + 동사-ing〉 형태를 붙여서 말해 주면 되요. 예를 들어, 나를 초대해 준 것에 대해서 감사를 표하고 싶다면 간단히 Thank you for inviting me.라고 말해 주면 되는 거죠.

A **I'm so sorry for your loss.**

B **Thank you. Thank you for coming. I appreciate it.**

A 상심이 크시겠어요.

B 감사합니다. 와 주셔서 감사 드려요. 정말 감사 드려요.

From *Ghost Whisperer*

어구 · loss 손실, 희생 (본 대화문에서는 사람의 죽음을 의미한다.)

Speak up 2

대화문을 확장시켜서 다시 한 번 귀와 입을 뚫어 볼까요?

A **Thank you for helping me with my work.**

B **You're welcome.**

A **Why don't we have lunch together?**
It's on me.

B **Sounds great!**

A 내 일을 도와 줘서 고마워.

B 천만에.

A 우리 같이 점심 먹는 게 어때? 내가 쏠 게.

B 좋아!

🔊 Speak up 3

좀 더 알고 싶다고요? 다음 말들도 도전해 봐요!

1. I can't thank you enough. 어떻게 감사 드려야 할지 모르겠어요.

상대방에 대한 감사함이 너무나 커서 도대체 어떻게 감사를 표해야 할지 모를 때가 있죠. 이때, 사용할 수 있는 영어 표현이 바로 I can't thank you enough.입니다. 이렇게 책을 구입해 주신 여러분께 너무나 감사한데, 혹시라도 친구 분들에게 추천까지 해 주신다면 전 정말 여러분에게 I can't thank you enough.랍니다. ^^

A **You get to go home.**

B **I can't thank you enough.**
I thank you, my wife thanks you,
my son thanks you.

A   집에 가셔도 됩니다.

B   어떻게 감사 드려야 할지 모르겠어요. 감사 드려요. 제 아내도 감사 드리고 제 아들도 선생님께 감사 드려요.

From **Grey's Anatomy**

2. Don't mention it. 별말씀을요.

상대방으로부터 고맙다는 말을 전해 들었다면 '별말씀을요.'라고 응답해 주는 것이 당연하겠죠? 학교에서도 배웠듯이 상대방으로부터 Thank you.라고 들으면 You're welcome.이라고 하는 것이 가장 일반적이지만 Don't mention it.이란 표현도 자주 쓰이니 같이 기억해 두세요. 이외에도, My pleasure. / Think nothing of it. 역시 상대방의 감사 표시에 '별말씀을요.'란 의미로 사용되니 같이 기억해 두세요.

A **It's a good start. And I really appreciate it.**

B **Don't mention it.**

A   시작이 좋아요. 정말로 감사 드려요.

B   별말씀을요.

From **Ghost Whisperer**

🔊 Speak up 1

네이티브들이 즐겨 사용하는 미드 속 기본 회화를 배워 봐요!

I'm sorry to bother you. 귀찮게 해서 죄송해요.

상대방에게 '미안하다'는 말로 자신의 잘못을 사과할 때, 가장 많이 쓰이는 영어 표현이 바로 I'm sorry.입니다. 또는 간단하게 Sorry!라고만 말해도 되죠. 누군가와 살짝만 부딪혀도 네이티브들은 보통 I'm sorry.라고 말하는데요. 여기서 좀 더 구체적으로 '~해서 미안하다'라고 말하기 위해서는 I'm sorry 뒤에 〈to + 동사원형〉을 붙여 주면 됩니다. 예를 들어, 약속 장소에 늦은 것에 대해 미안하다고 말할 때는 to be late을 붙여 주어 I'm sorry to be late.이라고 말하면 되요.

A   **Excuse me, sir. I'm sorry to bother you.**
       But do you have the time?

B   **Yeah, It's eight fifteen.**

A   저, 실례합니다. 귀찮게 해서 죄송합니다만, 몇 시인지 아시나요?
B   네, 8시 15분이네요.

From *Lost*

🔊 Speak up 2

대화문을 확장시켜서 다시 한 번 귀와 입을 뚫어 볼까요?

A   **Excuse me.**

B   **Yes?**

A   **I'm sorry to bother you, but can I bum a cigarette?**

B   **Sure, here you are.**

A   실례합니다.
B   네?
A   귀찮게 해서 죄송합니다만, 담배 한 대 빌릴 수 있을까요?
B   물론이죠. 여기 있습니다.

🔊 Speak up 3

좀 더 알고 싶다고요? 다음 말들도 도전해 봐요!

1. I owe you an apology. 사과 드려요. / 사과할 게 있어.

동사 owe는 '~에게 빚지다, ~할 의무가 있다'라는 의미를 갖고 있습니다. 즉, I owe you an apology. 는 상대방에게 사과할 의무가 있다는 뜻이 되는 거죠. 보통 무언가 사과할 일이 있을 때 네이티브들은 I owe you an apology.로 말을 꺼내는 경우가 많습니다.

A **Listen, Jackie. I owe you an apology. I just wanted to help tonight, but I guess I blew it. I'm sorry.**

B **Yeah, lately you've been sorry a lot.**

A 있잖아, 잭키. 내가 사과할게. 난 오늘 밤 돕고 싶었던 건데, 내가 다 망쳐 버린 것 같네. 미안해.

B 그러게, 최근에 너 너무 사과할 짓을 많이 한다.

From **That 70's Show**

2. That's all right. 괜찮아요.

상대방이 자신의 잘못에 대해서 사과를 하면 멋지게 '괜찮아.'라고 말하며 넘어갈 줄도 아는 대범함이 필요하겠죠? 이처럼 I'm sorry.라는 말에 '괜찮아요.'라고 넘어갈 때 쓰이는 대표적인 표현이 바로 That's all right.입니다. That's okay.도 같은 의미이니 함께 알아 두세요.

A **Sorry I'm late.**

B **That's all right.**

A 늦어서 미안.

B 괜찮아.

From **Alias**

Speak up 1

네이티브들이 즐겨 사용하는 미드 속 기본 회화를 배워 봐요!

I didn't mean to upset you. 기분 나쁘게 하려던 건 아니었어요.

자신의 의도와는 다르게 상대방이 자신의 행동을 받아들이는 경우가 있습니다. 이럴 때는 '그러려고 한 게 아니야.'라고 해명해 주는 게 중요하겠죠? 네이티브들은 이 경우에 I didn't mean to ~.라는 말을 씁니다. 전치사 to 뒤에 동사를 붙여서 말하면 되지요. 예를 들어, 자신의 말에 상처를 받아 상대방이 울음을 터트린다면 얼른 I didn't mean to hurt you.(당신에게 상처를 주려고 한 건 아니었어요.)라고 해명해야겠죠?

A　**I'm sorry. I didn't mean to upset you.**

B　**It's ok. It's better to talk about it than keep it bottled up inside.**

A　미안해요. 기분 나쁘게 하려던 건 아니었어요.

B　괜찮아요. 속안에 꽁하고 있는 것보다는 이야기해 두는 것이 더 낫죠.

From ***Ghost Whisperer***

어구　· keep A bottled up inside A를 마음속에 꽁하고 감춰 두다

Speak up 2

대화문을 확장시켜서 다시 한 번 귀와 입을 뚫어 볼까요?

A　**Hey, I didn't mean to upset you.**

B　**Okay. Let's just stop and call it even.**

A　**All right. So are we cool now?**

B　**Yeah, sure. Why not?**

A　야, 네 기분 나쁘게 하려던 건 아니야.

B　알았어. 그냥 그만하고 비긴 걸로 하자.

A　그래. 그러면 우리 이제 괜찮은 거지?

B　응, 물론이지. 안 그렇게 뭐가 있나.

어구　· call it even 비긴 걸로 하다　· cool (감정이) 괜찮은

🔊 Speak up 3

좀 더 알고 싶다고요? 다음 말들도 도전해 봐요!

1. No harm done. 괜찮아. 별 피해도 없는 걸 뭐.

상대방이 사과를 표시했을 때, 크게 피해 본 것 없으니 신경 쓰지 말라는 의미로 네이티브들이 사용하는 표현이 바로 **No harm done.**입니다. harm이 명사로 '피해'란 뜻이 있기 때문에, 말 그대로 '피해 입은 것 없다'라는 뜻이 되는 거죠.

A   **Sorry.**

B   **All right, go back in. No harm done.**

A   죄송해요.

B   괜찮다. 다시 안으로 들어가거라. 별 피해도 없는 걸.

From Desperate Housewives

2. Just forget it. 그냥 잊어버리세요.

가끔 사람들은 말실수를 하게 됩니다. 굳이 해도 되지 않는 말을 해서 입장이 난처해지는 경우가 생기게 되죠. 이럴 때 자신이 했던 말을 생각하지 말란 의미로 네이티브들이 즐겨 사용하는 표현이 바로 **Just forget it.**입니다. 직역 그대로 그냥 잊어버리라는 의미의 표현인 거죠.

A   **Wait a minute. Let's talk about this.**

B   **No, I didn't mean to bring it up. Just forget it.**

A   기다려 봐. 이것에 대해서 이야기하자.

B   아냐. 그 말 꺼내려고 했던 게 아냐. 그냥 잊어버려.

From Heros

어구   · bring up (이야기를) 꺼내다

🔊 Speak up 1

네이티브들이 즐겨 사용하는 미드 속 기본 회화를 배워 봐요!

Congratulations on your engagement. 약혼 축하 드려요.

상대방을 축하할 때 가장 많이 쓰이는 표현이 뭘까요? 바로 여러분이 잘 알고 있는 Congratulations!입니다. 노래도 있죠? 'Congratulations ~ and celebrations'로 시작되는 노래요.^^ 여기서 좀 더 자세하게 축하하고자 하는 내용을 말하고자 할 때는 전치사 on과 함께 그 내용을 붙여 주면 되는데요, 예를 들어, 새로 일자리(new job)를 얻은 친구에게는 Congratulations on your new job!이라고 축하해 줄 수가 있는 거죠. 또한 Congratulations!를 간단히 줄여서 Congrats!라고 하기도 합니다.

A **Congratulations on your engagement. He's a really good guy.**

B **Yes, he is.**

A 약혼 축하 드려요. 그는 정말 좋은 사람이에요.

B 네, 그렇고말고요.

*From **Close to home***

🔊 Speak up 2

대화문을 확장시켜서 다시 한 번 귀와 입을 뚫어 볼까요?

A **Congratulations on your engagement.**
I'm really happy for you.

B **Thank you.**

A **So, when is your wedding set for?**

B **We're set for September 9th.**

A 약혼 축하해. 정말 기쁘다.

B 고마워.

A 그러면 결혼식은 언제 잡힌 거야?

B 9월 9일로 잡았어.

🔊 Speak up 3

좀 더 알고 싶다고요? 다음 말들도 도전해 봐요!

1. Welcome aboard. 입사를 환영합니다.

요즘 같이 경기가 좋지 않아 실업자들이 넘쳐나는 시기에 회사에 취직해 상사로부터 '입사를 환영합니다!'라고 축하 받는 것만큼 기분 좋은 일은 없겠죠? 이 '입사를 환영합니다!'에 해당하는 영어 표현이 바로 Welcome aboard!랍니다.

A   **Mr. Conlon. Congratulations. Welcome aboard.**

B   **Call me Jimmy.**

A   콘론 씨. 축하합니다. 입사를 환영해요.

B   지미라고 불러 주세요.

*From **Close to Home***

2. I couldn't have done it without you. 당신 없이는 못 해냈을 거예요.

겸손이 미덕인 사람들은 누군가로부터 축하를 들으면 꼭 '다 당신 덕분입니다.'란 말을 자주 하죠. 이에 해당하는 영어 표현이 바로 I couldn't have done it without you.입니다. 직역하면 '당신 없이는 해낼 수 없었다.'란 뜻입니다. 〈couldn't have + pp〉라는 문법사항은 일단 잊어버리고, 그냥 하나의 통 표현으로 외워 두세요.

A   **I couldn't have done it without you.**

B   **I didn't do anything. You did it all.**

A   당신 없이는 못 해냈을 거예요.

B   전 아무것도 한 게 없어요. 당신이 다 한 거죠.

*From **One Tree Hill***

먼저 한글 표현을 영어로 바꿔 말해 보고 실제 미드 속 네이티브들의 음성 속도, 발음, 억양에 맞춘 MP3 파일을 들으며 빈칸에 배웠던 표현을 받아 적어 보세요.

1.

A ________________________________. ________________!

B **Thank you, sir.**

> A 자네 프레젠테이션이 아주 맘에 들었네. 수고했어!
> B 감사합니다.

2

A **My name is Henah.**

B ____!

> A 제 이름은 헤나에요.
> B 정말 예쁜 이름이네요!

3.

A ____.

B ____________________________. **What are friends for?**

A **I really appreciate it.**

> A 절 지지해 주셔서 감사 드려요.
> B 별말씀을요. 친구 좋다는 게 뭡니까?
> A 정말로 감사 드려요.

4.

A **Hello?**

B **Hi, Jack. It's me, Tom.** ____________________________.

A ____________________________. **What's the matter?**

B **I really need to meet with you now.**

> A 여보세요?
> B 안녕, 잭. 나야, 탐. 이렇게 늦게 전화해서 정말 미안해.
> A 괜찮아. 무슨 일이야?
> B 나 정말로 지금 너랑 만났으면 좋겠어.

5.

A   **I'm sorry. ________________________________.**

B   **Oh, it's okay. Don't worry.**

A   **I'm really sorry. I'll pay for it.**

B   **No, ____________________. It's not that expensive anyway.**

A	미안해. <u>깨트리려고 한 게 아닌데.</u>
B	아, 괜찮아. 걱정하지 마.
A	정말 미안해. 내가 돈 물어줄게.
B	아냐, <u>그냥 잊어버려.</u> 어쨌든 그렇게 비싼 것도 아냐.

6.

A   **________________________________.**

B   **Thank you. ________________________________.**

A   **It's very kind of you to say so.**

B   **Now let's drink the night away.**

A	<u>새 사업 시작하신 것 축하 드려요.</u>
B	고마워요. <u>당신의 도움 없이는 못 해냈을 거예요.</u>
A	그렇게 말씀해 주시니 감사해요.
B	자, 이제 밤새 마시고 놀자고요.

이번엔 눈으로 확인하며 실제 미드 속 네이티브들의 음성 속도, 발음, 억양에 맞춘 MP3 파일을 들으며 동시에 따라 읽어 보세요.

1.

A   I loved your presentation. Good job!

B   Thank you, sir.

A   자네 프레젠테이션이 아주 맘에 들었네. 수고했어!
B   감사합니다.

2.

A   My name is Henah.

B   What a pretty name!

A   제 이름은 헤나에요.
B   정말 예쁜 이름이네요!

3.

A   Thank you for supporting me.

B   Don't mention it. What are friends for?

A   I really appreciate it.

A   절 지지해 주셔서 감사 드려요.
B   별말씀을요. 친구 좋다는 게 뭡니까?
A   정말로 감사 드려요.

4.

A   Hello?

B   Hi, Jack. It's me, Tom. I'm sorry to call you so late.

A   That's all right. What's the matter?

B   I really need to meet with you now.

A   여보세요?
B   안녕, 잭. 나야, 탐. 이렇게 늦게 전화해서 정말 미안해.
A   괜찮아. 무슨 일이야?
B   나 정말로 지금 너랑 만났으면 좋겠어.

5.

A I'm sorry. I didn't mean to break it.

B Oh, it's okay. Don't worry.

A I'm really sorry. I'll pay for it.

B No, just forget it. It's not that expensive anyway.

A	미안해. 깨트리려고 한 게 아닌데.
B	아, 괜찮아. 걱정하지 마.
A	정말 미안해. 내가 돈 물어줄게.
B	아냐, 그냥 잊어버려. 어쨌든 그렇게 비싼 것도 아냐.

6.

A Congratulations on your new business.

B Thank you. I couldn't have done it without your help.

A It's very kind of you to say so.

B Now let's drink the night away.

A	새 사업 시작하신 것 축하 드려요.
B	고마워요. 당신의 도움 없이는 못 해냈을 거예요.
A	그렇게 말씀해 주시니 감사해요.
B	자, 이제 밤새 마시고 놀자고요.

미국영어 vs. 영국영어

같은 단어이지만 미국과 영국에서 각기 다르게 쓰이는 단어를 더 알아볼까요?

- **coach** 미국: 체육교사, 운동을 가르치는 교사 / 영국: 장거리 여행 버스
- **college** 미국: 대학교 / 영국: 고등학교, 직업전문학교, 기술학교
- **dormitory(dorm)** 미국: 기숙사 / 영국: 도시로 통근하는 사람들이 사는 타운(교외 주택지)
- **garden** 미국: 식물이나 야채를 기르는 땅(정원) / 영국: 집 주변의 뜰(미국에선 yard)

불만 · 후회 · 걱정

🔊 Speak up 1

네이티브들이 즐겨 사용하는 미드 속 기본 회화를 배워 봐요!

How could you do this to me? 어떻게 네가 내게 이럴 수 있어?

불만/후회/걱정 관련 표현, 그 첫 번째! 불만 표시하기!
세상을 살다 보면 본인이 다른 사람을 배신하기도 하고, 다른 사람들에 의해서 자신이 배신을 당하기도 하죠. 이럴 때 절대 가만있지 말고 최소한 '네가 내게 어떻게 이럴 수 있어?'라고 따져 물을 필요가 있겠죠? 바로 이에 해당하는 표현이 How could you do this to me?입니다. '네가 어떻게 ~할 수 있니?'라는 말은 How could you ~?로 시작할 수 있다는 것 꼭 기억해 두세요.

A How could you do this to me?

B Jack, let me explain.

A   어떻게 네가 내게 이럴 수 있어?

B   잭, 내가 설명을 해 줄게.

From ***Will & Grace***

🔊 Speak up 2

대화문을 확장시켜서 다시 한 번 귀와 입을 뚫어 볼까요?

A How could you do this to me, Mark?

B Calm down, Mary. I'll explain it.

**A No, I don't wanna hear it.
I'll be leaving now.**

**B Please don't go. I didn't mean to hurt your
feelings.**

A   어떻게 네가 내게 이럴 수 있어, 마크?

B   진정해, 메리. 내가 설명해 줄게.

A   아니, 듣고 싶지 않아. 나 이제 가겠어.

B   제발 가지마. 네 감정을 상하게 하려 했던 게 아냐.

Speak up 3

좀 더 알고 싶다고요? 다음 말들도 도전해 봐요!

1. I've had enough! 이제 지긋지긋해!

한 두 번이야 그냥 넘어가 준다고 쳐도, 같은 일이 계속해서 반복된다면 기분 좋은 사람은 없을 겁니다. 예를 들어, 직장 상사가 계속 나에게만 잔심부름을 시킨다거나 한다면 아무리 착한 사람이라도 한번쯤은 대들어 볼 수 있겠죠? 이럴 때 I've had enough!라고 한 번 성질을 부려 보세요. '정말 지긋지긋하다'란 의미로 사용되는 표현이랍니다.

A I've had enough. I'll not wait on you people anymore. Got it?

B Got it.

A 나 이제 지긋지긋해. 나 더 이상 너희들 시중들지 않을 거야. 알겠어?

B 알았어.

From ***That 70's Show***

어구 · wait on 응대하다, 시중들다

2. How dare you! 네가 어떻게 감히!

How could you do this to me? 보다 좀 더 간결하고 강하게 자신의 불만을 나타낼 수 있는 표현이 바로 How dare you!입니다. 우리말로는 '네가 어떻게 감히'라는 의미가 되죠. 자신을 배신한 사람에게 두 눈을 크게 뜨고 분노에 가득 찬 소리로 외쳐 보세요. How dare you!

A How dare you! Get out of here.

B I'm sorry, sir.

A 네가 어떻게 감히! 당장 여기서 나가.

B 죄송합니다.

From ***Alias***

불만 표시하기 II

Speak up 1

네이티브들이 즐겨 사용하는 미드 속 기본 회화를 배워 봐요!

I can't believe you lied to me. 네가 내게 거짓말을 했다니 믿을 수가 없구나.

무언가 믿을 수 없는 일이나 행동을 상대방이 했을 때 불만 및 황당함을 나타나기 위해 네이티브들은 '~하다니 믿을 수가 없군.'이란 식의 말을 자주 합니다. 이에 해당하는 영문이 바로 I can't believe ~.이죠. 뒤에 믿을 수 없거나 어이없는 일을 〈주어 + 동사 ~〉의 완전한 문장으로 연결시켜 주면 되는 거죠. 만약 여러분이 이 책을 열심히 공부하고도 영어를 잘 못한다면 아마 전 이렇게 말하겠죠. I can't believe you still can't speak English.(아직도 여러분들이 영어를 말 할 수 없다니 믿을 수가 없네요)라고요.^^

A   **I can't believe you lied to me.**

B   **It was a secret. I had to promise I wouldn't tell.**

A   네가 내게 거짓말을 했다니 믿을 수가 없구나.

B   그건 비밀이었다고요. 전 말을 하지 않겠다고 약속할 수밖에 없었어요.

*From **Ghost Whisperer***

Speak up 2

대화문을 확장시켜서 다시 한 번 귀와 입을 뚫어 볼까요?

A   **I can't believe you lied to me.**

B   **I'm sorry, but it won't happen again.**

A   **Can I have your word?**

B   **You have my word.**

A   네가 내게 거짓말을 했다니 믿을 수가 없구나.

B   죄송해요. 다시는 그런 일 없을 거예요.

A   약속할 수 있겠니?

B   약속 드려요.

어구   · have one's word   ~의 약속을 받다

 Speak up 3

좀 더 알고 싶다고요? 다음 말들도 도전해 봐요!

1. I'm pissed off. 나 열 받았어. / 나 짜증났어.

무언가로 인해서 열이 받거나 짜증이 났을 때, 요즈음 네이티브들이 가장 즐겨 사용하는 표현이 바로 pissed off입니다. 특히 미드나 영화를 보게 되면, 화가 잔뜩 난 주인공들이 I'm pissed off!라고 말하는 장면을 자주 볼 수 있지요.

A   **Now you're pissed off at me.**

B   **No, I'm pissed off because this means I'll be shipping back to the New Orleans Field Office.**

A   지금 너 나한테 열이 받았구나.

B   아니요, 이게 의미하는 바가 제가 뉴 올린언스의 현장사무소로 다시 돌아가야 한다는 것이기 때문에 열 받은 거예요.

From X-files

어구   · field office 현장 사무소

2. She's gonna hit the ceiling. 그녀가 길길이 화낼 거야.

우리말에 '길길이 (화를 내며) 날뛰다'란 표현이 있죠. 영어도 이와 같은 표현이 있는데요, 바로 hit the ceiling입니다. 말 그대로 화가 머리끝까지 치솟아 천장(ceiling)에 닿을 정도라는 것을 의미하는 표현이지요.

A   **Are you embarrassed to be dating me?**

B   **If Gaby finds out, she's gonna hit the ceiling.**

A   나랑 데이트하는 게 창피해?

B   만약 개비가 알게 되면 길길이 화를 낼 거야.

From Desperate Housewives

🔊 Speak up 1

네이티브들이 즐겨 사용하는 미드 속 기본 회화를 배워 봐요!

I'm worried about him. 그가 걱정 돼.

인간은 누구나 걱정을 하고 살죠. 이처럼 무언가를 걱정한다는 것을 나타낼 때 사용할 수 있는 것이 바로 I'm worried about ~.입니다. 전치사 about 뒤에 걱정을 하는 대상을 나타내면 되죠. 예를 들어, 요즘 같이 치안이 흉흉한 때에 딸 가지신 부모님들은 저녁 9시만 넘어도 집에 들어오지 않은 딸 걱정이 되시겠죠? 이때 는 영어로 I'm worried about my daughter.라고 말하면 되지요.

A **He's in bad shape. I'm worried about him.**

B **Well, I'm starting to be, too.**

A 그가 상태가 좋지 않아. 그가 걱정이 돼.

B 음, 나도 걱정되기 시작한다.

From ***The O.C.***

 · **be in bad shape** 건강이 좋지 않은

🔊 Speak up 2

대화문을 확장시켜서 다시 한 번 귀와 입을 뚫어 볼까요?

A **Is Amy home yet?**

B **No, she isn't. I'm worried about her.**

A **Me, too. Have you called her?**

B **I have, but she isn't answering the phone.**

A 에이미가 아직 집에 안 왔나요?

B 아뇨. 그녀가 걱정 돼요.

A 저도 그래요. 그녀에게 전화해 봤어요?

B 해 봤죠, 하지만 전화를 받지 않고 있어요.

 Speak up 3

좀 더 알고 싶다고요? 다음 말들도 도전해 봐요!

1. I'm scared to death. 무서워 죽겠어요.

걱정이 지나치면 온 몸에 공포가 엄습할 정도로 무서워지는 경우가 있습니다. 이처럼 무언가가 '무서워 죽겠어요'란 영어 표현이 있는데요, 바로 be scared to death라고 하죠. 무언가 너무 무서워서 오금이 저릴 정도의 일이 있다면 I'm scared to death.라고 꼭 말해 보세요.

A   **I'm scared to death. It's my first job interview in 20 years.**

B   **You're gonna be fine.**

A   무서워 죽겠어. 20년 만의 첫 구직 면접이거든.

B   너 괜찮을 거야.

From **Monk**

2. Don't sweat it. 걱정하지 마.

보통 누군가가 걱정을 많이 하게 되면 식은땀을 줄줄 흘리는 경우가 많죠? 그래서 네이티브들은 걱정을 하는 사람에게 '걱정하지 마라'란 의미로 Don't sweat it.이라고 말한답니다. 한 마디로 식은 땀 흘리지 말라는 이야기지요.

A   **You're gonna have to do whatever it takes to beat him.**

B   **Don't sweat it, dad.**

A   그를 이기기 위해서라면 무슨 짓이라도 해야 될 것 같구나.

B   걱정하지 마세요, 아버지.

From **One Tree Hill**

위로하기

🔊 Speak up 1

네이티브들이 즐겨 사용하는 미드 속 기본 회화를 배워 봐요!

I'm sure everything's fine. 별 일 없을 거라고 확신해. / 모든 게 괜찮을 거라고 확신해.

상대방이 무언가를 걱정할 때, 가만히 듣기보다는 위로나 격려의 멘트라도 한 마디 날려 주는 센스가 필요하겠죠? 앞에서 간단하게 Don't sweat it.이라는 표현을 배우긴 했지만, 이보다 좀 더, 본인 스스로 확신을 보여 주며 상대방에게 염려하지 말라고 하기 위해서는 I'm sure ~.라고 말해 주면 됩니다. 이 표현은 '~라는 걸 확신해'라는 뜻으로 뒤에는 〈주어 + 동사〉의 완전한 문장을 이어주면 되지요. 예를 들어, 집에 돌아오지 않는 아들 때문에 걱정 하는 어머니를 위로하기 위해서는 I'm sure he will come back.이라고 말해 주면 좋겠죠?

A **I'm sure everything's fine.**

B **Still, I'd like to be able to shake this feeling.**

A 별 일 없을 거라고 확신해.

B 그렇다고 해도, 이 기분을 떨쳐 버릴 수 있으면 좋겠어.

Veronica Mars

어구 · shake feeling 기분을 떨쳐 버리다

🔊 Speak up 2

대화문을 확장시켜서 다시 한 번 귀와 입을 뚫어 볼까요?

A **I'm sure everything will be back to normal on Monday.**

B **I hope so.**

A **Hey, why don't we go out for a drink and have fun?**

B **No, I'd rather go home and take a rest.**

A 월요일이면 모든 것이 정상으로 돌아갈 거라고 확신해.

B 나도 그러길 바래.

A 야, 우리 술이나 한 잔 하며 재미있게 노는 건 어때?

B 아니, 난 집에 가서 휴식이나 취하고 싶어.

 Speak up 3

좀 더 알고 싶다고요? 다음 말들도 도전해 봐요!

1. Cheer up! 기운 내!

걱정이나 시름에 빠진 사람에게 할 수 있는 위로 표현 중 '기운 내!' 만큼이나 기본적인 것은 없겠죠? '기운 내'에 해당하는 영어 표현은 바로 Cheer up!입니다. Cheer가 '환호하다'라는 의미가 있는데 즉, 우울함을 떨치고 웃어 보라는 뉘앙스의 표현인 거죠.

A **Hey, cheer up! You'll see her again, right?**

B **I don't know.**

A 야, 기운 내! 그녀를 다시 보게 될 거야, 응?

B 잘 모르겠어.

From **Friends**

2. There's nothing to worry about. 걱정할 것 없어!

걱정하는 사람에게 해 줄 수 있는 또 하나의 필수 위로 표현이 바로 There's nothing worry about.입니다. There is ~.는 '~가 있다'라는 의미이고 nothing to worry about은 '걱정할 것 없는'이란 뜻이므로 There's nothing to worry about.은 '걱정할 것 없어!'란 의미가 되는 거죠.

A **There's nothing to worry about.**

B **So you think she's adjusting okay?**

A 걱정할 것 없어요.

B 그러면 그녀가 잘 적응하고 있다고 생각하시는 거죠?

From **Close to Home**

45 의미 패턴 후회

Speak up 1

네이티브들이 즐겨 사용하는 미드 속 기본 회화를 배워 봐요!

I should have stopped you. 널 말렸어야 했는데.

우리는 많은 일들을 후회하며 살아갑니다. 이렇게 과거에 했었어야 했지만 그러지 못한 일을 이야기할 때 네이티브들은 I should have ~.라고 말을 시작하죠. have 뒤에는 동사의 '과거분사'형이 붙어 주면 됩니다. 예를 들어 '더 열심히 공부했어야 했는데'라는 후회는 '공부하다'라는 동사 study의 과거분사형인 studied(study–studied–studied)와 '더 열심히'란 부사 harder를 이용하여 I should have studied harder.라고 말하면 되는 거죠.

A I should have stopped you.

B That's easy to say now.

A 널 말렸어야 했는데.

B 지금이야 그렇게 말하기 쉽죠.

From ***Ghost Whisperer***

Speak up 2

대화문을 확장시켜서 다시 한 번 귀와 입을 뚫어 볼까요?

A **Jack makes millions of dollars every year.**

B **Really? What does he do?**

A **He is a stock broker.**

B **Damn, I should have studied stocks.**

A 잭은 매년 수백만 달러를 벌어.

B 정말? 걔 직업이 뭔데?

A 주식 중개인이야.

B 젠장. 나도 주식을 공부했어야 했는데.

어구   · stocks 주식

🔊 Speak up 3

좀 더 알고 싶다고요? 다음 말들도 도전해 봐요!

1. I regret my actions. 제 행동을 후회합니다.

I should have ~.가 다소 간접적으로 자신의 후회를 나타낸다면, 좀 더 직접적으로 '~을 후회 한다'고 말하기 위해서는 동사 regret을 사용합니다. 이 동사의 뜻 자체가 '후회하다'이니까요. 자신의 행동을 후회할 때 I regret my actions.라고 말해 보세요.

A **I regret my actions. I ask you for your forgiveness.**

B **Why are you telling me all this?**

A 제 행동을 후회합니다. 당신께 용서를 구해요.

B 왜 내게 이런 말들을 다 하는 거죠?

From *Lost*

2. It's never too late. 너무 늦은 건 없어.

우리는 많은 것을 후회하고 살지만, 사실 무엇이든 너무 늦은 것은 없죠. 어릴 적 비록 영어를 열심히 공부하지 않았다고 하더라도, 지금 열심히 공부하는 것이 결코 늦은 것이 아닌 것처럼요. 이처럼 '결코 늦은 건 없다'는 말을 영어로는 It's never too late.이라고 합니다.

A **Now it's too late.**

B **It's never too late.**

A 이제 너무 늦었어.

B 너무 늦은 건 없어.

From *Dawson's Creek*

먼저 한글 표현을 영어로 바꿔 말해 보고 실제 미드 속 네이티브들의 음성 속도, 발음, 억양에 맞춘 MP3 파일을 들으며 빈칸에 배웠던 표현을 받아 적어 보세요.

1.

A   Go get two cups of coffee for us.

B   _________________________________! I quit, you son of a bitch!

A   What? _________________________________!

B   You're not my boss anymore. So shut up!

A	가서 커피 두 잔 타와.
B	이젠 정말 지긋지긋해! 난 그만두겠어, 이 나쁜 자식아!
A	뭐? 네가 어떻게 감히!
B	더 이상 당신은 내 상사가 아니거든. 그러니 닥쳐!

2.

A   _________________________________.

B   I'm sorry, but I had no choice.

A   You know what? _________________________. You and I are over.

B   Can you please try to understand me?

A	네가 내게 이랬다니 믿을 수가 없다.
B	미안해, 하지만 다른 방법이 없었어.
A	그거 알아? 나 열 받았어. 너랑 나랑은 끝이야.
B	날 좀 제발 이해하려고 하면 안 되겠니?

3.

A   You look worried. What's going on?

A   _________________________________.

B   _________________________________. Just be yourself.

A   Okay. Thanks for your advice.

A	너 걱정돼 보인다. 무슨 일이니?
B	내일 있을 면접이 걱정 돼.
A	걱정하지 마. 그냥 너답게 행동해.
B	알았어. 조언 고마워.

4.

A _____________________. _____________________________.

B Do you really think so?

A Of course. _______________________________.

B Thanks. That relieves me a bit.

A	기운 내. 그녀가 잘 있을 거라고 확신해.
B	정말 그렇게 생각해요?
A	물론이지. 걱정할 것 없어.
B	고마워요. 걱정이 좀 덜해지네요.

5.

A I'm sorry. _________________________________.

B No, don't be. It's my fault. _____________________.

A You know what? You can start over. _______________.

B You're right. I'll start over.

A	미안하다. 널 말렸어야 했는데.
B	아니요. 그러지 마세요. 제 잘못이에요. 제 행동을 후회해요.
A	그거 아니? 넌 다시 시작할 수 있어. 너무 늦은 건 없다고.
B	맞아요. 전 다시 시작할 거예요.

이번엔 눈으로 확인하며 실제 미드 속 네이티브들의 음성 속도, 발음, 억양에 맞춘 MP3 파일을 들으며 동시에 따라 읽어 보세요.

1.

A **Go get two cups of coffee for us.**

B **I've had enough! I quit, you son of a bitch!**

A **What? How dare you!**

B **You're not my boss anymore. So shut up!**

A 가서 커피 두 잔 타와.
B 이젠 정말 지긋지긋해! 난 그만두겠어, 이 나쁜 자식아!
A 뭐? 네가 어떻게 감히!
B 더 이상 당신은 내 상사가 아니거든. 그러니 닥쳐!

2

A **I can't believe you did this to me.**

B **I'm sorry, but I had no choice.**

A **You know what? I'm pissed off. You and I are over.**

B **Can you please try to understand me?**

A 네가 내게 이랬다니 믿을 수가 없다.
B 미안해, 하지만 다른 방법이 없었어.
A 그거 알아? 나 열 받았어. 너랑 나랑은 끝이야.
B 날 좀 제발 이해하려고 하면 안 되겠니?

3.

A **You look worried. What's going on?**

A **I'm worried about the job interview tomorrow.**

B **Don't sweat it. Just be yourself.**

A **Okay. Thanks for your advice.**

A 너 걱정돼 보인다. 무슨 일이니?
B 내일 있을 면접이 걱정 돼.
A 걱정하지 마. 그냥 너답게 행동해.
B 알았어. 조언 고마워.

4.

A Cheer up. I'm sure she's fine.

B Do you really think so?

A Of course. There's nothing to worry about.

B Thanks. That relieves me a bit.

A 기운 내. 그녀가 잘 있을 거라고 확신해.
B 정말 그렇게 생각해요?
A 물론이지. 걱정할 것 없어.
B 고마워요. 걱정이 좀 덜해지네요.

5.

A I'm sorry. I should have stopped you.

B No, don't be. It's my fault. I regret my actions.

A You know what? You can start over. It's never too late.

B You're right. I'll start over.

A 미안하다. 널 말렸어야 했는데.
B 아니요. 그러지 마세요. 제 잘못이에요. 제 행동을 후회해요.
A 그거 아니? 넌 다시 시작할 수 있어. 너무 늦은 건 없다고.
B 맞아요. 전 다시 시작할 거예요.

이건 무슨 표현?

A fool at 40 is a fool forever. 40대에 바보는 영원히 바보라고요?

종종 나이를 먹어도 철도 안 들고 세상물정 모르는 사람들을 만나기도 하죠. 많은 경험을 통해 세상을 조금 안다고 해도 될 만한 나이인 40대가 되었는데도 아직 바보같이 군다면 그 사람은 앞으로도 쭉 그렇다고 볼 수도 있겠죠? 그래서 A fool at 40 is a fool forever.는 40대가 되어도 아직 성숙하지 않다면, 영원히 그럴 거라는 뜻을 담고 있는 표현입니다.

Chapter

10

가능성 · 소망 · 기대

🔊 Speak up 1

네이티브들이 즐겨 사용하는 미드 속 기본 회화를 배워 봐요!

What are the chances? 그럴 가능성이 있을까? / 그럴 확률이 얼마나 될까?

세상일에 100%란 없습니다. 예를 들어, 전 이 책이 베스트셀러가 될 거라고 확신하지만 솔직히 베스트셀러가 될 가능성이 얼마나 될지는 아무도 모르는 거죠.^^ 이처럼 명확하게 확신이 서지 않는 상황에 대해서 '그럴 가능성이 있을까?' 혹은, '그럴 확률이 얼마나 될까?'라고 물을 때 네이티브들이 즐겨 사용하는 것이 바로 What are the chances?입니다. 이 표현 단독으로 사용해도 되고, 뒤에 〈주어 + 동사 ~〉의 문장을 붙여서 좀 더 구체적으로 말할 수도 있지요. 예를 들어, '그가 아직도 거기에 있을 가능성이 있을까?'는 영어로 'What are the chances he's still there?'라고 하면 되는 거죠.

A   **What are the chances we can find this little girl?**

B   **Let's go in here.**

A   우리가 이 꼬마 아이를 찾을 수 있는 가능성이 있을까?

B   이 안에 들어가 보자.

From **Numbers**

🔊 Speak up 2

대화문을 확장시켜서 다시 한 번 귀와 입을 뚫어 볼까요?

A   **I guess we both got dumped.**

B   **Yeah, what are the chances?**

A   **I know. I feel so depressed.**

B   **Hey, cheer up. There are still plenty of girls out there for us.**

A   우리 둘 다 차인 것 같네.

B   응, 그럴 가능성이 얼마나 될까?

A   그러게. 너무 우울하다.

B   야, 기운 내. 아직도 세상 밖에는 우리를 위한 수많은 여자들이 있다고.

🔊 Speak up 3

좀 더 알고 싶다고요? 다음 말들도 도전해 봐요!

1. Fat chance! 어림도 없는 소리!

Fat chance!는 반어적인 표현입니다. 원래 Fat은 무언가 굉장히 크다는 뉘앙스가 있어서 이 표현은 직역을 하게 되면 '가능성이 크다'가 되어야 하지만, 반어적 용법에 의해서 '그럴 가능성 전혀 없다!'라는 의미가 되어 버리죠. 어떤 일에 대한 가능성이나 확률이 제로에 가까울 때 힘 줘서 외쳐 보세요. Fat chance!라고요.

A **Let's get this done before the rest of the press shows up.**

B **Fat chance! We got about 15 minutes.**

A 나머지 기자단이 나타나기 전에 이 일을 어서 해치웁시다.

B 어림도 없는 소리에요! 15분 정도 밖에 없다고요.

From **Close to Home**

2. The odds are fifty-fifty. 가능성은 반반이야.

사실 대부분의 일들은 그 가능성이 반반인 경우가 많죠. 결국 잘 되냐 안 되냐 둘 중 하나잖아요. 네이티브들은 이렇게 '반반이야'란 표현을 fifty–fifty라고 말합니다. 즉 100을 반으로 나눠서 50–50으로 표현하는 거죠. '가능성'을 의미하는 odds란 단어를 사용해서 보통 The odds are fifty–fifty.라고 말하고는 합니다.

A **Right or left?**

B **Guess, the odds are fifty-fifty.**

A 오른쪽으로 할까, 왼쪽으로 할까?

B 맞혀 봐, 가능성은 반반이잖아.

From **The O.C**

Speak up 1

네이티브들이 즐겨 사용하는 미드 속 기본 회화를 배워 봐요!

I wish I could go with you. 나도 너랑 같이 갈 수 있으면 좋으련만.

무언가를 하고 싶지만 그러지 못할 때 우리는 '~할 수 있으면 좋으련만'이라고 말하는 경우가 있습니다. 하지 못하는 일에 대한 소망을 나타내는 표현이라고 할 수 있지요. 네이티브들은 이런 상황에서 I wish I could ~.란 말을 주로 사용합니다. 즉, 무언가를 할 수 있으면 좋겠다는 불가능한 사실에 대한 소망을 나타내는 표현인 것이죠. 과거형 조동사인 could가 사용되었지만 의미는 현실을 나타낸다는 것 꼭 기억해 두세요!

A **I wish I could go with you.**

B **I know. I'll call you when I land.**

A 나도 너랑 같이 갈 수 있으면 좋으련만.

B 나도 알아. 도착하면 내가 전화할게.

From *Alias*

어구 · land (비행기로) 착륙하다, 도착하다

Speak up 2

대화문을 확장시켜서 다시 한 번 귀와 입을 뚫어 볼까요?

A **I can't do this alone.**

B **I wish I could help you**, but I can't.

A **Why not?**

B **Because I'm already swamped.**

A 나 이거 혼자서는 할 수가 없어.

B 내가 널 도와줄 수 있으면 좋으련만. 그럴 수가 없네.

A 왜 안 되는데?

B 왜냐면 나도 이미 일이 넘치는 상태거든.

어구 · be swamped 일이 넘치다, 몹시 바쁘다

🔊 Speak up 3

좀 더 알고 싶다고요? 다음 말들도 도전해 봐요!

1. I hope so. 그러길 바래. / 그랬으면 좋겠어.

무언가에 대한 소망을 나타낼 때 가장 쉽고 짧게 네이티브들이 자주 쓰는 표현이 바로 I hope so.입니다. 상대방의 말이나 질문에 대해 '그랬으면 좋겠네'란 의미로 I hope so.라고 말하는 경우가 굉장히 많지요.

A **Do you think she's gonna be okay?**

B **I hope so.**

A 그 여자 괜찮아질 거 같아요?

B 그랬으면 좋겠어요.

From **Ghost Whisperer**

2. He's jonesing for a cigarette. 그는 담배를 애타게 피고 싶어 해.

마치 중독된 사람처럼 무언가를 애타게 찾을 때 네이티브들은 이를 be jonesing for ~로 표현합니다. 보통 커피, 담배, 마약 등 중독성이 강한 무언가를 애타게 찾는 모습을 나타낼 때 사용되는 표현이지요.

A **Hey, how's he doing?**

B **He's jonesing for a cigarette.**

A 그 남자 (상태가) 어때요?

B 담배를 애타게 피고 싶어 하네요.

From **Grey's Anatomy**

🔊 Speak up 1

네이티브들이 즐겨 사용하는 미드 속 기본 회화를 배워 봐요!

I hope you're happy. 네가 행복했으면 좋겠어.

'희망하다'란 의미를 가진 동사 hope를 모르시는 분은 없을 겁니다. 앞에서 간단하게 '그러길 바래요'란 의미로 I hope so.라고 말한다는 것 기억하시죠? 이처럼 네이티브들은 무언가를 희망할 때 I hope ~.로 문장을 시작하곤 합니다. 구체적으로 희망하는 내용을 언급하기 위해서 〈주어 + 동사~〉로 이루어진 완전한 문장을 뒤에 붙여서 말하지요. 예를 들어, 파티에 놀러온 친구에게 '네가 파티를 즐겼으면 좋겠어.'라고 말하고 싶다면 I hope you enjoy the party.라고 말해 주면 되는 거죠.

A **Hey, I hope you're happy. Are you happy?**

B **Uh, generally yes. Why?**

A 야, 네가 행복했으면 좋겠어. 너 행복하니?

B 음, 대개는 그렇죠. 왜요?

From ***Ghost Whisperer***

🔊 Speak up 2

대화문을 확장시켜서 다시 한 번 귀와 입을 뚫어 볼까요?

A **So you're leaving tomorrow?**

B **Yes, I am. I'm going to travel around the world.**

A **I hope you'll keep in touch.**

B **I will. I will send you lots of postcards.**

A 그러면 당신 내일 떠나는 건가요?

B 네. 전 세계를 여행하고 다닐 거예요.

A 계속 연락했으면 좋겠어요.

B 그럴게요. 당신에게 우편엽서를 많이 보낼게요.

🔊 Speak up 3

좀 더 알고 싶다고요? 다음 말들도 도전해 봐요!

1. Fingers crossed. 행운을 빌어 보자.

소망 또는 희망과 관련해서 네이티브들이 즐겨 사용하는 제스처 중에 검지 손가락 위에 중지 손가락을 꼬아서 올려 놓는 게 있습니다. 이 행동을 취하면서 Fingers crossed.라고 말하곤 하지요. 마치 꼬아진 손가락 모양이 십자가 같은데요, 즉 신의 가호가 있기를 바란다는 뉘앙스로 '행운을 빌어 보자'란 의미로 사용되는 표현이지요.

A **Oh, it's just something to impress a guy.**

B **Well, I hope this does the trick. Fingers crossed.**

A 아, 그건 그냥 한 남자에게 잘 보이기 위한 거예요.

B 아, 이게 성공했으면 좋겠네요. 행운을 빌어 보죠.

From **One Tree Hill**

2. In your dreams! 꿈 깨셔!

아무리 꿈과 희망이 좋은 것이라지만, 그것이 정말 허황된 것이라면 문제가 있겠죠? 이 경우 네이티브들이 상대방에게 즐겨 쓰는 표현이 바로 In your dreams!입니다. 말 그대로 꿈속에서나 가능한 일이니 쓸데없는 소리 말고 '꿈 깨'란 의미가 되는 표현이지요. 혹시 이 책을 공부하지 않고 영어를 잘하길 희망하는 사람들이 주위에 있다면 꼭 좀 외쳐 주세요. In your dreams!라고요.^^

A **You can ride with me up front.**

B **In your dreams!**

A 넌 나랑 같이 앞좌석에 타도 돼.

B 꿈 깨셔!

From **Heros**

Speak up 1

네이티브들이 즐겨 사용하는 미드 속 기본 회화를 배워 봐요!

I'm looking forward to working with you.
당신과 함께 일하게 되는 걸 기대하고 있습니다.

벌어질 어떤 상황이나 일을 '기대하고 있다' 혹은 '고대하고 있다'고 말할 때는 보통 I'm looking forward to ~.라고 문장을 시작해 주면 됩니다. 기대하고 있는 내용은 뒤에 동사의 –ing 형태로 붙여서 말해 주면 되지요. 예를 들어, 휴가철에 '휴가 가길 기대하고 있어!'라고 말하고 싶다면 '휴가가다'에 해당하는 go on vacation의 동사 go를 –ing 형태로 바꿔서 I'm looking forward to going on vacation!이라고 말하면 된답니다.

A **I'm looking forward to working with you.**
I've heard a lot about you.

B **Oh, really?**

A 당신과 함께 일하게 되는 걸 기대하고 있습니다. 말씀 많이 들었어요.

B 아, 정말요?

From **X-Files**

Speak up 2

대화문을 확장시켜서 다시 한 번 귀와 입을 뚫어 볼까요?

A **I'm going to meet my girlfriend's parents next week.**

B **Really? Are you nervous?**

A **A little. But I'm looking forward to meeting them.**

B **Just be yourself. I'm sure they'll like you.**

A 나 다음 주에 여자 친구의 부모님을 만나게 될 거야.

B 정말? 긴장되니?

A 약간. 하지만 그들을 만나게 되는 걸 기대하고 있어.

B 그냥 너답게만 행동해. 그들이 널 좋아할 거라고 확신해.

🔊 Speak up 3

좀 더 알고 싶다고요? 다음 말들도 도전해 봐요!

1. Never count your chickens. 절대로 김칫국부터 마시지 마.

아직 확정된 사안도 아닌데 기대가 너무 큰 나머지 미리부터 들떠서 어쩔 줄 모르는 사람들이 있죠. 이런 사람들에게 우리는 보통 '김칫국부터 마시지 마.'라고 얘기하곤 합니다. 영어에서도 이에 해당하는 표현이 있는데, 바로 Never count your chickens.입니다. 이 표현은 Don't count your chickens before they're hatched.란 속담을 줄여서 간단하게 말한 거죠.

A We're in pretty good shape.

B Never count your chickens, ladies.

A 우린 꽤 모양새가 좋은 거지.

B 숙녀 분들, 절대로 김칫국부터 마시지 마세요.

From ***Close to Home***

2. I can't wait! 기다릴 수가 없어요! / 너무 기대되요!

무언가가 너무 기대되면 정말 일분일초라도 기다리기 힘이 들죠. 이런 마음을 가장 잘 나타내 주는 표현이 바로 I can't wait!입니다. 말 그대로 기다릴 수가 없다는 의미의 표현이죠. 예를 들어, 누군가가 나에게 줄 선물을 샀다고 하면서 생일 때까지 기다리라고 한다면, 얼굴에 함박웃음을 지으며 이렇게 외쳐 보세요. I can't wait!

A We'll go over the recipe later.

B I can't wait!

A 조리법은 나중에 알려 드릴게요.

B 기다릴 수가 없어요!

From ***Alias***

어구 · go over ~을 살펴보다, 검토하다

Speak up 1

네이티브들이 즐겨 사용하는 미드 속 기본 회화를 배워 봐요!

I'm trying to be a good colleague. 좋은 동료가 되려고 노력하는 거야.

무언가를 희망하고 소망만 한다고 그것이 이루어지진 않겠죠? 반드시 그에 합당한 노력과 끊임없는 시도가 필요할 겁니다. 이처럼 무언가를 위해서 시도한다 혹은 노력한다는 말은 I'm trying to ~.로 말해 주면 됩니다. try라는 동사가 '노력하다, 시도하다'란 의미를 갖고 있기 때문이지요. 전치사 to 뒤에 동사원형을 붙여 주어 자신이 노력하는 것이 무엇인지 구체적으로 말해 주면 됩니다.

A **I didn't ask you to pick up the meds.**

B **I'm trying to be a good colleague.**

A 약 가져달라고 당신에게 부탁한 적 없는데요.

B 그저 좋은 동료가 되려고 노력하는 거야.

*From **House***

어구 · meds 약 · colleague 동료

 Speak up 2

대화문을 확장시켜서 다시 한 번 귀와 입을 뚫어 볼까요?

A **What are you doing here?**

B **I'm trying to fix this machine.**

A **You think you can do it?**

B **I'm not sure, but I'll do my best.**

A 너 여기서 뭐하고 있는 중이니?

B 이 기계를 고치려고 노력 중이야.

A 할 수 있을 거라고 생각하니?

B 확실히 모르겠어, 하지만 최선을 다할게.

🔊 Speak up 3

좀 더 알고 싶다고요? 다음 말들도 도전해 봐요!

1. Give it a try. 한 번 해 봐.

무언가를 하길 망설이는 친구에게 '한 번 해 봐'라며 독려하기 위해서 쓸 수 있는 표현이 바로 Give it a try. 입니다. 말 그대로 시도(try)를 한 번 해 보라는 표현인 거죠. 어떤 음식을 먹길 꺼려하는 사람이나, 혹은 놀이 기구를 타기 무서워하는 친구들 등, 다양한 상황에서 써 볼 수 있는 표현입니다.

A   **Give it a try.**

B   **No.**

A   **Come on. These are really expensive. Eat.**

A   한 번 해 봐. (= 먹어 봐.)

B   싫어.

A   어서. 이거 정말 비싼 거라고. 먹어.

*From **Brothers and Sister***

2. I'll see what I can do. 어떻게 방법을 한 번 찾아보죠.

정확하게 무엇을 해야 할지 지금은 모르겠지만, 그래도 뭔가 방법을 찾아보겠다고 말할 때 네이티브들이 가장 즐겨 쓰는 말이 바로 I'll see what I can do.입니다. 동사 see가 '보다'의 의미를 넘어 '알아보다'란 뜻으로 활용이 되는 거죠. 누가 뭐 좀 해달라고 나에게 요청을 할 때, 즉답을 주기보다는 I'll see what I can do.라고 말하는 게 나중에 실패했을 때 좀 덜 민망하겠죠?

A   **We just need a little security.**

B   **Okay. I'll see what I can do, but don't get your hopes up, okay?**

A   저흰 그냥 약간의 보안이 필요해요.

B   알았어요. 어떻게 방법을 찾아보죠. 하지만 너무 기대하진 마세요, 아셨죠?

*From **Monk***

어구   · get one's hopes up 기대를 갖다, 희망을 품다

먼저 한글 표현을 영어로 바꿔 말해 보고 실제 미드 속 네이티브들의 음성 속도, 발음, 억양에 맞춘 MP3 파일을 들으며 빈칸에 배웠던 표현을 받아 적어 보세요.

1.

A ____?

B ____.

A **Actually, I think** ___________________________________.

B **Well, let's go and find out.**

A 그가 아직도 거기 있을 가능성이 있을까?
B 어림도 없는 소리.
A 사실, 난 가능성이 반반이라고 생각해.
B 음, 가서 알아보자고.

2.

A ____.

B ____________________________________, **but I can't.**

A **Please. It's driving me crazy.**

B **Sorry. The doctor said you must not drink coffee.**

A 커피가 애타고 마시고 싶어요.
B 내가 널 도와줄 수 있으면 좋으련만, 그럴 수가 없구나.
A 제발요. 아주 미치겠어요.
B 미안. 의사선생님이 너 커피 마셔서는 안 된다고 했어.

3.

A **Did Tom call yet?**

B **No, we're still trying to reach him.**

A **Oh,** _____________________. _____________________.

B **Yeah, I hope so.**

A 탐이 아직 전화 안 했나요?
B 아뇨. 저희 아직도 그에게 연락을 취하려고 시도 중이에요.
A 아, 모든 게 괜찮았으면 좋겠네요. 행운을 빌어 보죠.
B 네, 저도 그러길 바래요.

4.

A   **I'll visit you this Friday.**

B   **Really? ____!**

A   **I'll also bring my son along.**

B   **That's great. ____.**

A   이번 주 금요일에 너희 집에 방문할게.
B   정말? 기다릴 수가 없는 걸!
A   내 아들도 데려갈 거야.
B   좋아. 처음으로 네 아들을 만나는 게 기대된다.

5.

A   **____,**

but the tickets are all sold out.

B   **Oh, that's too bad.**

A   **Listen, I know you can pull some strings. Can you please help me?**

B   **____.**

A   이 영화를 제 아이들에게 보여 주려고 하는데, 표가 매진되어 버렸어요.
B   아, 그거 안됐군요.
A   저기요, 힘을 좀 써 주실 수 있다는 거 알아요. 절 좀 도와주실 수 있으세요?
B   어떻게 방법을 한 번 찾아보죠.

그림자 따라 읽기로 배운 문장을 입에 붙여 봅시다.

이번엔 눈으로 확인하며 실제 미드 속 네이티브들의 음성 속도, 발음, 억양에 맞춘 MP3 파일을 들으며 동시에 따라 읽어 보세요.

1.

A What are the chances he's still there?

B Fat chance.

A Actually, I think the odds are fifty-fifty.

B Well, let's go and find out.

A	그가 아직도 거기 있을 가능성이 있을까?
B	어림도 없는 소리.
A	사실, 난 가능성이 반반이라고 생각해.
B	음, 가서 알아보자고.

2.

A I'm jonesing for coffee.

B I wish I could help you, but I can't.

A Please. It's driving me crazy.

B Sorry. The doctor said you must not drink coffee.

A	커피가 애타고 마시고 싶어요.
B	내가 널 도와줄 수 있으면 좋으련만, 그럴 수가 없구나.
A	제발요. 아주 미치겠어요.
B	미안. 의사선생님이 너 커피 마셔서는 안 된다고 했어.

3.

A Did Tom call yet?

B No, we're still trying to reach him.

A Oh, I hope everything's all right. Fingers crossed.

B Yeah, I hope so.

A	탐이 아직 전화 안 했나요?
B	아뇨. 저희 아직도 그에게 연락을 취하려고 시도 중이에요.
A	아, 모든 게 괜찮았으면 좋겠네요. 행운을 빌어 보죠.
B	네, 저도 그러길 바래요.

4.

A **I'll visit you this Friday.**

B **Really?** I can't wait!

A **I'll also bring my son along.**

B **That's great.** I'm looking forward to meeting him for the first time.

A 이번 주 금요일에 너희 집에 방문할게.
B 정말? 기다릴 수가 없는 걸!
A 내 아들도 데려갈 거야.
B 좋아. 처음으로 네 아들을 만나는 게 기대된다.

5.

A I'm trying to show this movie to my kids, **but the tickets are all sold out.**

B **Oh, that's too bad.**

A **Listen, I know you can pull some strings. Can you please help me?**

B I'll see what I can do.

A 이 영화를 제 아이들에게 보여 주려고 하는데, 표가 매진되어 버렸어요.
B 아, 그거 안됐군요.
A 저기요, 힘을 좀 써 주실 수 있다는 거 알아요. 절 좀 도와주실 수 있으세요?
B 어떻게 방법을 한 번 찾아보죠.

이건 무슨 표현?

Elephant in the room 방안에 코끼리가 있다고요?

방 안에 거대한 코끼리가 있다면 어떨까요? 안 보고 지나칠래야 지나칠 수가 없겠죠? 이렇듯 뻔히 보이거나 모두가 인지하고 있는 문제지만, 아무도 얘기하려고 하지 않거나 모른 척하는 것을 elephant in the room이라고 합니다. 즉, 어떤 금기사항이나 말하기 껄끄러운 것들이 그 예가 될 수 있겠죠.

Speak up 1

네이티브들이 즐겨 사용하는 미드 속 기본 회화를 배워 봐요!

There's no such thing as miracles.
세상에 기적 같은 게 어디 있어? / 기적 같은 건 없어.

20세기를 대표하는 노벨경제학자 수상자인 밀턴 프리드먼(Milton Friedman)은 이런 말을 했습니다. There's no such thing as a free lunch.라고요. 우리말로 직역하면 '공짜 점심식사 같은 건 없다.'란 거죠. 이 말은 세상의 모든 일에는 대가가 따른다는 의미로 우리말로 의역하면 '세상에 공짜가 어디 있냐?'가 됩니다. 여기서 사용된 There's no such thing as ~.는 '~란 없어'란 뜻으로 응용해서 사용할 수 있는데요, 예를 들어, '외계인 같은 건 없어(= 세상에 외계인이 어디 있냐?)'란 말은 There's no such thing as aliens.이라고 말하면 되는 거지요.

A   **There's no such thing as miracles.**

B   **Well, we'll just have to see which one of us is right.**

A   세상에 기적 같은 게 어디 있냐?

B   그렇다면 우리 중 누가 옳은지 두고 볼 수밖에 없겠네요.

From ***Lost***

Speak up 2

대화문을 확장시켜서 다시 한 번 귀와 입을 뚫어 볼까요?

A   **I've seen ghosts.**

B   **Hey, there's no such thing as ghosts.**

A   **Then, who's that woman behind your back?**

B   **Stop it! You're freaking me out!**

A   난 유령을 본 적이 있어. / B   야. 세상에 유령 같은 게 어디 있냐?

A   그렇다면 네 등 뒤에 있는 저 여자는 누군데? / B   그만해! 너 때문에 소름끼치잖아!

어구   · freak someone out ~를 소름끼치게 하다

🔊 Speak up 3

좀 더 알고 싶다고요? 다음 말들도 도전해 봐요!

1. That's the way it is. 원래 그런 거야.

나이가 들수록 세상이란 게 어릴 적 교과서에서 배운 대로 돌아가지 않는다는 걸 느낍니다. 예를 들어, 아무리 세상사는 데 돈이 전부가 아니라고 외쳐도 결국 살다 보면 돈이면 모든 게 해결되는 현실을 보곤 좌절하곤 하죠. 그럼 옆에 친구는 늘 이렇게 얘기하더군요. 세상이 원래 그런 거라고요. 이처럼 무언가가 '원래 그렇다.' '원래 그런 식인 거다.'라고 말할 때 쓰이는 영어 표현이 바로 That's the way it is.입니다.

A **Most of these guys are younger, and they're not going to stand up to Nathan. It's not right, but that's the way it is.**

B **Yeah, well, the way it is, doesn't work for me.**

A 대부분의 이 녀석들은 나이가 더 어려서 네이든에게 맞서지 않을 거란 말이야. 이건 옳은 게 아니지, 하지만 원래 이런 걸 뭐.

B 그래, 그렇지만 원래 그렇다는 거 나한테는 통하지 않아.

From ***One Tree Hill***

2. Period! 그만! 얘기 끝!

상대방의 이야기나 주장을 끊고, 일방적으로 더 이상 할 얘기가 없음을 표현할 때 유용한 말이 바로 Period! 입니다. 말 그대로 난 나의 얘기에 마침표를 찍겠다, 즉 더 이상 할 말 없다는 의미를 나타내는 표현이지요. 다소 독단적일 수 있지만, 은근히 대화 중에 많이 사용되는 표현이니 꼭 기억해 두세요.

A **I wish I could make exceptions, but that would be unfair and problematic. I'm sorry to say, no is my definitive answer.**

B **But...**

A **No. Period!**

A 나도 예외를 주고 싶다만, 그건 불공평하고 문제를 일으킬 소지가 있지. 이렇게 말해서 미안하다만, 안 된다는 것이 나의 명백한 답변이다.

B 하지만…

A 안 된다. 얘기 끝!

From ***Dawson's Creek***

Speak up 1

네이티브들이 즐겨 사용하는 미드 속 기본 회화를 배워 봐요!

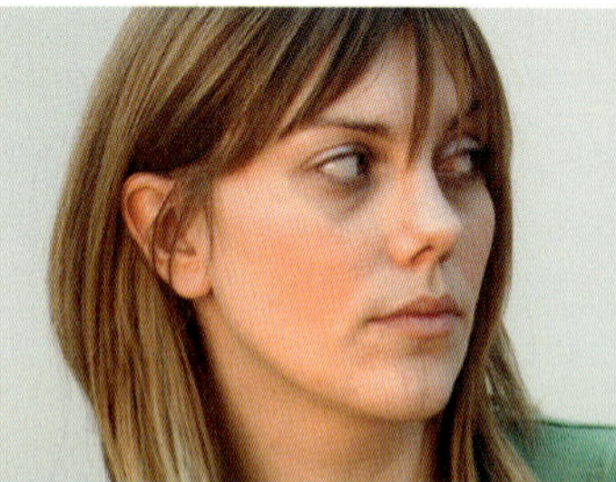

As far as I'm concerned, this friendship is over.
내 생각엔 말이야, 우리의 우정은 끝난 거야!

상대방이 뭐라고 생각하던 내 생각은 이렇다 혹은 내가 아는 바는 이렇다라며 자신의 주장을 말할 때 유용하게 사용할 수 있는 것이 바로 As far as I'm concerned ~.입니다. as far as가 '~하는 한'이란 의미를 갖고 있기 때문이지요. 먼저 이 말을 해 준 후에 〈주어 +동사 ~〉로 이루어진 완전한 문장을 덧붙여 주면 바로 그 내용이 자신이 생각하는 바가 되는 것이죠. 예를 들어, 이 책이 '기초회화와 미드를 가장 환상적인 조합으로 연결시켜 놓은 대한민국 최고의 책'이라고 믿는 저는 이렇게 말할 수 있겠죠. As far as I'm concerned, this is the best English book in the world!

A **I was trying to call you!**

B **You mean when you weren't hanging out with Peyton? As far as I'm concerned, this friendship is over.**

A 너에게 전화하려고 했었어!

B 네 말은 네가 페이튼이랑 어울리고 있지 않았을 때 말이지? 내 생각엔 말이야, 우리의 우정은 끝난 거야!

*From **One Tree Hill***

Speak up 2

대화문을 확장시켜서 다시 한 번 귀와 입을 뚫어 볼까요?

A **I want you to get out of my life.**

B **How could you say that to me? I'm your brother!**

A **As far as I'm concerned, you're not my brother anymore.**

B **I can't believe you just said that to me.**

A 네가 내 삶에서 꺼져 줬으면 좋겠어.

B 어떻게 네가 그런 말을 할 수 있어? 난 네 형이잖아!

A 내가 아는 한 말이지, 넌 더 이상 내 형이 아냐.

B 네가 내게 방금 한 말을 믿을 수가 없구나.

🔊 Speak up 3

좀 더 알고 싶다고요? 다음 말들도 도전해 봐요!

1. Speak for yourself! 그건 네 생각이고!

상대방이 뭐라고 의견을 얘기했지만 이에 전혀 공감이 가지 않을 때가 있습니다. 전 보통 이럴 때 '그건 네 생각이고!'란 말을 자주 하는데요. 이에 해당하는 영어 표현이 바로 Speak for yourself!입니다. 즉, 네가 한 말은 너한테나 통하는 말에 불과하다고 말하고 있는 거죠. 이 책으로 열심히 공부하신 여러분들은 이제 누가 '아~ 영어는 너무 어려워~.'라고 말하면 이렇게 대답해 주세요. Speak for yourself!

A **You sleep much deeper out here in the forest.**

B **Speak for yourself!**

A 이렇게 바깥 숲속 공기 속에서는 더 숙면을 취할 수 있지.

B 그건 네 생각이고!

From ***Ghost Whisperer***

2. Whatever. 맘대로 하세요. / 아, 네네~

상대방이 무언가를 얘기할 때 가끔 대꾸하기도 귀찮은 경우가 있습니다. 이럴 때는 Whatever!라고 말해 보세요. 우리말로는 '맘대로 하세요.' 혹은 '아, 네네~' 정도의 의미가 됩니다. 이때 포인트는 상대가 귀찮다는 얼굴 표정을 지어 주면서 말해야 한다는 겁니다. 예를 들어, 친구가 '나 너무 예쁘지 않냐~' '나 완전 전지현이야~'라고 한다면 그냥 간단히 "Yeah, whatever."라고 대답해 주시면 된답니다.

A **I made a choice. I'm picking Derek. Finn is great. But Derek is... Derek. And... I'm following my gut.**

B **Yeah, whatever.**

A 나 결정했어. 데릭을 선택할 거야. 핀도 훌륭하지만 데릭은… 데릭이니까.

그리고… 난 내 육감을 따르겠어.

B 아, 네네~

From ***Grey's Anatomy***

어구 · gut 육감, 배짱

🔊 Speak up 1

네이티브들이 즐겨 사용하는 미드 속 기본 회화를 배워 봐요!

My point is we don't exactly know what we're looking for.
제 요점은 우리가 뭘 찾고 있는지 정확히 모른다는 거예요.

무언가 주장을 할 때는, 가능한 간략하고 핵심만 추려서 전달하는 것이 효과적이죠. 그러므로 아무리 이야기를 길게 했더라도, 마지막에 가선 핵심을 정리해 주는 센스가 필요하답니다. 네이티브들은 이렇게 자신의 말하고자 하는 요점을 정리할 때 My point is ~.라고 합니다. 우리말로는 '제 요점은 ~입니다.'란 뜻이지요. 뒤에는 〈주어 + 동사 ~〉의 완전한 문장으로 자신이 하고자 하는 말을 언급해 주면 됩니다. 예를 들어, '내 요점은 내가 아는 게 없다는 거야!'란 말을 하고 싶다면 '난 아는 게 없다.'에 해당하는 I have no idea.를 뒤에 붙여서 My point is I have no idea!라고 말하면 되는 거죠.

A **If there's a point, Mulder, please feel free to come to it.**

B **My point is we don't know exactly what we're looking for.**

A 멀더, 만약 요점이 있다면, 마음껏 요점을 말해 주게.

B 제 요점은 우리가 뭘 찾고 있는지 정확히 모른다는 거예요.

From **X-Files**

🔊 Speak up 2

대화문을 확장시켜서 다시 한 번 귀와 입을 뚫어 볼까요?

A **What's your point?**

B **My point is you shouldn't go there.**

A **Why?**

B **Because it's dangerous!**

A 요점이 뭐야?

B 내 요점은 네가 거기 가서는 안 된다는 거야.

A 왜?

B 왜냐면 위험하니까!

🔊 Speak up 3

좀 더 알고 싶다고요? 다음 말들도 도전해 봐요!

1. Get to the point. 요점을 말해.

말을 바로 전달하지 않고 빙빙 돌려서 하는 사람들이 있죠. 요즘 같이 바쁜 세상에 시간은 금인데 참 답답하기 그지없답니다. 이럴 때는 단호하게 Get to the point.라고 말해 보세요. get은 '~에 도착하다, 도달하다'라는 의미도 가지고 있기 때문에 이 표현은 우리말로 곧 '요점을 말해'란 의미가 된답니다.

A Get to the point, Jack.

B My point is your rage is seething under the surface.

A 요점을 말하게, 잭.

B 내 말의 요점은 너의 분노가 표면 아래서 부글부글 끓고 있다는 거야.

From **Alias**

2. Stop beating around the bush. 빙빙 돌려서 말하지 마. / 요점을 말해.

하고 싶은 말을 바로 전달하지 않고 빙빙 돌려서 하는 사람들이 있죠. 이런 사람들에게는 Get to the point!라고 말할 수도 있겠지만, 이렇게도 말해 보세요. Don't beat around the bush.라고요. 이 말은 과거 사냥을 할 때 사냥감을 몰기 위해서 숲 주위를 때리고 다니던 행위에서 비롯되었는데요, 즉, 그만 숲 주위를 때리고 하고 싶은 말을 얼른 하라는 의미의 표현인 것이죠.

A I think it's time we stop beating around the bush, gentlemen, and go after the damn bush!!

B Burrows. What do you want done?

A 제군들. 이제 빙빙 돌려 대는 건 그만 하고, 빌어먹을 사냥감을 노려야 한다고!

B 버로우 말씀이시군요. 어떻게 해 드릴까요?

From **Prison Break**

Speak up 1

네이티브들이 즐겨 사용하는 미드 속 기본 회화를 배워 봐요!

앞에서 배웠던 My point is ~.와 마찬가지로 자신이 하고자 하는 이야기를 간단히 나타내고자 할 때 네이티브들이 즐겨 사용하는 것이 바로 'In a nutshell, ~'입니다. 마치 여기저기 널려 있던 이야기들을 하나의 견과껍질 안에 모아서 간략하게 보여 준다는 이미지를 떠올리시면 쉽게 이해가 되실 겁니다.

A   **I'm not sure if we have a problem, or if I have a problem.**

B   **What's the problem?**

A   **In a nutshell, you're you and I'm me.**

A   우리한테 문제가 있는 건지 아니면, 나한테 문제가 있는 건지 모르겠어.

B   문제가 뭔데?

A   간단히 말하면, 넌 너고 나는 나라는 거지.

From **One Tree Hill**

Speak up 2

대화문을 확장시켜서 다시 한 번 귀와 입을 뚫어 볼까요?

A   **Tell me about your childhood.**

B   **In a nutshell, my childhood really sucked.**

A   **Can you be more specific?**

B   **I was alone, so I felt lonely all the time.**

A   너의 유년기에 대해서 말해 봐.

B   간단히 말하면, 내 유년기는 완전 구렸어.

A   좀 더 구체적으로 말해 줄 수 있어?

B   나는 혼자여서 항상 외로움을 느꼈어.

어구   · suck 구리다, 형편없다

🔊 Speak up 3

좀 더 알고 싶다고요? 다음 말들도 도전해 봐요!

1. That explains it. 그래서 그렇구나.

궁금했던 어떤 사항이 상대방의 말을 듣거나 혹은 어떤 증거를 통해서 풀렸을 때 네이티브들은 깨달음의 표정을 지으며 That explains it.이라고 말합니다. 말 그대로 그것이 자신이 궁금했던 내용을 설명해(explain) 준다는 의미의 표현인 거죠.

A **Who keeps shutting this damn door?**

B **Well, that explains it. It was an outside job.**

A 누가 계속 이 빌어먹을 문을 닫는 거야?

B 아, 그래서 그랬구나. 외부의 소행이었던 거야.

From CSI Las Vegas

2. Please be brief. 간단하게 말해 봐.

시간이 없는 상황에선 상대방이 알아서 간단하게 말해 주면 좋겠지만 본인 스스로가 간단하게 말해 달라고 요청할 수도 있어야겠죠? 이때 사용할 수 있는 표현이 바로 Please be brief.입니다. brief란 단어가 '간결한'이란 뜻이 있으므로, 말 그대로 짧고 간결하게 말을 해달라는 의미의 표현이죠.

A **It's nice to see you. Please be brief.**

B **Thank you, judge. Nice to see you, too.**
My clients are not a flight risk.

A 만나서 반가워요. 간단하게 말해 봐요.

B 고맙습니다. 재판장님. 저도 만나서 반갑습니다. 제 의뢰인들은 해외로 도주할 위험이 없습니다.

From Law and Order

어구 · flight risk 도주할 위험

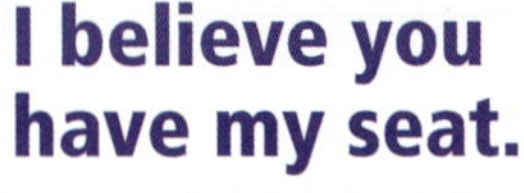

🔊 Speak up 1

네이티브들이 즐겨 사용하는 미드 속 기본 회화를 배워 봐요!

I believe you have my seat. 제 자리에 앉으셨네요.

자신이 믿는 바에 확신을 가지고 주장할 때 네이티브들은 보통 I believe ~.로 문장을 시작합니다. 말 그대로 자신은 어떤 사실을 믿고 있다는 것을 나타내지요. 뒤에는 〈주어 + 동사 ~〉로 이루어진 완전한 문장이 위치해 주면 됩니다. 예를 들면, 어떤 남자의 결백을 믿고 이를 주장하고 싶다면 '그는 결백하다'에 해당하는 He is innocent.를 붙여서 I believe he is innocent.라고 말하면 되는 거죠.

A **Excuse me, sir. I believe you have my seat.**

B **(*embarrassed*) Drank too much.**

A 실례합니다, 선생님. 제 자리에 앉으셨네요.

B (당황하며) 술을 너무 많이 마셨나 보네요.

*From **Alias***

🔊 Speak up 2

대화문을 확장시켜서 다시 한 번 귀와 입을 뚫어 볼까요?

A **I believe I can fly.**

I believe I can touch the sky.

B **Are you singing?**

A **No, I really believe I can fly.**

B **You know what?**

I think you need to see a doctor.

A 난 날 수 있다고 믿어. 난 하늘을 만질 수 있다고 믿어.

B 너 노래 부르는 거야?

A 아니, 난 정말로 내가 날 수 있다고 믿어.

B 그거 알아? 내 생각에 너 병원에 가 봐야 할 것 같다.

 Speak up 3

좀 더 알고 싶다고요? 다음 말들도 도전해 봐요!

1. Stick to your guns. 소신을 굽히지 마. / 결정한 대로 해.

상대방이 주장한 바에 대해서 모두가 비난을 퍼부어도 그 사람의 진정한 친구라면 믿고 격려의 멘트를 날려 주어야겠죠? 이때 쓸 수 있는 표현이 바로 Stick to your guns.입니다. stick to는 '~를 고수하다'란 의미가 있는데요, 이미 총을 사용하기로 결심했으면 그 결정을 고수하라는 의미로 생각하시면 기억하시기 쉬울 거예요.

A **I will not make myself sit through the wedding.**

   ... (중략)

B **Anyway, stick to your guns, and don't you dare go to that wedding.**

A   난 그 결혼식에 앉아 있지 않을 거야.

B   어쨌든, 네 소신을 굽히지 말고 결코 그 결혼식에 갈 생각하지 마.

From Desperate Housewives

2. You're stubborn. 당신은 고집불통이군요.

아무리 소신이 있고 주장이 강하다 해도 남의 말은 모조리 무시하는 사람이라면 신념이 강한 것이 아니라 고집불통인 사람이 될 뿐이죠. 이런 사람에게는 솔직히 You're stubborn.이라고 말해 줄 필요가 있습니다. stubborn은 사람의 성격을 나타내는 형용사로 '고집불통인'이란 뜻을 가지고 있습니다. 물론 고집불통이 항상 나쁜 것만은 아니지만요.

A **Someone actually did try to kill you.
    You're stubborn. You're arrogant!**

B **There's no need to yell.**

A   누군가가 정말로 당신을 죽이려고 했었군요. 당신은 고집불통이고, 시건방지니까요!

B   소리를 지를 필요는 없잖아.

From House

어구   · arrogant 거만한, 건방진

Review 이제 배운 걸 가볍게 정리해 볼까요?

먼저 한글 표현을 영어로 바꿔 말해 보고 실제 미드 속 네이티브들의 음성 속도, 발음, 억양에 맞춘 MP3 파일을 들으며 빈칸에 배웠던 표현을 받아 적어 보세요.

1.

A Did you enjoy his lecture?

B No. I didn't. It was all bullshit. _________________________.

A But there's always a possibility.

B Hey, there's no monsters in the world. Okay? _____________!

A 너 그의 강의를 재미있게 들었니?
B 아니, 모두 말도 안 되는 뻥이더라. <u>세상에 괴물 같은 게 어디 있어?</u>
A 하지만 항상 가능성이란 게 있잖아.
B 야, 세상에 괴물은 없어. 알겠어? <u>얘기 끝!</u>

2.

A I love Brad Pitt.

B Brad Pitt? I think Brad Pitt is passe.

A _____________________! As far as I'm concerned, he's the most handsome man in the world.

B Yeah, _____________________!

A 난 브래드 핏이 너무 좋아.
B 브래드 핏? 난 브래드 핏은 한 물 간 것 같은데.
A <u>그건 네 생각이고!</u> 내가 아는 한, 그는 세상에서 가장 잘 생긴 남자야.
B 아, <u>네네~</u>

3.

A _____________________. _____________________.

B _____________________.

A What? Are you crazy? He's gonna kill us.

B You know what? I think honesty is the best policy.

A <u>빙빙 돌려서 말하지 마.</u> 요점을 말해.
B 내 요점은 우리가 그에게 진실을 말해야 한다는 거야.
A 뭐? 너 미쳤나? 그는 우리를 죽일 거야.
B 그거 알아? 난 정직이 최선의 방책이라고 생각해.

4.

A James, I have something to tell you.

B I'm a busy guy. _______________________________________.

A You know, I have worked in this company for 5 years.
   Therefore, _______________________, I want you to give me a raise.

B Give you a raise? Don't make me laugh.

A 제임스, 당신께 할 말이 있어요.
B 나 바쁜 사람입니다. <u>간단히 말해 봐요.</u>
A 아시다시피, 제가 이 회사에서 5년간 일했잖아요. 그래서 <u>간단히 말하자면</u> 제게 봉급인상을 해 주셨으면 합니다.
B 봉급인상이라고? 웃기지 말게.

5.

A _______________________________________.

B _______________________________________.

A No I'm not stubborn. I'm just determined.

B Yeah, whatever.

A <u>난 내가 내 소신을 굽히지 말아야 한다고 믿어.</u>
B <u>넌 정말로 고집불통이구나.</u>
A 아니, 그렇지 않아. 난 그저 의지가 확고한 것뿐이야.
B 아, 네네~

이번엔 눈으로 확인하며 실제 미드 속 네이티브들의 음성 속도, 발음, 억양에 맞춘 MP3 파일을 들으며 동시에 따라 읽어 보세요.

1.

A   Did you enjoy his lecture?

B   No. I didn't. It was all bullshit. There's no such thing as monsters.

A   But there's always a possibility.

B   Hey, there's no monsters in the world. Okay? Period!

A	너 그의 강의를 재미있게 들었니?
B	아니, 모두 말도 안 되는 뻥이더라. 세상에 괴물 같은 게 어디 있어?
A	하지만 항상 가능성이란 게 있잖아.
B	야, 세상에 괴물은 없어. 알겠어? 얘기 끝!

2.

A   I love Brad Pitt.

B   Brad Pitt? I think Brad Pitt is passe.

A   Speak for yourself! As far as I'm concerned, he's the most handsome man in the world.

B   Yeah, Whatever!

A	난 브래드 핏이 너무 좋아.
B	브래드 핏? 난 브래드 핏은 한 물 간 것 같은데.
A	그건 네 생각이고! 내가 아는 한, 그는 세상에서 가장 잘 생긴 남자야.
B	아, 네네~

3.

A   Stop beating around the bush. Get to the point.

B   My point is that we should tell him the truth.

A   What? Are you crazy? He's gonna kill us.

B   You know what? I think honesty is the best policy.

A	빙빙 돌려서 말하지 마. 요점을 말해.
B	내 요점은 우리가 그에게 진실을 말해야 한다는 거야.
A	뭐? 너 미쳤냐? 그는 우리를 죽일 거야.
B	그거 알아? 난 정직이 최선의 방책이라고 생각해.

4.

A **James, I have something to tell you.**

B **I'm a busy guy. Please be brief.**

A **You know, I have worked in this company for 5 years.**
Therefore, in a nutshell, I want you to give me a raise.

B **Give you a raise? Don't make me laugh.**

A 제임스, 당신께 할 말이 있어요.
B 나 바쁜 사람입니다. 간단히 말해 봐요.
A 아시다시피, 제가 이 회사에서 5년간 일했잖아요. 그래서 간단히 말하자면 제게 봉급인상을 해 주셨으면
합니다.
B 봉급인상이라고? 웃기지 말게.

5.

A **I believe I should stick to my guns.**

B **You're so stubborn.**

A **No I'm not stubborn. I'm just determined.**

B **Yeah, whatever.**

A 난 내가 내 소신을 굽히지 말아야 한다고 믿어.
B 넌 정말로 고집불통이구나.
A 아니, 그렇지 않아. 난 그저 의지가 확고한 것뿐이야.
B 아, 네네~

이건 무슨 표현?

Pass the buck 돈을 패스하라고요?

buck은 미국 달러를 부르는 말이기도 하지만, 수사슴이란 뜻도 있습니다. 옛날 미국에서 포커 게임을 할 때 공
정하게 하기 위해서 카드를 돌릴 차례인 딜러 앞에 칼을 놓는 관습이 있었다고 하는데요. 이때 놓았던 칼의 손
잡이가 사슴뿔(buckhorn)로 만들어졌었다고 합니다. 그래서 pass the buck은 돈을 패스하라는 뜻이 아니라
바로 '책임을 전가하다'라는 뜻으로 쓰이는 표현입니다. 예를 들어 '나한테 책임을 전가하지 마'라고 말하고 싶
다면, Don't pass the buck to me.라고 할 수 있겠죠.

12

예감 및 추측

🔊 Speak up 1

네이티브들이 즐겨 사용하는 미드 속 기본 회화를 배워 봐요!

I think we should get out of here now. 우리 지금 여기서 나가야 할 것 같아.

무언가 자신이 추측하는 바 혹은 생각하는 바를 나타낼 때, 네이티브들은 문장의 시작을 I think ~.로 말합니다. 우리말로 해석하면 '~ 할(일) 것 같아.'가 가장 적절하죠. 물론 뒤에는 〈주어 + 동사 ~〉로 이루어진 문장이 위치하여 자신이 추측(생각)한 내용을 언급해 주면 되는 거죠. 예를 들어, 내가 추측한 내용이 '그녀가 널 좋아한다.'는 것이라면 이에 해당하는 She likes you.를 뒤에 붙여서 I think she likes you.라고 말하면 되는 거죠.

A **What's happening?**

B **I think we should get out of here now. I can't breathe.**

A 무슨 일이야?

B 우리 지금 여기서 나가야 할 것 같아. 숨을 쉴 수가 없어.

From **Ghost Whisperer**

🔊 Speak up 2

대화문을 확장시켜서 다시 한 번 귀와 입을 뚫어 볼까요?

A **I think he doesn't like me.**

B **Trust me. He likes you very much.**

A **What makes you think so?**

B **Well, I can tell by the look in his eyes. I think he loves you.**

A 그가 날 좋아하지 않는 것 같아.

B 내 말 믿어. 그는 널 진짜 좋아해.

A 왜 그렇게 생각하는데?

B 음, 그의 눈을 보면 알 수 있어. 난 그가 널 사랑하는 것 같은데.

 Speak up 3

좀 더 알고 싶다고요? 다음 말들도 도전해 봐요!

1. Don't get me wrong. 내 말 오해하지는 마.

내 생각이나 추측이 맞지 않을 수도 있고, 상대방의 기분을 상하게 할 수도 있으니, 사전에 '내 말 오해하지 마' 정도의 멘트를 날려 준 후, 자신의 추측 또는 생각을 말하는 것이 더 안전하지 않을까 싶네요. 이처럼 자신의 말을 오해하지 말라는 의미로 네이티브들은 Don't get me wrong.이란 표현을 즐겨 사용합니다. 말 그대로 자신이 한 말을 잘못(wrong) 받아들이지 말라는 뜻이죠.

A **Really? I thought you'd be totally into it.**

B **Oh, don't get me wrong. I'm good. The best. Really.**

A 정말? 난 네가 그것에 완전히 빠져 있을 거라고 생각했는데.

B 아, 내 말 오해하지는 마. 난 잘한다고. 최고라고. 정말로.

*From **How I Met Your Mother***

2. Don't take it personally. 기분 나쁘게 받아들이지 마.

위에서 배운 Don't get me wrong.과 비슷한 의미로 상대방에게 어떤 말을 기분 나쁘게 생각하지 말라는 의미로 사용되는 표현으로 Don't take it personally.가 있습니다. 말 그대로 어떤 말을 개인적으로(personally) 받아들이지 말라는 표현인 것이죠.

A **The kid hates me.**

B **Well, don't take it personally.**

A 그 아이는 절 싫어해요.

B 음, 기분 나쁘게 받아들이지는 마세요.

*From **Dawson's creek***

🔊 Speak up 1

네이티브들이 즐겨 사용하는 미드 속 기본 회화를 배워 봐요!

I have a hunch. 예감이 들어요. / 짚이는 게 있어요.

hunch는 '예감' 혹은 '직감'이란 뜻으로 무언가 예감이나 직감이 들 때는 동사 have를 사용해서 I have a hunch.라고 말해 주면 됩니다. 좀 더 구체적으로 예감(직감)의 내용을 언급하고자 할 때는 that 뒤에 〈주어 + 동사 ~〉를 이어서 말해 주면 되지요. 예를 들어, '그녀가 위험에 빠졌어.'라는 예감이 들었다고 말하고 싶다면 이에 해당하는 She's in danger.를 붙여서, I have a hunch that she's in danger.라고 말하면 됩니다.

A **I have a hunch.**

B **Everyone does it, Jake. You just feel like you're the only one.**

A 짚이는 게 있어요. (예감이 들어요)

B 다들 그래. 제이크. 넌 그냥 너만이 그렇다고 생각하는 것뿐이야.

From **CSI**

🔊 Speak up 2

대화문을 확장시켜서 다시 한 번 귀와 입을 뚫어 볼까요?

A **Where's she going again?**

B **I don't know.**

A **I have a hunch that she's hiding something from us.**

B **That makes two of us.**

A 쟤, 또 어디 가는 거야?

B 모르겠는데.

A 쟤 우리한테서 뭔가를 숨기고 있다는 예감이 들어.

B 나도 그래.

🔊 Speak up 3

좀 더 알고 싶다고요? 다음 말들도 도전해 봐요!

1. I didn't see that coming. 그럴 줄은 몰랐네.

상대가 무슨 말을 할지 혹은 어떤 행동을 할지 사전에 예측할 수 있다면 좋겠지만 대부분은 예상치 못하고 당황해 버리곤 말죠. 이렇게 무언가 예상치 못한 일이 벌어졌을 때 네이티브들은 I didn't see that coming.이라고 말합니다. 말 그대로 그런 일 혹은 말이 올 줄은 몰랐다는 표현인 거죠.

A **I don't even know where you work.**

B **The dog food factory.**

A **The dog food factory? I didn't see that coming.**

A 난 네가 어디서 일하는지조차도 모르잖아.

B 개 사료 공장에서 일해.

A 개 사료 공장? 그럴 줄은 몰랐네.

From ***That 70's Show***

2. On a hunch 직감적으로 / 육감적으로

어떤 행동을 실행함에 있어서 근거가 되는 것이 직감 혹은 육감일 경우, 네이티브들은 On a hunch라고 얘기합니다. 예를 들어, 그녀에게 안 좋은 일이 생길 것 같은 직감이 들어 그 사람에게 전화를 했다는 사실을 말할 경우 On a hunch, I called her. 혹은 I called her on a hunch.라고 말하면 되는 거죠.

A **She's out of the hospital. I want to put everything on hold and just stick to her.**

B **On a hunch?**

A 그녀가 퇴원했어요. 전 모든 일을 미뤄 두고 그녀를 따라붙고 싶네요.

B 직감 때문인가?

From ***Law and Order***

🔺 Speak up 1

네이티브들이 즐겨 사용하는 미드 속 기본 회화를 배워 봐요!

Something tells me(that) ~ ~라는 예감이 드네요. / 뭔가가 ~라는 생각이 들게 하네요.

확실치는 않지만 무언가로 인해서 어떠한 예감이 들 때, 네이티브들은 **Something tells me that ~.**이라고 말합니다. that절 이하에는 예감이 드는 어떤 내용을 〈주어 + 동사 ~〉의 완전한 문장으로 설명해 주면 되죠. 예를 들어, 그동안 여자라고 생각했던 친구가 문득문득 하는 행동 같은 데서 남자(?)의 느낌이 묻어난다면 이렇게 말해 볼 수 있겠죠. **Something tells me that you're not a woman.**(당신이 여자가 아닐 거라는 예감이 드네요.)

A   **You never stopped caring about her.**
    Something tells me that wasn't because of your job.

B   **That obvious, huh?**

A   당신은 그녀를 돌봐 주는 것을 결코 멈추지 않았잖아요. 그게 당신의 직업 때문은 아니라는 예감이 드네요.
B   그렇게 티가 났나 보네요, 그죠?

From ***Ghost Whisperer***

어구   · obvious 속이 들여다보이는, 빤한

🔺 Speak up 2

대화문을 확장시켜서 다시 한 번 귀와 입을 뚫어 볼까요?

A   **Nothing happened between me and Alicia.**

B   **Nothing happened?**

A   **You have my word.**

B   **No, I don't believe you. Something tells me that something happened between you two.**

A   나하고 앨리시아 사이에 아무 일도 없었어.   /   B   아무 일도 없었다고?
A   내 말 믿어도 돼.   /   B   아니, 나 너 안 믿어. 너희 둘 사이에 무슨 일이 있었다는 생각이 들거든.

어구   · You have my word. 믿어도 돼. / 약속할게.

 Speak up 3

좀 더 알고 싶다고요? 다음 말들도 도전해 봐요!

1. You've got it all wrong. 너 완전 잘못 짚었어.

상대방의 추측이나 예감이 사실과는 완전히 동떨어져 있을 때, 네이티브들은 You've got it all wrong.이라고 말합니다. 즉, 네가 한 말은 완전히 잘못된 거란 뜻으로 우리말의 '너 완전 잘못 짚었어.'라고 할 수 있는 표현이지요.

A **You've got it all wrong.**

B **Really, I do?**

A **Oh, completely! Actually, you couldn't be more wrong.**

A 너 완전 잘못 짚었어.

B 정말? 내가 잘못 짚은 거야?

A 응, 완전히! 사실, 더 이상 잘못 짚을 수도 없을 것 같아.

From ***Dawsons' Creek***

2. This can't be good. 이거 예감이 좋지 않아.

cannot(= can't) be는 우리말로 해석이 '~일리가 없다'가 됩니다. 그래서 He can't be my father!란 말은 '그가 우리 아빠일리가 없어요!'란 의미가 되는 거죠. 그러므로 어떤 상황을 보고 누군가가 This can't be good.이라고 말한다면 '이건 좋을 리가 없다.'란 뜻으로 우리말의 '이거 예감이 좋지 않아.'란 의미로 해석될 수가 있는 거죠.

A **I need to speak with you for a second.**

B **This can't be good.**

A 당신과 잠깐 얘기 좀 해야겠어요.

B 이거 예감이 좋지 않은데요.

From ***West Wing***

Speak up 1

네이티브들이 즐겨 사용하는 미드 속 기본 회화를 배워 봐요!

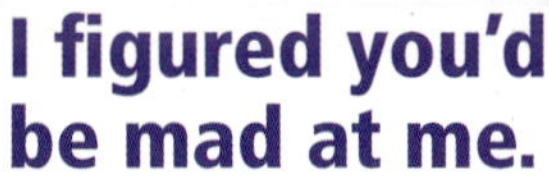

I figured you'd be mad at me. 네가 나한테 화났을 거라고 생각했어.

상대방에 대해서 자신이 추측한 내용을 말할 때 네이티브들이 자주 사용하는 것이 바로 I figured you'd ~.입니다. 자신이 짐작한 내용을 뒤에 붙여서 말하면 우리말로 '~일 거라고 생각했어' 또는 '~일 줄 알았어' 정도의 의미가 된답니다. 예를 들어, 상대방이 어딘가에 있을 줄 알고 찾아가서 정말 만났다면 I figured you'd be here.(네가 여기 있을 줄 알았어.)라고 말할 수 있죠.

A **What's in the bag?**

B **I figured you'd be mad at me.**

So I got gifts that I found on the roadside.

A 가방 안에 있는 거 뭐야?

B 난 네가 나한테 화난 줄 알았어. 그래서 길거리에서 선물을 좀 주워 왔지.

From **Friends**

Speak up 2

대화문을 확장시켜서 다시 한 번 귀와 입을 뚫어 볼까요?

A **I heard you went to the movies last night with Jack.**
Why didn't you ask me?

B **I figured you'd be busy with the kids.**

A **I wasn't busy at all. My kids were staying at their grandma's.**

B **Oh, I didn't know that.**

A 어젯밤에 너 잭이랑 영화 보러 갔다는 것 들었어. 왜 나한테 안 물어봤니?

B 난 네가 애들 보느라 바쁠 줄 알았지.

A 나 전혀 바쁘지 않았어. 애들은 할머니 집에 머물고 있었다고.

B 아, 난 그걸 몰랐네.

 Speak up 3

좀 더 알고 싶다고요? 다음 말들도 도전해 봐요!

1. Don't jump to conclusions. 성급하게 결론 내리지 마.

어떤 상황에 대해서 예측과 추측을 해 볼 수는 있겠지만, 성급하게 결론을 내려서는 안 되겠지요? 만약 누군가가 성급하게 무언가에 대해서 결론을 지으려고 한다면 Don't jump to conclusions.라고 말해 주세요. 말 그대로 성급하게 중간 과정 다 생략하고 결론으로 뛰지(jump) 말라는 의미의 표현이랍니다.

A Wait, you think I did this?

B I don't jump to conclusions.

A 잠깐만요. 제가 이 짓을 했다고 생각하시는 건가요?

B 전 성급하게 결론을 내리지 않습니다.

From **CSI**

2. It's just a guess. 그냥 추측한 거예요.

확실치 않은 사실을 말하고 가볍게 '그냥 추측한 거예요.'라고 덧붙여 주고 싶을 때 사용할 수 있는 것이 바로 It's just a guess.입니다. 말 그대로 그건 그냥 단순한 추측(guess)이었을 뿐이라는 걸 나타내는 표현이지요.

A Wow. You two are a long way from home. We don't get a lot of tourists out here.

B Tourists? How do you know we're tourists?

A It's just a guess.

A 와, 두 분 정말 멀리서 오셨군요. 이곳은 관광객이 많지가 않거든요.

B 관광객이라고요? 우리가 관광객인 줄 어떻게 알죠?

A 그냥 추측해 본 거예요.

From **Heros**

🔊 Speak up 1

네이티브들이 즐겨 사용하는 미드 속 기본 회화를 배워 봐요!

Guess who's here! 누가 여기 왔는지 맞춰 봐!

반드시 추측해 보라는 의미라기보다는 단순히 무언가를 말하기에 앞서 관심을 끌기 위한 추임새적 요소로 네이티브들이 즐겨 사용하는 것이 바로 Guess ~?입니다. 예를 들어, 어떤 소식을 전하기 전해 Guess what?(맞춰 봐)라고 말한다거나, 길거리에서 누구를 만난 사실을 전할 때 Guess who I ran into?(내가 누구를 만났는지 맞춰 봐)와 같은 식으로 대화를 시작하는 거죠.

A **Guess who's here! Mom and Dad.**

B **Hey, how's my baby girl?**

A 누가 여기 왔는지 맞춰 봐! 엄마랑 아빠야!

B 어이구, 우리 딸 잘 지냈어?

From **Grey's Anatomy**

🔊 Speak up 2

대화문을 확장시켜서 다시 한 번 귀와 입을 뚫어 볼까요?

A **Guess who I met! Michael Jordan - the basketball legend.**

B **Get out!**

A **For real! I even took a picture with him!**

B **Let me see. Let me see. Let me see.**

A 내가 누굴 만났는지 맞춰 봐! 마이클 조단을 만났어. 농구의 전설 말이야.

B 말도 안 돼!

A 정말로! 나 그와 사진도 찍었다니까!

B 보여 줘. 보여 줘. 보여 줘.

어구   · Get out! (믿지 못하겠는 이야기를 들었을 때 사용함) 말도 안 돼! 거짓말!

🔊 Speak up 3

좀 더 알고 싶다고요? 다음 말들도 도전해 봐요!

1. Your guess is as good as mine. 나도 모르겠다.

〈as + 형용사 + as〉는 '~나 ~나 매한가지'란 의미의 용법입니다. 예를 들어, You are as tall as I.란 말은 '네 키나 내 키나 매한가지다.' 즉, 그게 그거란 의미죠. 이 용법을 이용해서 상대방의 질문에 '잘 모르겠다.'란 의미로 네이티브들은 Your guess is as good as mine.이란 표현을 자주 사용합니다. 즉, 네 추측이나 내 추측이나 매한가지일 만큼 나도 아는 게 없다는 의미의 표현인 거죠.

A What the hell do we do now?

B Your guess is as good as mine.

A 젠장 이제 우리 뭘 해야 하지?

B 나도 모르겠다.

*From **Alias***

2. Big deal! 별것도 아니구만! / 그게 뭐 어쨌다고!

상대방이 호들갑 떨며 무언가를 말해도 내가 듣기에는 '참 별것도 아닌데 그러네.'란 생각이 들 때가 있죠. 이런 상황에서 유용하게 쓸 수 있는 표현이 바로 Big deal!입니다. 이 표현은 직역하면 '큰 거래, 큰 일'이란 뜻이지만, 반어법이 적용되어 오히려 '별것도 아니구만!, 별일도 아니네!'란 의미가 됩니다. 그러므로 최대한 어이없다는 표정을 지으며 이 말을 해 주는 것이 중요하답니다. 물론 반어법을 적용하지 않고 그냥 It's no big deal.이라고도 말할 수 있다는 거 기억해 두세요.

A I think she was trying to kill you.

B Big deal!

A 내 생각에 그녀가 널 죽이려고 했던 것 같아.

B 그게 뭐 어쨌다고!

*From **Ghost Whisperer***

먼저 한글 표현을 영어로 바꿔 말해 보고 실제 미드 속 네이티브들의 음성 속도, 발음, 억양에 맞춘 MP3 파일을 들으며 빈칸에 배웠던 표현을 받아 적어 보세요.

1.

A   Sorry about my brother. I told him to stay in his room.

B   ________________________. But ________________________.

A   No, he's not a perv. He's just interested in girls.

B   ________________________, but he's way too much interested in girls.

A	동생일은 미안해. 동생에게 방에 있으라고 말해 놨어.
B	내 말 오해는 하지 마. 근데 네 동생 변태같아.
A	아냐, 변태 아냐. 걘 그냥 여자한테 관심이 있는 거야.
B	기분 나빠 하지는 마. 하지만, 쟤 지나칠 정도로 여자한테 관심이 있는 거야.

2.

A   I'm getting married to Tom.

B   Tom? ________________________.

A   Why?

B   Because ________________________.

A	나 탐이랑 결혼해.
B	탐이라고? 그럴 줄은 몰랐네.
A	왜?
B	왜냐면 난 네가 잭이랑 사귀고 있다는 예감이 들었었거든.

3.

A   ________________________.

B   Yeah, ________________________.

A   Do you think we should just leave?

B   Yeah, let's just leave.

A	이거 예감이 좋지 않아.
B	응, 우리가 사기 당하고 있다는 예감이 드네.
A	우리 그냥 떠나는 게 좋을까?
B	응. 그냥 가자.

4.

A ____.

B What? No! I don't even know him.

A Really? Well, _______________________________.

B Don't spread that stupid rumor.

A 난 네가 잭한테 관심 있을 거라고 생각했지.
B 뭐? 아냐! 난 걔를 알지도 못해.
A 정말? 음. 그냥 추측한 거였어.
B 그런 멍청한 소문은 퍼트리지 마.

5.

A ________________________________! Britney Spears!

B ________________________________! She's passe.

A What are you talking about? She's still the most famous singer in the world.

B So what? I don't give a damn!

A 누가 돌아왔는지 알아 맞춰 봐! 브리트니 스피어스야!
B 별것도 아니구만! 그녀는 한물갔잖아.
A 무슨 소릴 하는 거야? 그녀는 아직도 전 세계에서 가장 유명한 가수라고.
B 그래서 어쩌라고? 난 전혀 관심 없어!

이번엔 눈으로 확인하며 실제 미드 속 네이티브들의 음성 속도, 발음, 억양에 맞춘 MP3 파일을 들으며 동시에 따라 읽어 보세요.

1.

A **Sorry about my brother. I told him to stay in his room.**

B Don't get me wrong. **But** I think he is a perv.

A **No, he's not a perv. He's just interested in girls.**

B Don't take it personally, **but he's way too much interested in girls.**

A 동생일은 미안해. 동생에게 방에 있으라고 말해 놨어.
B 내 말 오해는 하지 마. 근데 네 동생 변태같아.
A 아냐, 변태 아냐. 걘 그냥 여자한테 관심이 있는 거야.
B 기분 나빠 하지는 마. 하지만, 쟤 지나칠 정도로 여자한테 관심이 있는 거야.

2

A **I'm getting married to Tom.**

B **Tom?** I didn't see that coming.

A **Why?**

B **Because** I had a hunch that you were going out with Jack.

A 나 탐이랑 결혼해.
B 탐이라고? 그럴 줄은 몰랐네.
A 왜?
B 왜냐면 난 네가 잭이랑 사귀고 있다는 예감이 들었었거든.

3.

A This can't be good.

B **Yeah,** something tells me that we're getting scammed.

A **Do you think we should just leave?**

B **Yeah, let's just leave.**

A 이거 예감이 좋지 않아.
B 응, 우리가 사기 당하고 있다는 예감이 드네.
A 우리 그냥 떠나는 게 좋을까?
B 응. 그냥 가자.

4.

A I figured you'd be into Jack.

B What? No! I don't even know him.

A Really? Well, It was just a guess.

B Don't spread that stupid rumor.

A 난 네가 잭한테 관심 있을 거라고 생각했지.
B 뭐? 아냐! 난 걔를 알지도 못해.
A 정말? 음, 그냥 추측한 거였어.
B 그런 멍청한 소문은 퍼트리지 마.

5.

A Guess who's back! Britney Spears!

B Big deal! She's passe.

A What are you talking about? She's still the most famous singer in the world.

B So what? I don't give a damn!

A 누가 돌아왔는지 알아 맞춰 봐! 브리트니 스피어스야!
B 별것도 아니구만! 그녀는 한물갔잖아.
A 무슨 소릴 하는 거야! 그녀는 아직도 전 세계에서 가장 유명한 가수라고.
B 그래서 어쩌라고? 난 전혀 관심 없어!

초보자를 위한 추천 미드

미드로 영어공부를 처음 시도하는 분이라면, 너무 어려운 단어가 나오는 수사물이나, 의학드라마 또는 주인공들의 말이 빠른 미드는 좀 무리가 있을 것입니다. 그래서 가장 일반적인 영어가 나오며, 내용도 너무 자극적이지 않은 미드로 골라봤습니다. 바로, That 70's Show, How I met your mother 그리고 Friends입니다. 이렇게 3가지를 골라볼 수 있는데요, 다른 미드에 비해 말도 빠르지 않고, 주인공들이 웅얼대며 말하거나, 너무 많은 슬랭을 사용하지도 않아 처음 미드로 영어공부를 하기에 적합합니다. 물론 계속 반복 시청하며 공부해야 하기 때문에 자신이 즐겁게 볼 수 있는 미드를 고르는 것도 중요합니다.

Speak up 1

네이티브들이 즐겨 사용하는 미드 속 기본 회화를 배워 봐요!

I prefer to stand. 전 서 있는 게 더 좋습니다.

모든 사람들은 각자 선호하는 취향이 다 다르죠. 예를 들어 이 책의 공저자인 제 와이프는 커피 마시는 걸 좋아하지만 전 커피보다는 달콤한 핫 초콜릿을 마시는 걸 더 좋아하는 것처럼요. 이렇게 무언가를 하는 걸 더 선호한다는 말을 할 때 네이티브들은 I prefer to ~.를 사용합니다. 우리말로는 '난 ~하는 게 더 좋아'란 의미가 되는 거지요. 그러므로 '난 핫 초콜릿을 마시는 게 더 좋아.'란 말은 I prefer to drink hot choco-late.이라고 하면 되는 거죠.

A **You can both have a seat.**

B **If this is going to be another interrogation, I prefer to stand.**

A 두 사람 다 앉아도 됩니다.

B 만약 이게 또 한 번의 심문이 될 거라면 전 서 있는 게 더 좋습니다.

From **X-Files**

Speak up 2

대화문을 확장시켜서 다시 한 번 귀와 입을 뚫어 볼까요?

A **Why don't we take a bus?**

B **No, I prefer to go by subway.**

A **Okay. Where is the nearest subway station?**

B **It's about two blocks from here.**

A 우리 버스 타는 게 어때?

B 아니. 난 전철로 가는 게 더 좋아

A 알았어. 가장 가까운 전철역이 어디지?

B 여기서 두 블록 정도 가야 돼.

🔊 Speak up 3

좀 더 알고 싶다고요? 다음 말들도 도전해 봐요!

1. What do you prefer? A or B? 뭐가 더 좋아요? A 아니면 B?

상대방의 선호도를 물을 때 네이티브들이 즐겨 사용하는 것이 What do you prefer?(뭐가 더 좋아요?)라고 물어본 후에, 두 가지 예를 들어 주는 방식입니다. 예를 들어, '뭐가 더 좋아요? 차요 아니면 커피요?'란 질문은 "What do you prefer? Tea or Coffee?"라고 물어보면 되는 거죠.

A (*Practicing a language*) **What do you prefer? The sunny beach or the frozen mountains?**

B **Very good.**

A (언어를 연습하는 중) 뭐가 더 좋아요?

  햇볕이 쬐는 해변가 아니면 얼어붙은 산?

B 아주 잘했어요!

From **Friends**

2. I don't have a preference. 전 아무거나 상관없어요.

사실 모든 것에 대해서 어느 한쪽을 더 선호하기는 힘들죠. 가끔은 이거나 저거나 크게 더 내키는 게 없을 때도 많습니다. 이럴 때 누군가 '뭐로 할래?'라고 나의 선택을 묻는다면 '아무거나 상관없어요.'라고 대답하는 게 일반적이죠. 영어로 이에 해당하는 표현이 바로 I don't have a preference.입니다. preference는 동사 prefer의 명사형으로 '선호(도)'라는 뜻을 갖고 있죠.

A **Come in. Have a seat. Bow or stern?**

B **I don't have a preference. You?**

A 들어와요. 앉아요. 앞쪽에 앉을래요, 아니면 뒤쪽에 앉을래요?

B 전 아무 쪽이나 상관없어요. 당신은요?

From **Friends**

| 어구 | · bow 뱃머리 · stern 배의 뒤쪽, 뒷부분 |

Speak up 1

네이티브들이 즐겨 사용하는 미드 속 기본 회화를 배워 봐요!

I'm dying to meet him. 그를 만나고 싶어 죽겠어.

단순히 뭔가를 하고 싶어 하는 정도를 넘어 죽을 정도로 뭔가를 하고 싶은 때가 있죠. 예를 들어, 이 책만 집으면 열심히 영어공부를 하고 싶어 죽겠는 여러분처럼 말이죠! (아닌가요? ^^::) 이렇게 '~하고 싶어 죽겠다'란 말을 네이티브들은 I'm dying to ~.라고 합니다. 예를 들어, 남자 친구나 여자 친구와 통화를 하는 중에, I'm dying to see you.라고 닭살 멘트를 날려 줄 수 있겠죠?

A **Bring your boyfriend. I'm dying to meet him.**

B **Oh, I'm dying to have you meet him.**

A   네 남친을 데려와. 그를 만나고 싶어 죽겠어.

B   아, 나도 널 그와 만나게 해 주고 싶어 죽겠어.

From **Will and Grace**

Speak up 2

대화문을 확장시켜서 다시 한 번 귀와 입을 뚫어 볼까요?

A **I bought a present for your birthday.**

B **Really? What did you buy for me?**

A **I'm not telling you. Wait until tomorrow.**

B **Oh, come on. I'm dying to know what it is!**

A   네 생일을 위해서 선물을 샀어.

B   정말? 뭘 샀는데?

A   말 안 해 줄 거야. 내일까지 기다려.

B   아, 그러지 마. 뭔지 알고 싶어서 죽겠어!

🔊 Speak up 3

좀 더 알고 싶다고요? 다음 말들도 도전해 봐요!

1. I have been itching to buy a new pair of Nikes.
새로 나온 나이키 신발을 사고 싶어서 안달이 났었어.

우리말에 '~하고 싶어서 안달 나다'란 표현이 있죠. 혹은 '~하고 싶어서 몸이 근질거리다'란 표현도 있고요. 이것들과 유사한 의미로 네이티브들은 I have been itching to ~.라고 말합니다. itch는 '간질거리다'란 의미가 있기 때문에, '~하고 싶어서 계속 몸이 근질거렸다' 혹은 '안달 났었다'란 의미가 되는 거죠.

A　**I'll let you keep the money. All of it. Yours and mine.**

B　**Hmm. I have been itching to buy a new pair of Nikes.**

A　네가 돈을 갖고 있도록 해 줄게. 전부다 말이야. 네 돈이랑 내 돈 모두.

B　음… 새로 나온 나이키 신발을 사고 싶어서 안달 났었는데 말이야…

From Dawsons' Creek

2. I can't help it. 나도 어쩔 수가 없어.

무언가가 맘속에 너무 크게 자리하면 도저히 자신의 의지로는 통제할 수 없는 수준에 도달하고는 하죠. 이렇게 자신도 어쩔 수 없는 상황에서 네이티브들은 I can't help it.이라고 말합니다. 예를 들어, 헤어진 남자친구를 잊고 싶어도 잊지 못하고 마음 아파하는 사람에게 '그만 잊어버려.'라고 말한다면 이 사람은 I can't help it!(나도 어쩔 수가 없어!)라고 답할 수 있는 거죠.

A　**You can't get too close to victims.**

B　**She's special to me. I can't help it.**

A　희생자들에게 너무 가까이 다가가는 건 좋지 않아.

B　그녀는 내게 특별하다고. 나도 어쩔 수가 없어.

From CSI

어구　· close to ~와 가까운

63 의미 패턴 도전

Speak up 1

네이티브들이 즐겨 사용하는 미드 속 기본 회화를 배워 봐요!

Do you think she will go for it? 그녀가 그렇게 할 거라고 생각해요?

go for는 '~을 도전하다' 혹은 '~을 취하다'란 의미를 갖고 있습니다. 그래서 어떤 선택 사항이 있을 때, 하나를 골라 '저 그걸 해 볼게요.' 혹은 '저 그렇게 할게요.'란 말은 I'll go for it.이라고 말할 수 있죠. 또한 친구들에게 무언가를 '해 봐!' 혹은 '도전해 봐!'라고 독려할 때 Go for it!이라고 말해 줄 수 있답니다. 혹시라도 주위에 영어 공부를 어떻게 할지 몰라서 망설이는 친구가 있다면 이 책을 권해 주면서 Go for it!이라고 독려해 보세요.^^

A **Do you think she will go for it?**

B **Oh, please!**

A 그녀가 그렇게 할 거라고 생각해요?

B 아, 그렇고말고.

From *One Tree Hill*

Speak up 2

대화문을 확장시켜서 다시 한 번 귀와 입을 뚫어 볼까요?

A **Do you want to bungee jump?**

B **Why not? I'll go for it.**

A **Good. Let's bungee jump together.**

B **That sounds like fun.**

A 너 번지 점프 하길 원하니?

B 물론이지. 난 해 보겠어.

A 좋았어. 함께 번지점프 하자.

B 재밌겠다.

🔊 Speak up 3

좀 더 알고 싶다고요? 다음 말들도 도전해 봐요!

1. No doubt about it. 의심할 여지가 없죠. / 당연하지.

doubt은 '의심'이란 뜻의 명사로 네이티브들은 무언가 의심할 여지도 없을 때, 즉 너무나도 당연할 때 No doubt about it.이라고 말합니다. 예를 들어, 누군가 여자 친구의 선물을 산 후, 그것을 여자 친구가 좋아할지 그렇지 않을지 고민하며 나에게 Do you think she'll like it?이라고 물어본다면 No doubt about it.이라고 대답해 줄 수 있겠죠.

A   **Now we have to celebrate, right?**

B   **No doubt about it.**

A   이제 우리 축하해야지, 그렇지?

B   의심할 여지도 없지. (= 당연하지.)

From **One Tree Hill**

2. Nothing can stop me. 아무것도 날 막을 수 없어.

무언가에 대한 의지 및 의향이 확고하다면 그 무엇도 방해가 될 수는 없겠죠? 이때는 단호한 표정으로 Nothing can stop me.라고 말해 보세요. 말 그대로 '아무것도 날 막을 수 없다.'는 말이 됩니다.

A   **Nothing can stop me, not walls, not locks, not women.**

B   **So what are you going to do?**

A   아무것도 날 막을 수 없어. 벽도, 자물쇠도, 여자도 말이야.

B   그래서 어떻게 할 건데?

From **The O.C**

Speak up 1

네이티브들이 즐겨 사용하는 미드 속 기본 회화를 배워 봐요!

I'm into women. 난 여자가 좋아요. / 난 여자에 관심 있어요.

무언가를 좋아하다 혹은 무언가에 관심 있다고 말할 때 네이티브들은 I'm into ~.를 굉장히 많이 사용합니다. 즉, 무언가에 빠져 있다는 뉘앙스를 갖는 표현이지요. 특히 실제 회화에서 네이티브들이 굉장히 즐겨 사용하는 표현이니 꼭 기억해 두도록 하세요.

A **You're not into me, are you?**

B **No, I'm not. I mean... I think you're a great-looking guy, but I'm into women.**

A 너 날 좋아하는 거 아니지, 그렇지?

B 아니야. 내 말은 내가 널 잘생겼다고 생각하긴 하지만 난 여자가 좋다고.

From **Will and Grace**

Speak up 2

대화문을 확장시켜서 다시 한 번 귀와 입을 뚫어 볼까요?

A **What are you watching?**

B **I'm watching 'Gossip Girl'.**
I'm into American dramas these days.

A **Me, too. Watching American TV programs also helps me to learn English.**

B **No doubt about it.**

A 너 뭐 보고 있니?

B 나 '가십걸' 보고 있어. 나 요즈음에 미국 드라마가 좋아.

A 나도 그래. 미국 TV 프로그램을 보는 건 영어 배우는 것에도 도움을 줘.

B 당연하지.

🔊 Speak up 3

좀 더 알고 싶다고요? 다음 말들도 도전해 봐요!

1. I'm crazy about her. 난 그녀한테 미쳐 있어. / 그녀가 좋아 죽겠어.

사랑과 관련된 팝송 노래의 단골 가사 중에 I'm crazy about you.란 표현이 있습니다. be crazy about someone이란 누군가를 미칠 정도로 좋아한다는 의미를 갖고 있지요. (정말로 정신이 미쳤다는 것이 아니니 오해하지는 마세요.^^)

A **I'm crazy about her.**

B **And she feels the same way?**

A **I think so.**

A 난 그녀한테 미쳐 있어.

B 그러면 그녀도 같은 감정이야?

A 그런 것 같아.

From **Friends**

2. Are you hitting on me? 지금 날 꼬시는 건가요?

우리나라 사람들이나 외국 사람들이나 이성에게 작업 거는 걸 좋아하는 건 매한가지입니다. 이렇게 누군가를 '작업하다' 혹은 '꼬시다'란 표현으로 hit on이 있습니다. 말 그대로 툭툭 치면서 직접거리는 모습을 상상하시면 쉽게 이해가 가실 거예요.

A **Are you hitting on me? In a hospital?**

B **Would that be wrong?**

A 지금 날 꼬시는 건가요? 병원에서?

B 그게 뭐 잘못됐나요?

From **Grey's Anatomy**

🔊 Speak up 1

네이티브들이 즐겨 사용하는 미드 속 기본 회화를 배워 봐요!

What do you feel like doing? 너 뭐하고 싶니?

약속이나 계획을 잡을 때 자신의 생각대로만 결정하는 건 옳지 않겠죠? 인간관계에서 소통만큼이나 중요한 것도 없잖아요.^^ 그러므로 상대방에게 무엇을 하고 싶은지 묻는 배려가 꼭 필요하죠. 이때 네이티브들이 즐겨 사용하는 것이 바로 What do you feel like ～?입니다. 뒤에 동사의 –ing 형태를 붙여서 표현하지요. 예를 들어, '너 뭐 먹고 싶니?'는 What do you feel like eating?이라고 물으면 된답니다.

A　**What do you feel like doing? I've got some games.**

B　**I want ice-cream.**

A　너 뭐하고 싶니? 내가 게임을 좀 가지고 있는데.

B　아이스크림 먹고 싶어요.

From ***Veronica Mars***

🔊 Speak up 2

대화문을 확장시켜서 다시 한 번 귀와 입을 뚫어 볼까요?

A　**What do you feel like doing?**

B　**Anything's fine.**

A　**How about going for a drink?**

B　**That sounds like a good idea.**

A　너 뭐하고 싶니?

B　아무거나 괜찮아.

A　한 잔 하러 가는 건 어때?

B　괜찮은 생각이야.

🔊 Speak up 3

좀 더 알고 싶다고요? 다음 말들도 도전해 봐요!

1. I'd rather stay and talk to you if you don't mind.
네가 괜찮다면 그냥 있으면서 너랑 얘기나 나누고 싶어.

상대방이 무언가 계획을 제안했을 때, 그것보다는 자신이 좀 더 끌리는 무언가가 있는 경우가 있죠. 이때, '~하는 것이 더 좋다'라는 의미로 네이티브들이 즐겨 사용하는 것이 바로 **I'd rather ~.**입니다. '~하는 게 더 낫겠다'란 뜻이죠.

A **I'd rather stay and talk to you if you don't mind.**

B **I don't mind.**

A   네가 괜찮다면 그냥 있으면서 너랑 얘기나 나누고 싶어.

B   그러자.

From **One Tree Hill**

2. I'm thinking of ordering a pizza. 피자를 배달시킬까 생각 중이야.

확실하지만 일단 어떠한 계획을 생각하고 있다는 의미를 전달할 때 네이티브들은 **I'm thinking of ~.**라고 말을 시작합니다. 뒤에 동사의 –ing 형태가 붙어 '~하는 걸 생각 중이다'란 의미가 만들어지지요. 예를 들어, '그녀를 초대할까 생각 중이야.'란 말은 **I'm thinking of inviting her.**라고 말하면 되는 거죠.

A **I don't feel like cooking tonight.**
I'm thinking of ordering a pizza.

B **I want Canadian bacon, please.**

A   나 오늘 밤 요리하고 싶은 기분이 아냐. 피자를 배달시킬까 생각 중이야.

B   난 캐내디언 베이컨이 먹고 싶어.

From **Desperate Housewives**

| 어구 | · I don't feel like ~ing ~하고 싶은 기분이 아니다 |

먼저 한글 표현을 영어로 바꿔 말해 보고 실제 미드 속 네이티브들의 음성 속도, 발음, 억양에 맞춘 MP3 파일을 들으며 빈칸에 배웠던 표현을 받아 적어 보세요.

1.

A _________________________? Reading books or watching movies?

B Well, _________________________. You?

A _________________________. I like both.

B I see.

A	뭐가 더 좋아? 책 읽는 거 아니면 영화 보는 거?
B	음, 난 책 읽는 게 더 좋아. 넌?
A	난 아무거나 상관없어. 난 둘 다 좋아.
B	그렇구나.

2.

A _________________________.

B Oh, my god. Don't tell me you love him. The man has a wife!

A I know, but _________________________.

B Get a grip!

A	그를 다시 보고 싶어 죽겠어.
B	이런 세상에. 설마 그를 사랑하는 건 아니겠지. 그 남자는 아내가 있잖아!
A	알아, 하지만 나도 어쩔 수가 없어.
B	정신 차려!

3.

A It's not going to be easy, but _________________________.

B Are you sure?

A _________________________. _________________________.

B Okay. Good luck.

A	쉽지는 않을 거야. 하지만, 나 그렇게 해 볼게.
B	확실하니?
A	당연하지. 아무것도 날 막을 수 없어.
B	알았어. 행운을 빈다.

4.

A ____?

B **No. I'm not into her.** ____.

A **Are you pulling my leg?**

B **No, I mean it.** ____.

A	너 제인을 꼬시는 거니?
B	아니, 난 그녀에게 관심 없어. 난 널 좋아해.
A	너 나 놀리는 거지?
B	아니, 진심이야. 난 너한테 미쳐 있어.

5.

A ____?

B **I know a good sushi place nearby. Are you okay with sushi?**

A **Well,** ____.

B **Then, let's just go to the buffet restaurant.**

A	너 뭐 먹고 싶니?
B	나 근처에 괜찮은 스시식당을 아는데. 너 스시 괜찮니?
A	글쎄, 난 이탈리아 음식이 먹고 싶은데.
B	그러면, 그냥 뷔페식당에 가자.

Review 그림자 따라 읽기로 배운 문장을 입에 붙여 봅시다.

이번엔 눈으로 확인하며 실제 미드 속 네이티브들의 음성 속도, 발음, 억양에 맞춘 MP3 파일을 들으며 동시에 따라 읽어 보세요.

1.

A What do you prefer? Reading books or watching movies?

B Well, I prefer to read books. You?

A I don't have a preference. I like both.

B I see.

A	뭐가 더 좋아? 책 읽는 거 아니면 영화 보는 거?
B	음, 난 책 읽는 게 더 좋아. 넌?
A	난 아무거나 상관없어. 난 둘 다 좋아.
B	그렇구나.

2.

A I'm dying to see him again.

B Oh, my god. Don't tell me you love him. The man has a wife!

A I know, but I can't help it.

B Get a grip!

A	그를 다시 보고 싶어 죽겠어.
B	이런 세상에. 설마 그를 사랑하는 건 아니겠지. 그 남자는 아내가 있잖아!
A	알아, 하지만 나도 어쩔 수가 없어.
B	정신 차려!

3.

A It's not going to be easy, but I'll go for it.

B Are you sure?

A No doubt about it. Nothing can stop me.

B Okay. Good luck.

A	쉽지는 않을 거야. 하지만, 나 그렇게 해 볼게.
B	확실하니?
A	당연하지. 아무것도 날 막을 수 없어.
B	알았어. 행운을 빈다.

4.

A Are you hitting on Jane?

B No. I'm not into her. I'm into you.

A Are you pulling my leg?

B No, I mean it. I'm crazy about you.

A 너 제인을 꼬시는 거니?
B 아니, 난 그녀에게 관심 없어. 난 널 좋아해.
A 너 나 놀리는 거지?
B 아니, 진심이야. 난 너한테 미쳐 있어.

5.

A What do you feel like eating?

B I know a good sushi place nearby. Are you okay with sushi?

A Well, I'd rather have Italian food.

B Then, let's just go to the buffet restaurant.

A 너 뭐 먹고 싶니?
B 나 근처에 괜찮은 스시식당을 아는데. 너 스시 괜찮니?
A 글쎄, 난 이탈리아 음식이 먹고 싶은데.
B 그러면, 그냥 뷔페식당에 가자.

팝송 제목으로 보는 줄여 쓰는 말

최근 빌보드 차트 1위를 하고 있는 Jason DeRulo의 데뷔 싱글 앨범을 보시면, 노래 제목이 Whatcha Say라고 되어 있는데요, 여기서 Whatcha는 무슨 뜻일까요? 이 표현은 Pussycat Dolls의 Whatcha think about that 등 여러 다른 노래에서도 나오는데요, 줄여 쓰기를 좋아하는 미국 사람들이 What do you를 줄여서 표현한 것입니다. 사실 What do you 뿐 아니라 What did you, What are you 모두 가능하다고 보시면 돼요. 그래서 Whatcha want? / Whatcha looking at? / Whatcha gonna do? 등과 같이 쓰인답니다.

외모 · 성격 · 능력

🔊 Speak up 1

네이티브들이 즐겨 사용하는 미드 속 기본 회화를 배워 봐요!

What's he like? 그 사람 어때? / 그는 어떤 사람이니?

친구가 소개팅이나 선을 보고 왔다면 아마 백이면 백 이런 질문을 던지겠죠? '그 사람 어때?'라고요. 이렇게 사람에 대해서 물어볼 때 네이티브들은 What's he(she) like?라고 질문을 던집니다. 보통 다른 책에서는 이 질문은 성격을 묻는 것이지 외모를 묻는 것은 아니라고 가르치는데요, 실제 회화에서는 이 질문에 대한 답변으로 성격뿐만이 아니라 외모를 설명하기도 한다는 점 기억해 두세요. 물론 외모만이 궁금해서 질문하고 싶다면 What's he like? 보다는 What does he look like?으로 묻는 것이 더 좋습니다.

A **What's he like?**

B **Oh, he's okay.**

A 그 사람 어떻디?

B 아, 괜찮아.

From **Friends**

🔊 Speak up 2

대화문을 확장시켜서 다시 한 번 귀와 입을 뚫어 볼까요?

A **I know you're going out with someone.**

B **That's right. I have a boyfriend!**

A **Tell me. What's he like?**

B **Well, he's tall. He has brown hair.**
He's a very nice guy.

A 네가 누군가와 데이트하고 있다는 거 알아.

B 맞아. 나 남친 생겼어!

A 말해 봐. 그는 어떤 사람이야?

B 음. 키가 커. 머리는 갈색이고. 매우 좋은 사람이야.

🔊 Speak up 3

좀 더 알고 싶다고요? 다음 말들도 도전해 봐요!

1. She looks like a model. 그녀는 모델처럼 생겼어.

상대방의 외모를 묘사할 때 사용되는 가장 일반적인 표현 방법은 바로 She(he) looks like ~.입니다. 우리 말로는 '~처럼 생겼어'란 의미지요. 예를 들어, 탐 크루즈랑 비슷하게 생긴 사람이 있다면 간단히 He looks like Tom Cruise.라고 말하면 되는 거죠.

A Spit it out. Was she beautiful?

B She's drop-dead gorgeous. She looks like a model.

A 불어. 그 여자 아름다웠어?

B 끝내주게 아름다웠어. 그녀는 모델처럼 생겼어.

From **Ghost Whisperer**

> 어구 · Spit it out. 말해, 불어 · drop-dead 끝내주는, 극도로

2. He has a bad temper. 그는 성격이 좋지 않아. / 그는 다혈질이야.

여러 가지 좋지 않은 사람의 성격 중에서 성질이 있고 다혈질인 사람을 말할 때 네이티브들은 have a bad temper라고 말합니다. 예전에 제 직장 상사 중에 조금만 자기 맘에 들지 않으면 씩씩거리며 화를 내는 분이 계셨는데, 저와 제 동료들은 항상 그를 가리켜 He has a bad temper.라고 말하곤 했었죠.

A Why would you learn English and not tell your husband?

B He has a bad temper.

A 왜 영어를 공부하면서 남편한테는 얘기하지 않은 거죠?

B 남편이 성격이 좋지를 않아요.

From **Lost**

외모·성격 등의 공통점

Speak up 1

네이티브들이 즐겨 사용하는 미드 속 기본 회화를 배워 봐요!

We have a lot in common. 우리는 공통점이 많아요.

새로운 사람을 만났을 때, 가장 기분 좋은 일이 바로 서로간의 공통점이 많다는 것을 알게 될 때죠. '우린 공통점이 많아요.'란 말을 영어로는 We have a lot in common.이라고 말합니다. have ~ in common 이 '공통점을 가지고 있다'란 의미이기 때문이죠. 반면, 많은 것은 아니지만 무언가 공통점이 있을 때는 단어 something을 활용해서 We have something in common.(우리 공통점이 있군요.)라고 말해 주면 된답니다.

A **What are you guys gonna talk about?**

B **I don't know, but you know, we have a lot in common.**
He plays piano; I played keyboard in college.
He's divorced; I have experiences in that area.

A 무슨 얘기들을 나눌 건데?

B 모르겠어. 하지만 알잖아. 우리는 공통점이 많다고.
그 사람은 피아노를 치고 나도 대학 때 키보드를 쳤잖아.
그 사람도 이혼을 했고, 나도 그 부분은 경험이 있고 말이야.

From *Friends*

Speak up 2

대화문을 확장시켜서 다시 한 번 귀와 입을 뚫어 볼까요?

A **Do you like basketball?**

B **I love it. How about you?**

A **I love it, too. We have a lot in common!**

B **Sure we do!**

A 농구 좋아해요? / B 완전 좋아해요. 당신은요?
A 저도 완전 좋아해요. 우리 공통점이 많네요! / B 그러게 말이에요!

🔊 Speak up 3

좀 더 알고 싶다고요? 다음 말들도 도전해 봐요!

1. You remind me of someone. 당신을 보니 누군가가 생각나네요.

remind A of B는 'A에게 B를 상기시키다'란 뜻으로 여러 영어인증시험에서도 많이 등장하니 꼭 기억해 두세요. 즉, 어떤 사람의 행동이나 성격, 외모 등이 마치 자신이 알고 있는 누구와 비슷해서 그 사람을 떠올리게 한다는 의미를 전달할 때 사용할 수 있답니다.

A **You remind me of someone. How old are you, Ellen?**

B **Twenty-two.**

A 당신을 보니 누군가가 생각나네요. 몇 살이죠, 엘렌?

B 22살이요.

From *Veronica Mars*

2. Marissa's a real chip off the old block.
마리사는 지 엄마를 쏙 빼닮았어요.

자식이 부모를 꼭 빼닮았다고 할 때 네이티브들은 chip off the old block이라고 합니다. 마치 석판에 깨져 나온 하나의 조각처럼 딱 들어맞는다는 뉘앙스를 담은 표현이지요. 일부 책을 보면 이 표현은 '부전자전' 즉, 마치 아들과 아버지를 비교할 때만 쓰이는 것처럼 알려 주고 있는데요, 실제 회화에서는 엄마와 딸, 아버지와 아들에 관계없이 사용된다는 것 기억해 두세요.

A **Marissa's a real chip off the old block.**

B **I couldn't agree with you more.**

A 마리사는 지 엄마를 쏙 빼닮았어요.

B 완전 동감해요.

From *The O.C*

🔊 Speak up 1

네이티브들이 즐겨 사용하는 미드 속 기본 회화를 배워 봐요!

How do I look? 나 어때 (보여)?

외출 준비를 하기 위해서 꽃단장을 한다거나 새로 산 옷을 입어 보거나 하면 꼭 상대방에게 내가 어떻게 보이는지 의견을 물어보고 싶은 것이 인지상정이죠. 이때 네이티브들은 보통 How do I look?이라며 상대방에게 물어보죠. 우리말로는 '나 어때(보여)?'란 뜻의 질문이죠. 미드나 영화를 보면 주인공들이 새 옷을 입고 한 바퀴 빙그르르 돌며 옆에 있는 친구에게 How do I look? 하고 물어보는 장면들이 심심치 않게 등장합니다.

A **How do I look?**

B **You look great.**

A 나 어때요?

B 멋져 보여요.

From *CSI*

🔊 Speak up 2

대화문을 확장시켜서 다시 한 번 귀와 입을 뚫어 볼까요?

A **How do I look?**

B **You look fabulous. Do you have a date today?**

A **Yes, I do. Tom and I are going to the movies.**

B **Okay. Have fun.**

A 나 어때 보여요?

B 너무 멋져요. 오늘 데이트 있어요?

A 네. 탐하고 영화 보러 가요.

B 그렇군요. 재밌는 시간 보내요.

🔊 Speak up 3

좀 더 알고 싶다고요? 다음 말들도 도전해 봐요!

1. You look stunning. 너 정말 아름다워.

상대방의 아름다움을 칭찬할 때 네이티브들이 즐겨 사용하는 말로 You look stunning. 이 있습니다. stunning은 '눈부실 정도로 아름다운'이란 의미를 갖고 있죠. You look ~.은 뒤에 사람의 외모를 설명해 주는 형용사와 함께 쓰여 상대방의 외모에 대해서 말할 때 유용하게 사용할 수 있습니다. 피곤해 보이는 사람에겐 You look tired. 화가 나 보이는 사람에겐 You look angry. 아름다워 보이는 사람에게는 You look beautiful.이라고 말해 주면 되지요.

A **Will you give me a hand?**

B **Sure. Monica. I can't get over how great you look. You look stunning.**

A **You look incredible, too.**

A 나 좀 도와줄래요?

B 물론이지. 모니카. 너 몰라볼 정도로 멋져 보여. 정말 아름다워 보이고.

A 당신도 정말 멋져요.

From **Friends**

어구 · give someone a hand ~를 도와주다, ~에게 도움을 주다

2. She's not much to look at. 그녀의 외모는 볼품이 없어요.

누군가의 외모에 대해서 이야기할 때 좋은 얘기만 하면 좋겠지만, 종종 안 좋은 이야기를 할 때도 있겠죠? 누군가에 대해 not much to look at이라고 이야기한다면, 말 그대로 볼 게 별로 없다는 것입니다. 즉, 우리말로 하면 볼품이 없다는 거죠.

A **If it's the lady I'm thinking, she's not much to look at.**

B **But he says she brings him luck.**

A 만약 그게 내가 생각하고 있는 아가씨가 맞다면, 그녀 외모는 볼품이 없어요.

B 하지만 그는 그녀가 그에게 행운을 가져다준다고 말하더군요.

From **X-Files**

🔊 Speak up 1

네이티브들이 즐겨 사용하는 미드 속 기본 회화를 배워 봐요!

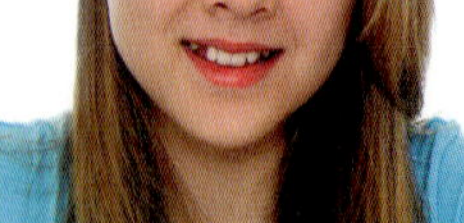

I'm good at crossword puzzles. 난 낱말 맞추기는 잘해요.

자신이 잘하는 것을 이야기할 때 네이티브들은 I'm good at ~.을 자주 사용합니다. 예를 들어 운동을 잘하면 I'm good at sports. 수학을 잘하면 I'm good at math. 영어를 잘하면 I'm good at English.라고 말하면 되는 거죠. 물론 잘하지 못하면 be 동사의 부정인 not을 붙여 주어 I'm not good at ~.이라고 말하면 되겠죠? 또는 I'm poor at ~.이라고 말할 수도 있고요.

A   **Maybe we could have dinner sometime?**

B   **I don't know. I'm good at crossword puzzles.**
      I'm not good at people puzzles.

A   우리 언제 저녁이나 같이 할래요?

B   모르겠어요. 전 낱말 풀기는 잘하지만 사람 (속마음을) 푸는 것은 잘 못해요.

From *Sex and the City*

🔊 Speak up 2

대화문을 확장시켜서 다시 한 번 귀와 입을 뚫어 볼까요?

A   **What are you good at?**

B   **Well, I think I'm good at speaking English.**

A   **Really?**

B   **Yeah, people say I'm very fluent.**

A   넌 뭘 잘하니?

B   음. 난 영어 말하기를 잘해.

A   정말?

B   응. 사람들이 내가 매우 유창하다고 하더라고.

🔊 Speak up 3

좀 더 알고 싶다고요? 다음 말들도 도전해 봐요!

1. I know I have what it takes to be on TV.
전 TV에 나올 만한 재능이(끼가) 있어요.

무언가가 될 재능이 있거나 끼가 있다고 말할 때 네이티브들은 have what it takes to를 사용합니다. 예를 들어, 의사가 될 만한 재능이 있는 사람에게는 You have what it takes to be a doctor.라고 말할 수 있는 거죠. 여러분은 뭐가 될 만한 재능이나 끼가 있으신가요? 한 번 문장을 만들어서 직접 말해 보세요. ex) I know I have what it takes to be ~.

A **I know I have what it takes to be on TV.**

B **I own three of them. I also know everything about you. What you like. What you don't. What you wear. Dear, these are skills I could teach a monkey.**

A 전 TV에 나올 만한 재능이 있다고요.

B 난 방송국을 세 개나 소유하고 있어. 또한 난 너에 대해 모든 걸 알고 있지. 네가 뭘 좋아하는지. 네가 뭘 좋아하지 않는지. 네가 무슨 옷을 입는지 말이야. 얘야. 이것들은(네가 내게 보여준 것들) 내가 원숭이한테도 가르칠 수 있는 것들이야.

*From **That 70's Show***

2. I'm not cut out for work. 난 일하는 게 적성에 맞지 않아.

제가 예전에 공인회계사가 되는 것을 목표로 공부를 시작했던 적이 있는데요, 세 달도 안 되서 때려치웠답니다. 도저히 제 적성에 맞지가 않더라고요. 이때 친구들이 제게 왜 회계 공부를 그만뒀냐고 물어보면 항상 I think I'm not cut out for accounting.이라고 대답하곤 했죠. 이처럼 be cut out for는 '~에 적성이 맞다' 혹은 '~에 적합하다'란 의미로 사용될 수 있습니다.

A **Look, I'm not cut out for work.**
I'm cut out for rich people giving me things.

B **Yeah, but you got a job for me.**
Doesn't that make you satisfied?

A 있잖아, 난 일하는 게 적성에 맞지 않아. 난 부자들한테 얻어먹고 사는 게 적성에 맞아.

B 응, 하지만 날 위해서 직장을 얻은 거잖아. 그게 당신을 만족스럽게 해 주지 않아?

*From **That 70's Show***

실력의 형편없음

🔊 Speak up 1

네이티브들이 즐겨 사용하는 미드 속 기본 회화를 배워 봐요!

I suck at golf. 난 골프는 형편없어요.

suck은 동사로 '구리다' 형편없다'란 의미를 갖고 있습니다. 예를 들어, 어떤 파티에 갔더니 재미도 없고 술도 없고 물도 구리다면 This party sucks!라고 말할 수 있는 거죠. 또한, 뒤에 〈I suck at + 명사〉 형태를 취해서 '난 ~는 정말 못해' 혹은 '난 ~는 형편없어'란 의미로 말할 수 있습니다. 대부분의 한국 사람들이 영어와 관련해서 이런 말을 자주 하죠. I suck at speaking English!(난 영어 말하기는 형편없어!) 열심히 이 책을 공부하고 미드를 즐기기 시작하면 영어 말하기가 뚫린다는 것 잊지 마세요!

A **Come on, try again.**

B **No more tries. I hate golf. I suck at golf.**

A 어서, 다시 시도해 봐.

B 더 이상 시도 안 할 거야. 난 골프가 싫어. 난 골프 실력이 형편없다고.

From *The O.C.*

🔊 Speak up 2

대화문을 확장시켜서 다시 한 번 귀와 입을 뚫어 볼까요?

A **Let's hit the dance floor.**

B **No, I suck at dancing.**

A **Come on, don't be shy.**
   I suck at dancing, too.

B **All right. All right.**

A 춤추러 가자.

B 싫어. 나 춤추는 거 형편없어.

A 왜 그래, 부끄러워하지 마. 나도 춤추는 거 형편없어.

B 알았어. 알았어.

🔊 Speak up 3

좀 더 알고 싶다고요? 다음 말들도 도전해 봐요!

1. I'm not much of a drinker. 제가 그렇게 술을 잘하진 못해요.

무언가를 그렇게 잘하지 못한다고 말할 때 네이티브들은 I'm not much of ~.를 즐겨 사용합니다. 예를 들어, 춤을 그렇게 잘 추지 못한다고 말할 때는 I'm not much of a dancer. 남의 말을 잘 들어주지 못한다고 말할 때는 I'm not much of a listener.라고 말하면 되는 거죠.

A   **Hey, are you all right?**

B   **I'm not much of a drinker.**

A   이봐요. 당신 괜찮아요?

B   제가 그렇게 술을 잘하진 못해요.

From **Monk**

2. I've always had two left feet. 난 항상 몸치였어요.

춤을 잘 추지 못하는 사람을 가리켜 우리는 '몸치'라고 부릅니다. 당연히 미국인들도 몸치가 있겠죠. 영어로는 이들을 가리켜 have two left feet이라고 합니다. 춤을 추는 모습이 마치 왼발만 두개인 사람처럼 어색하다란 뉘앙스로 사용되는 표현인 거죠.

A   **I've always had two left feet. But you were always graceful and light as a feather. Did you tell anyone you were here?**

B   **No.**

A   난 항상 몸치였었지. 하지만 당신은 항상 우아했고 깃털처럼 가벼웠어. 당신이 여기 있다고 다른 사람들한테 말했나요?

B   아뇨.

From **Heros**

먼저 한글 표현을 영어로 바꿔 말해 보고 실제 미드 속 네이티브들의 음성 속도, 발음, 억양에 맞춘 MP3 파일을 들으며 빈칸에 배웠던 표현을 받아 적어 보세요.

1.

A ____?

B **She's hot!** ____.

A **Good for you.**

B **But** ____.

A	네 여자 친구는 어때?
B	섹시하지! 그녀는 모델처럼 생겼어.
A	좋겠다.
B	하지만 성격이 좋질 않아.

2.

A **You look and act just like your father.** ___________________ ___________________________________.

B **I know.** ____.

A **Yeah,** ___________________________________. **I miss him very much.**

B **I miss him, too.**

A	네 아버지와 생긴 것도 행동도 비슷하구나. 넌 아버지를 쏙 빼닮았어.
B	알아요. 아버지와 저는 공통점이 많아요.
A	그렇구나. 널 보니 네 아버지가 생각난다. 그가 매우 보고 싶구나.
B	저도 아버지가 보고 싶어요.

3.

A **Jessica. Aren't you ready yet?**

B **I'm almost done.** ____?

A **Wow,** ____.

B **Thank you.**

A	제시카. 아직 준비 안 됐니?
B	거의 다 됐어. 나 어때?
A	와우, 너 그 드레스 입으니까 정말 아름다워.
B	고마워.

4.

A ____.

B You're not just good. You're really good.

A Thanks. I think ____.

B Absolutely.

A	난 수학을 잘해.
B	그냥 잘하는 게 아니라 넌 정말 잘하는 거야.
A	고마워. 난 내가 과학자가 될 만한 재능이 있다고 생각해.
B	당연하지.

5.

A Do you drink?

B Yes, but ____.

A I see. Do you dance?

B No, _________________________. _________________________.

A	너 술 마시니?
B	응, 하지만 그렇게 술을 잘 마시진 못해.
A	그렇구나. 너 춤추니?
B	아니, 난 춤은 형편없어. 난 항상 몸치였었지.

이번엔 눈으로 확인하며 실제 미드 속 네이티브들의 음성 속도, 발음, 억양에 맞춘 MP3 파일을 들으며 동시에 따라 읽어 보세요.

1.

A What's your girlfriend like?

B She's hot! She looks like a model.

A Good for you.

B But she has a bad temper.

A 네 여자 친구는 어때?
B 섹시하지! 그녀는 모델처럼 생겼어.
A 좋겠다.
B 하지만 성격이 좋질 않아.

2

A You look and act just like your father. You're a chip off the old block.

B I know. My father and I have a lot in common.

A Yeah, you remind me of your father. I miss him very much.

B I miss him, too.

A 네 아버지와 생긴 것도 행동도 비슷하구나. 넌 아버지를 쏙 빼닮았어.
B 알아요. 아버지와 저는 공통점이 많아요.
A 그렇구나. 널 보니 네 아버지가 생각난다. 그가 매우 보고 싶구나.
B 저도 아버지가 보고 싶어요.

3.

A Jessica. Aren't you ready yet?

B I'm almost done. How do I look?

A Wow, you look stunning in that dress.

B Thank you.

A 제시카. 아직 준비 안 됐니?
B 거의 다 됐어. 나 어때?
A 와우. 너 그 드레스 입으니까 정말 아름다워.
B 고마워.

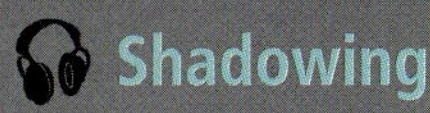

4.

A I'm good at math.

B You're not just good. You're really good.

A Thanks. I think I have what it takes to be a scientist.

B Absolutely.

A 난 수학을 잘해.
B 그냥 잘하는 게 아니라 넌 정말 잘하는 거야.
A 고마워. 난 내가 과학자가 될 만한 재능이 있다고 생각해.
B 당연하지.

5.

A Do you drink?

B Yes, but I'm not much of a drinker.

A I see. Do you dance?

B No, I suck at dancing. I've always had two left feet.

A 너 술 마시니?
B 응, 하지만 그렇게 술을 잘 마시진 못해.
A 그렇구나. 너 춤추니?
B 아니, 난 춤은 형편없어. 난 항상 몸치였었지.

팝송 제목으로 보는 줄여 쓰는 말

저스틴 팀버레이크가 발탁해 낸 실력 있는 미녀 가수인 Esmee Denters는 미녀 싱어송라이터로 미국을 뒤흔들고 있는데요. 유명한 프로듀서가 참여해 이슈가 되었던 이번 데뷔 싱글앨범의 노래 제목은 Outta Here입니다. 여기서 Outta란 무슨 뜻일까요? The Datsuns의 앨범명이었던 Outta Sight/Outta Mind를 보시면 짐작이 가시겠죠? 이것 역시 줄이기 좋아하는 네이티브들이 out of를 줄여서 쓰는 말입니다. 예를 들어, '난 여기서 나간다 / 나 간다'라는 뜻의 I'm out of here.를 줄여 쓴다면, I'm outta here.가 되겠죠.^^

Speak up 1

네이티브들이 즐겨 사용하는 미드 속 기본 회화를 배워 봐요!

Are you going steady? 너 진지하게 교제 중인 거니?

누군가와 데이트를 한다거나 몇 번 가볍게 사귀는 단계를 넘어서 진지하게 고정적으로 만나며 교제한다고 할 때 영어로는 go steady라고 표현합니다. steady가 '안정된'이란 의미가 있기 때문에, 말 그대로 안정되고 진지하게 누군가와 사귀고 있다는 것을 의미하지요. 예를 들어, 만약 제가 Henah라는 사람과 진지하게 사귀고 있다면 이렇게 말할 수 있겠죠. I'm going steady with Henah.라고요.

A **Are you going steady?**

B **Not exactly.**

A 너 진지하게 교제 중인 거니?

B 꼭 그렇진 않아요.

From **Desperate Housewives**

Speak up 2

대화문을 확장시켜서 다시 한 번 귀와 입을 뚫어 볼까요?

A **Are you going steady with Henah?**

B **Yeah, that's right.**

A **How long have you been going steady with her?**

B **Five years.**

A 헤나랑 진지하게 교제 중인 거니?

B 네, 맞아요.

A 얼마나 오랫동안 그녀와 교제 중인 거니?

B 5년이요.

 Speak up 3

좀 더 알고 싶다고요? 다음 말들도 도전해 봐요!

1. We just clicked. 우린 그냥 통했어요.

잘 알지 못하지만 몇 마디만 주고받아도 통하는 사람들이 있죠. 마치 이 책의 공저자인 저와 제 와이프처럼 요.^^: 이렇게 '통했다'는 말을 영어로는 click이라고 말합니다. 똑딱이 버튼이 click! 하면서 딱 맞아 떨어진다는 느낌이라고나 할까요?

A **What's she like?**

B **Tall, blonde, gorgeous. Doesn't speak much English, but she's learning. When we met, it was like... We just clicked.**

A 어떤 여자니?

B 키가 크고, 금발에, 우아하지. 영어를 많이 하진 않지만, 뭐 배우는 중이고. 우리가 만났을 때, 그건 마치…
우린 그냥 통했어.

From **The O.C.**

2. Are you spoken for? 너 임자 있니?

누군가가 애인이 있거나 혹은 결혼을 했을 때 우리는 보통 그 사람을 가리켜 '임자가 있다' 혹은 '임자가 있는 몸이다'라고 이야기합니다. 영어로는 be spoken for라고 이야기하죠. 이미 누군가의 임자로 불리어졌다는 뜻의 표현이죠. 혹시라도 맘에 들지 않는 이성이 다가와서 집적거리면 꼭 이렇게 둘러대세요. Sorry, I'm spoken for.(미안하지만 전 임자가 있네요.)

A **Are you spoken for, Charlie?**

B **I am. I am.**

A 너 임자 있니, 찰리?

B 그럼요. 그렇고말고요.

From **Numbers**

Speak up 1

네이티브들이 즐겨 사용하는 미드 속 기본 회화를 배워 봐요!

He's going to break up with me. 그는 나와 헤어지려고 할 거야.

누군가와 사귀다 보면 결국 헤어지는 일도 비일비재하죠. 이성간의 이별, 즉 '헤어지다'라는 말을 영어로는 break up이라고 합니다. 그러므로 '우리 헤어졌어.'란 말은 간단히 동사 break의 과거형인 broke를 이용해서 We broke up.이라고 말하면 되죠. 또는 전치사 with를 사용해서 헤어진 대상을 뒤에 위치시켜 '~와 헤어지다'란 표현으로 사용될 수도 있습니다. 예를 들어, 여자 친구에게 이렇게 이별을 통보할 수도 있겠죠. I'm going to break up with you.(난 너와 헤어질 거야.)라고요.

A **He's going to break up with me.**

B **Did he say that?**

A 그는 나와 헤어지려고 할 거야.

B 그가 그렇게 말했니?

From **Alias**

Speak up 2

대화문을 확장시켜서 다시 한 번 귀와 입을 뚫어 볼까요?

A **Why the long face?**

B **It's because of my boyfriend.**

A **What about him?**

B **I think he's going to break up with me.
I don't know what to do.**

A 왜 우울한 표정 짓고 있니?

B 내 남자 친구 때문에 그래.

A 남자 친구 뭐?

B 그가 나와 헤어지려고 하는 것 같아. 어떻게 해야 할지 모르겠어.

 Speak up 3

좀 더 알고 싶다고요? 다음 말들도 도전해 봐요!

1. She dumped me. 그가 날 차버렸어.

동사 dump는 소위 말해 덤프 트럭이 쓰레기를 난지도에 쏟아 부어버리듯이, 사람간의 관계에서 누군가를 버리는 즉, 차 버리는 것을 의미합니다. 앞에서 배운 break up with 보다 더 강하게 '나를 버렸다'라는 뉘앙스가 느껴지는 표현이지요.

A　**She won't talk to me. She dumped me. Which, I don't care about at all.**

B　**Good. Because you deserve better.**

A　그녀가 나랑 애기도 안 하려고 해. 그녀가 날 차 버렸어. 뭐 난 전혀 신경 쓰지 않지만.

B　잘됐네. 왜냐면 넌 더 좋은 사람을 만나야 해.

From ***Grey's Anatomy***

어구　· care 신경 쓰다　· deserve ~할 만한 자격이 있다

2. He stood me up. 그가 날 바람맞혔어.

소개팅과 같은 약속 장소에 만나기로 한 사람이 나타나지 않는 경우 우리는 '바람맞다'란 표현을 사용합니다. 바로 이에 해당하는 영어 표현이 stand A up으로 우리말로 'A를 바람맞히다'란 의미를 갖고 있지요. 바람맞힌다는 것은 그 사람을 약속 장소에 계속 세워 두는 것이기 때문에 동사 stand를 사용하는 거라고 외우면 쉽게 이해가 가실 겁니다.

A　**On Saturday we were going to his rave party, but he stood me up.**

B　**His party?**

A　토요일에 우리는 그의 레이브 파티에 가기로 했었는데, 그가 날 바람맞혔어.

B　그의 파티에?

From ***Law and Order***

어구　· rave party 현란한 음악에 맞춰 함께 춤을 추면서 벌이는 파티

🔊 Speak up 1

네이티브들이 즐겨 사용하는 미드 속 기본 회화를 배워 봐요!

How did he pop the question? 그가 어떻게 청혼을 했나요?

누군가와 결혼식을 하고 싶다면 당연히 청혼을 해야 되겠죠? 네이티브들은 '청혼하다'라는 의미로 pop the question이란 표현을 사용합니다. 즉 나와 결혼해 주겠냐는 질문을 갑자기 팡!(pop) 하고 터트린다는 의미의 표현인 거죠. 이 표현 꼭 기억해 두고 계시다 친구가 결혼을 한다고 깜짝 발표를 한다면 꼭 물어보세요. How did he pop the question?이라고요.

A **Let's see that ring. How did he pop the question?**

B **He took me to Santa Babara.**

A 그 반지 좀 보자고요. 그가 어떻게 청혼을 했나요?

B 그는 날 산타 바바라로 데리고 갔어요.

From **Alias**

🔊 Speak up 2

대화문을 확장시켜서 다시 한 번 귀와 입을 뚫어 볼까요?

A **Guess what? I'm getting married!**

B **Really? Congratulations!**

A **Thanks. I'm so happy.**

B **I'm happy for you, too. So tell me. How did he pop the question?**

A 무슨 일이 있게? 나 결혼해!

B 정말? 축하해!

A 고마워. 나 너무 행복해.

B 너무 잘됐다. 그런데 말해 봐. 그가 어떻게 청혼을 했니?

 Speak up 3

좀 더 알고 싶다고요? 다음 말들도 도전해 봐요!

1. We're engaged. 우린 약혼했어요.

뭐 꼭 필요한 절차는 아니지만 결혼식 전에 서로 반지를 주고받고 결혼을 약속하는 행위를 약혼이라고 하죠. 네이티브들은 이런 상태를 be engaged라고 말합니다. 예를 들어 '약혼하셨나요?'란 질문은 Are you engaged?라고 물으면 되고, '저 약혼했어요!'는 I'm engaged! 라고 말하면 되죠.

A **At least, put on the ring.**

B **No! George, I don't want to.**

A **We are engaged! You have to wear it!**

A 최소한, 반지는 껴.

B 싫어, 조지. 끼고 싶지 않아.

A 우리는 약혼했잖아! 반지는 껴야지!

*From **Desperate Housewives***

2. We're divorced. 우리 이혼했어요.

요즘 들어 이혼율이 점점 늘고 있다고 하죠. 특히 자유분방한 미국인들에게 있어서 이혼은 상당히 흔한 일이죠. '이혼하다'라는 표현은 영어로 be divorced라고 합니다. 예를 들어, '이혼하셨나요?'는 Are you divorced?라고 물으면 되고, '전 이혼 했어요.'는 I'm divorced.라고 말하면 되죠.

A **So, you don't spend much time with Roy?**

B **We're divorced.**

A 그럼, 로이랑은 많은 시간을 보내지 않는 건가요?

B 우리 이혼했어요.

*From **Law and Order***

74 배신과 바람

Speak up 1

네이티브들이 즐겨 사용하는 미드 속 기본 회화를 배워 봐요!

She was cheating on me. 그녀는 나 몰래 바람을 피우고 있었어요.

배신과 관련해서 '바람피우다'란 표현이 빠질 수는 없겠죠?^^ 영어로 '(상대방 몰래) 바람피우다'는 cheat on 이라고 말합니다. 예를 들어, '너 나 몰래 바람피우는 거야?'라고 묻고 싶다면 Are you cheating on me? 라고 물으면 되고, '너 몰래 바람피웠어.'는 동사 cheat을 과거형인 cheated로 바꿔서 I cheated on you. 라고 말하면 되는 거죠. 여러분들 중에 애인 몰래 바람피우시는 분 없겠죠?

A **She was cheating on me. Pretty much the whole time.**

B **Wow, that... that sucks.**

A 그녀가 나 몰래 바람을 피우고 있었던 거야. 거의 대부분의 시간 동안 말이지.

B 와우, 그거… 그거 정말 구리다.

*From **One Tree Hill***

Speak up 2

대화문을 확장시켜서 다시 한 번 귀와 입을 뚫어 볼까요?

A **I'm going to break up with my boyfriend.**

B **Why? What happened?**

A **He was cheating on me. I just found out.**

B **Unbelievable! What a jerk!**

A 나 남자 친구랑 헤어질 거야.

B 왜? 무슨 일 있었어?

A 남자 친구가 나 몰래 바람을 피우고 있었어. 방금 알아냈어.

B 믿을 수가 없네! 형편없는 놈 같으니라고!

어구	· find out 발견하다, 알아내다 · jerk 형편없는 놈, 나쁜 자식

🔊 Speak up 3

좀 더 알고 싶다고요? 다음 말들도 도전해 봐요!

1. I'm not having an affair. 저 바람피우는 거 아니에요.

'바람피우다'란 의미로 cheat on 만큼이나 네이티브들이 많이 사용하는 표현이 바로 have an affair입니다. 단, cheat on과는 달리 affair는 '불륜'이란 뜻을 갖고 있기 때문에 오직 부부사이에 몰래 바람피우는 행위를 have an affair라고 표현하죠.

A   **I'm not having an affair.**

B   **I didn't say you were.**

A   전 바람피우는 거 아니에요.

B   전 당신이 그렇다고 말한 적 없는데요.

*From **House***

2. Were you unfaithful? 외도 하셨나요?

오래전이지만 제목이 "Unfaithful"이란 영화가 있었습니다. 대충 내용이 한 남자의 아내가 젊은 남자랑 눈 맞아서 애정행각을 벌이는 그런 내용이죠. 여기서 unfaithful은 '충실하지 않은'이란 의미인데요. 결혼 생활에서 상대방에게 충실하지 못하단 의미, 즉 '외도한'이란 뜻으로 사용이 됩니다.

A   **Were you unfaithful?**

B   **Oh, god. No.**

A   외도하셨나요?

B   아, 맙소사. 아뇨.

*From **Close to home***

결혼 생활의 고충

🔊 Speak up 1

네이티브들이 즐겨 사용하는 미드 속 기본 회화를 배워 봐요!

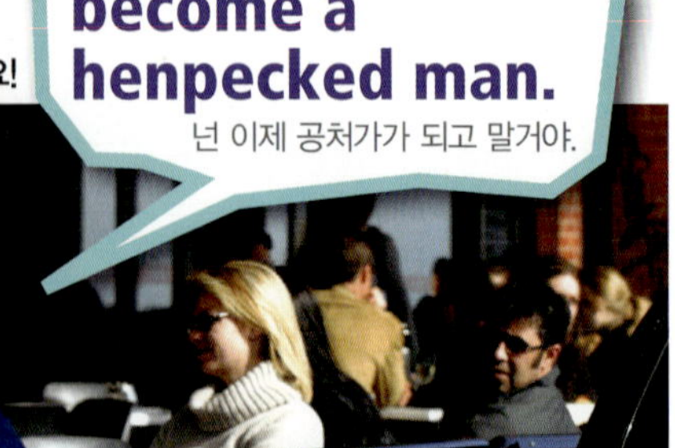

You're about to become a henpecked man. 넌 이제 공처가가 되고 말거야.

be about to는 '막 ~하려 하다'란 의미로 사용됩니다. 예를 들어, 전화를 받은 후 '내가 전화하려고 했었는데'란 말을 하고 싶다면 be about to를 활용해서 I was about to call you.라고 말하면 되지요. 자, 이제 본론으로 돌아와서 요즘같이 여성 파워가 센 세상에서 결혼을 앞둔 남자들은 거의 모두가 공처가가 되어 버리지 않을까 싶은데요. 영어로 잡혀 사는 사람, 혹은 공처가를 형용사 henpecked라고 표현합니다. hen은 '암탉', peck은 '쪼다'란 의미를 갖고 있는데, 이를 합쳐서 '암탉에게 쪼임을 당하는' 남성을 표현한 거죠.

A **You're about to become a henpecked,** beaten-down, shell of a man. So tonight, we're going to have one last awesome night together as bros. (중략)

B **So, what do I have to do?**

A 넌 이제 공처가에, 완전 지쳐 버린 껍데기만 남은 남자가 되고 말거야. 그러니 오늘은, 우리가 친구들로서 갖는 마지막 끝내주는 밤을 함께 하자고.

B 그러면, 난 뭘 하면 되지?

From How I Met Your Mother

🔊 Speak up 2

대화문을 확장시켜서 다시 한 번 귀와 입을 뚫어 볼까요?

A **Jack, where are you? We're all waiting for you.**

B **Oh, Mike. I'm sorry. I was about to call you.
My wife doesn't want me to go out.**

A **What are you talking about? Don't be a henpecked husband.**

B **I don't know. I'll call you later. Okay?**

A 잭, 너 어디야? 우리 모두 널 기다리고 있잖아.

B 아, 마이크. 미안해. 전화하려고 했었는데. 와이프가 내가 나가는 걸 원치 않아.

A 무슨 소리하는 거야? 공처가처럼 굴지 마.

B 모르겠다. 내가 나중에 전화할게. 알았지?

🔊 Speak up 3

좀 더 알고 싶다고요? 다음 말들도 도전해 봐요!

1. I'm not whipped. 나 잡혀 사는 거 아냐.

점점 여성들의 파워가 강해지면서 많은 남자들이 아내나 애인에게 잡혀 사는 것 같습니다. 미국인들도 예외가 아니어서 여자에게 끌려 다니는 남자들이 엄청 많지요. 영어로 이런 사람들을 가리켜 **be whipped**라고 표현합니다. 우리말로는 '잡혀 살다'란 의미가 되지요.

A **I know I've been a little bit...**

B **Whipped?**

A **I'm not whipped.**

A 나도 알아. 내가 좀…

B 잡혀 살았다고?

A 나 잡혀 사는 거 아니거든.

From ***The O.C.***

2. You can't boss me around. 너 내게 이래라 저래라 할 수 없어.

가부장적인 문화가 남아 있는 우리나라에서는 아직도 아내에게 이래라 저래라 하는 사람들이 있죠. 마치 자기가 보스(boss)인 것처럼요. 이처럼 상대방에게 '이래라 저래라 하다'를 영어로 **boss someone around**라고 합니다. 말 그대로 보스처럼 이리저리 상대방을 굴려댄다는 뉘앙스를 가진 표현이지요.

A **Where are you going? Wait! Wait!**

B **You can't boss me around anymore.**

A 어디 가는 거야? 기다려! 기다려!

B 당신은 더 이상 내게 이래라 저래라 하실 수 없어요.

From ***Brothers and Sisters***

먼저 한글 표현을 영어로 바꿔 말해 보고 실제 미드 속 네이티브들의 음성 속도, 발음, 억양에 맞춘 MP3 파일을 들으며 빈칸에 배웠던 표현을 받아 적어 보세요.

1.

A ____ **?**

B **Yes, I am. I love my girlfriend so much.**

A **Tell me how you guys met.**

B **Well, we first met each other on the bus to school, had a little talk, and** ____ **.**

> **A** 너 진지하게 교제 중이니?
> **B** 네. 전 제 여자 친구를 정말 많이 사랑해요.
> **A** 너희들 어떻게 만났는지 내게 말해 주라.
> **B** 음, 우리는 학교 가는 버스에서 처음 만나 얘기를 좀 나누다 그냥 서로 통해버렸어요.

2.

A **You look upset. What's wrong?**

B ____ **.**

A **I'm sorry. You know what?** ____________________________ **.**

B **Really? He broke up with you?**

> **A** 너 화나 보여. 무슨 일이야?
> **B** 남자 친구가 날 바람맞혔어.
> **A** 안됐구나. 그거 알아? 내 남자 친구는 날 찼어.
> **B** 정말? 그가 너와 헤어진 거야?

3.

A **Do you have a girlfriend?**

B **Yes, I do. Actually,** ________________________________ **.**

A **Really?** ____ **?**

B **I sang a song for her.**

> **A** 여자 친구 있으세요?
> **B** 네, 사실 저 약혼했어요.
> **A** 정말요? 청혼은 어떻게 하셨어요?
> **B** 그녀를 위해 노래를 불렀죠.

4.

A   ____?

B   **No, but** ____.

A   **How do you know that?**

B   **Well, I followed him the other day.**

A	당신 바람피우고 있는 건가요?
B	아뇨, 하지만 제 남편이 저 몰래 바람피우고 있어요.
A	그걸 어떻게 알죠?
B	음, 저번에 그를 미행했었어요.

5.

A   **I'm getting married next week. I'm so excited.**

B   **Poor you.** ________________________. ____________
________________________.

A   **No, she's not that kind of person.
Actually, I think you're whipped.**

B   **What?** ____.

A	나 다음 주에 결혼해. 나 너무 신나.
B	불쌍한 녀석. 넌 이제 공처가가 되고 말거야. 수잔이 널 이래라 저래라 할 거야.
A	아니, 그녀는 그런 종류의 사람이 아냐. 사실, 난 네가 잡혀 산다고 생각하는데.
B	뭐? 나 잡혀 사는 거 아니거든.

그림자 따라 읽기로 배운 문장을 입에 붙여 봅시다.

이번엔 눈으로 확인하며 실제 미드 속 네이티브들의 음성 속도, 발음, 억양에 맞춘 MP3 파일을 들으며 동시에 따라 읽어 보세요.

1.

A Are you going steady?

B Yes, I am. I love my girlfriend so much.

A Tell me how you guys met.

B Well, we first met each other on the bus to school, had a little talk, and we just clicked.

A 너 진지하게 교제 중이니?
B 네. 전 제 여자 친구를 정말 많이 사랑해요.
A 너희들 어떻게 만났는지 내게 말해 주라.
B 음, 우리는 학교 가는 버스에서 처음 만나 얘기를 좀 나누다 그냥 서로 통해버렸어요.

2.

A You look upset. What's wrong?

B My boyfriend stood me up.

A I'm sorry. You know what? My boyfriend dumped me.

B Really? He broke up with you?

A 너 화나 보여. 무슨 일이야?
B 남자 친구가 날 바람맞혔어.
A 안됐구나. 그거 알아? 내 남자 친구는 날 찼어.
B 정말? 그가 너와 헤어진 거야?

3.

A Do you have a girlfriend?

B Yes, I do. Actually, I'm engaged.

A Really? How did you pop the question?

B I sang a song for her.

A 여자 친구 있으세요?
B 네. 사실 저 약혼했어요.
A 정말요? 청혼은 어떻게 하셨어요?
B 그녀를 위해 노래를 불렀죠.

4.

A Are you having an affair?

B No, but my husband is cheating on me.
(= my husband is having an affair.)

A How do you know that?

B Well, I followed him the other day.

A 당신 바람피우고 있는 건가요?
B 아뇨, 하지만 제 남편이 저 몰래 바람피우고 있어요.
A 그걸 어떻게 알죠?
B 음, 저번에 그를 미행했었어요.

5.

A I'm getting married next week. I'm so excited.

B Poor you. You're about to become a henpecked husband. Susan will boss you around.

A No, she's not that kind of person.
Actually, I think you're whipped.

B What? I'm not whipped.

A 나 다음 주에 결혼해. 나 너무 신나.
B 불쌍한 녀석. 넌 이제 공처가가 되고 말거야. 수잔이 널 이래라 저래라 할 거야.
A 아니, 그녀는 그런 종류의 사람이 아냐. 사실, 난 네가 잡혀 산다고 생각하는데.
B 뭐? 나 잡혀 사는 거 아니거든.

알쏭달쏭 수수께끼

문제: **What is gray, has four legs, and a trunk?**
회색이며, 다리가 4개고 트렁크가 있는 것은 무엇일까요?

보통은, 코끼리라고 답하시겠죠? 트렁크가 코끼리 코라는 뜻이 있으니까요. 하지만, 정답은 "A mouse going on vacation."입니다. 트렁크(가방)를 들고 여행을 가는 쥐죠.^^

그렇다면, What is brown, has four legs, and a trunk? 갈색이며, 다리가 4개고 트렁크를 가지고 있는 것은 무엇일까요?? 바로 "A mouse coming back from vacation."입니다. 여행에서 (선탠하고) 돌아온 쥐죠.^^

🔊 Speak up 1

네이티브들이 즐겨 사용하는 미드 속 기본 회화를 배워 봐요!

Make sure you call me. 내게 확실히 전화해. / 내게 꼭 전화해.

상대방에게 무언가를 확실히 해 달라고 주의(혹은 부탁)를 줄 때, 네이티브들은 Make sure ~.를 즐겨 사용합니다. Make sure 뒤에는 〈주어 + 동사 ~〉로 이루어진 완전한 문장을 붙여서 상대가 확실히 해 주길 바라는 내용을 언급해 주면 되지요. 예를 들어, 상대방에게 '그 책을 확실히 반납해 주세요.'란 말은 Make sure you return that book. '숙제를 확실히 끝내도록 하세요.'란 말은 Make sure you finish your homework.라고 말하면 되는 거죠.

A   **Make sure you call me.**

B   **All right.**

A   내게 꼭 전화해.

B   알았어.

From **Taken**

🔊 Speak up 2

대화문을 확장시켜서 다시 한 번 귀와 입을 뚫어 볼까요?

A   **I gotta go.**

B   **Okay. Make sure you close the door behind you.**

A   **All right. I'll see you tomorrow.**

B   **See you tomorrow.**

A   나 가 봐야겠다.

B   그래. 나갈 때 확실히 문 닫도록 해. (= 나갈 때 꼭 문 닫아.)

A   알았어. 내일 보자.

B   내일 보자.

 Speak up 3

좀 더 알고 싶다고요? 다음 말들도 도전해 봐요!

1. I mean it. 진심이야. / 장난치는 거 아냐.

상대방이 내가 한 말이 진심인지 아닌지 판단을 못하고 있을 때, '나 진심이야'란 의미로 확인을 시켜 주기 위해서 네이티브들은 I mean it.이란 말을 즐겨 사용합니다. 예를 들어, 자꾸 장난을 치는 아이에게 '너 또 장난치면 혼낸다!'라고 말해 줬는데도 불구하고 계속 같은 행동을 한다면 눈에 힘 팍 주고, I mean it!이라고 주의를 줄 수 있는 거죠.

A **Just let me... Hear me out for a second.**

B **Cohen! Back off. I mean it!**

A 그냥 내가… 잠깐만 내 말 좀 들어 봐.

B 코헨! 물러서. 진심이야!

From ***The O.C.***

어구 · Here me out. 내 말을 끝까지 들어 봐.

2. Here we go again. 또 시작이네.

늘 했던 소리를 기회만 되면 반복하는 사람들이 있죠. 듣는 사람은 그 얘기가 지겨워 죽겠는데도 말이죠. 이렇게 누군가가 늘 하는 얘기를 또 시작할 때 '아이고, 또 시작이네.'란 의미로 네이티브들은 Here we go again.이라고 말합니다.

A **Is there something going on with George and Dr. Hahn?**

B **Ah, here we go again. No, there's nothing going on with George and Dr. Hahn.**

A 조지와 닥터 한 사이에 뭔가가 있는 건가요?

B 아, 또 시작이네. 아냐. 조지와 닥터 한 사이에는 아무것도 없어.

From ***Grey's Anatomy***

🔊 Speak up 1

네이티브들이 즐겨 사용하는 미드 속 기본 회화를 배워 봐요!

Don't forget to leave your credit card. 신용카드 놔두고 가는 거 잊지 마.

저도 점점 나이가 들어가다 보니 기억력이 예전 같지가 않더군요. 바로 전의 일도 금세 잊어버리는 경우가 허다하게 많죠. 그래서 항상 와이프는 제게 Don't forget to ~.라며 제가 잊지 말아야 할 일을 계속 주지시켜 주곤 하지요. 이처럼 상대방에게 '~하는 거 잊지 마'라고 말할 때는 Don't forget to ~.라고 말해 주면 됩니다. 예를 들어, '방 청소하는 거 잊지 마.'는 Don't forget to clean the room. '엄마한테 전화하는 거 잊지 마.'는 Don't forget to call mom.이라고 말하면 되는 거죠.

A **I think I'm gonna take off.**

B **Oh, Will, you look upset. Don't forget to leave your credit card.**

A 나 가 봐야 할 것 같아.

B 아, 윌. 너 기분이 안 좋아 보인다. (그래도) 신용카드 놔두고 가는 건 잊지 마.

From **Will and Grace**

🔊 Speak up 2

대화문을 확장시켜서 다시 한 번 귀와 입을 뚫어 볼까요?

A **Happy birthday, Kevin.**

B **Thank you, guys.**

A **Come on, blow out the candles, and don't forget to make a wish.**

B **Okay.**

A 생일 축하해, 케빈.

B 고마워, 얘들아.

A 어서, 촛불을 불어. 그리고 소원 비는 거 잊지 말고.

B 알았어.

🔊 Speak up 3

좀 더 알고 싶다고요? 다음 말들도 도전해 봐요!

1. Don't tell me what to do. 내게 이래라 저래라 하지 마.

상대방에게 일단 '~하지 마'라고 말할 때는 기본적으로 Don't ~.로 문장을 시작해 줍니다. '가지 마.'는 Don't go. '먹지 마.'는 Don't eat. '자지 마.'는 Don't sleep.이라고 말하면 되지요. 그러므로 상대방이 만약 내게 '이래라 저래라' 충고를 하고 간섭한다면 Don't tell me what to do!라며 반항을 한번 해 보세요. Don't tell me what to do.는 직역을 하면 '내게 무엇을 할지 말하지 마.'란 뜻으로 곧, '내게 이래라 저래라 하지 마.'로 해석될 수 있는 거죠.

A **Would you calm down, please?**

B **Don't tell me what to do.**

A   제발 진정 좀 해 줄래?

B   내게 이래라 저래라 하지 마.

From ***Desperate Housewives***

어구   · calm down 진정하다

2. I wasn't born yesterday. 나 아무것도 모르는 바보 아냐. / 나도 알건 다 알거든?

자신을 마치 아이처럼 취급하며 상대방이 내게 조언을 하거나 충고를 하면 솔직히 좀 기분이 나쁘겠죠? 이때는 당당하게 I wasn't born yesterday.라고 말해 보세요. 직역을 하면 '나 어제 태어난 게 아니다'란 뜻으로, 즉 '나는 애가 아니야.' '나 아무것도 모르는 바보 아냐.' '나도 알건 다 알거든.' 정도의 표현이 되겠습니다.

A **I wasn't born yesterday. Where is the stuff?**

B **It's all there. Don't you trust me?**

A   나 아무것도 모르는 바보 아냐. 물건은 어디 있어?

B   모두 저기에 있어. 날 믿지 못하는 거야?

From ***Monk***

Speak up 1

네이티브들이 즐겨 사용하는 미드 속 기본 회화를 배워 봐요!

You should go buy a hidden camera. 가서 몰래카메라를 사.

상대방에게 '너 ~ 해야 해'라고 직접적으로 충고나 조언을 할 때, 네이티브들은 You should ~.로 문장을 시작합니다. should는 '~해야 한다'란 의미가 있기 때문에 주어인 You가 해야 할 것이 무엇인지 알려 주는 표현 방식이지요. 예를 들어 밤늦게까지 자신의 집에서 놀면서 집에 갈 생각을 하지 않고 있는 친구에게는 '이제 집에 가 봐야지.'란 의미로 You should go home now.라고 말하면 되고, 무언가 중요한 것을 발견하고 상대방에게 '너 이거 꼭 봐야 해.'란 말을 하고자 할 때는, You should see this.라고 하면 되는 거죠.

A **If you really have that many doubts, you should go buy a hidden camera.**

B **What, a nanny cam?**

A 정말로 그렇게 의심이 많이 간다면, 가서 몰래카메라를 사.

B 뭐, 감시 카메라 말이야?

*From **Desperate Housewives***

Speak up 2

대화문을 확장시켜서 다시 한 번 귀와 입을 뚫어 볼까요?

A **You look so stressed out.**

B **It's this job. I'm under pressure all the time.**

A **You know what? You should go to a spa or go shopping. Try to find a way to relax.**

B **I want to, but I don't have any time.**

A 당신 너무 스트레스 받아 보여.

B 이 일 때문이야. 난 항상 압박감을 받고 있어.

A 그거 알아? 당신 온천이나 쇼핑을 가야 해. 휴식을 취할 수 있는 방법을 찾으려고 해 봐.

B 나도 그러고 싶지만, 시간이 없어.

🔊 Speak up 3

좀 더 알고 싶다고요? 다음 말들도 도전해 봐요!

1. You should have said hello to me. 내게 먼저 인사를 했었어야죠.

You should ~.가 현재를 기준으로 상대방에게 '~를 해'라고 충고나 조언을 하는 것인 반면, 〈You should have + 과거분사 ~〉는 과거를 기준으로 상대방에게 '~했어야 했어'라고 충고나 조언(혹은 아쉬움)을 나타낼 때 사용됩니다. 예를 들어, 내 말을 듣지 않아서 일을 망친 친구에게는 You should have listened to me.(내 말을 들었어야지.)라고 말해 줄 수 있는 거죠.

A **You should have said hello to me.**

B **You looked like you were absorbed in high-level conversations.**

A 내게 먼저 인사를 했었어야죠.

B 아주 중요한 대화를 나누시는 것처럼 보였어요.

From **West Wing**

2. My advice is this. 내 충고는(조언은) 이거야.

상대방에게 충고를 할 때 '내 충고는 이거야'라고 먼저 운을 띄운 다음에 말을 이어가 보세요. 이때 충고로 나오는 내용은 주어 없이 동사로 시작하는 '명령문' 형태로 말하면 된답니다. 예를 들어, 말하고 싶은 충고의 내용이 Don't worry, be happy.라면 My advice is this "Don't worry, be happy."라고 말하면 되는 거죠.

A **No, I don't need to be a teacher's pet.**

B **Then, you'll do just fine... (중략)... My advice is this "Don't worry about me. Worry about you."**

A 아뇨. 제가 선생님들에게 알랑방귀나 뀌는 사람이 될 필요는 없어요.

B 그러면, 넌 잘 해 나갈 거야… 내 충고는 이거야. 내 걱정은 하지 마. 네 자신을 걱정하라고.

From **Felicity**

어구 · teacher's pet 선생님께 유독 사랑받는 학생 (주로 아부하는 아이들)

Speak up 1

네이티브들이 즐겨 사용하는 미드 속 기본 회화를 배워 봐요!

If I were you, I would leave it alone. 내가 너라면 난 그냥 내버려 두겠어.

상대방에게 충고를 전달하는 방식 중에 '내가 너라면 ~'이라고 가정해서 이야기를 이끌어 가는 방법이 있습니다. 영어로는 If I were you(내가 너라면)로 문장을 이끌어 주면 되지요. (이때, 주어 I 뒤의 be 동사로 was 대신에 were가 와야 한다는 것과 동사들이 과거 형태지만 문장의 의미는 현재임을 유념하세요.) 예를 들어, 어느 회사로부터 job offer를 받고 망설이는 친구가 있다면 이렇게 조언할 수 있겠죠. If I were you, I would take that job.(내가 너라면 나 그 일자리를 받아들이겠어.)

A **If I were you, I would leave it alone.**

B **What if I don't?**

A   내가 너라면 난 그냥 내버려 두겠어.

B   내가 그렇게 하지 않는다면?

*From **The O.C***

Speak up 2

대화문을 확장시켜서 다시 한 번 귀와 입을 뚫어 볼까요?

A **I had a blind date last night.**
But I'm not sure if she liked me or not.

B **Did you call her after the date?**

A **Not yet. Should I call her or just text her?**

B **If I were you, I would call her now.**

A   나 어젯밤에 소개팅했어. 하지만 그녀가 날 맘에 들어 했는지 아닌지 확신이 없어.

B   데이트 후에 그녀에게 전화했니?

A   아직 안 했어. 내가 전화를 해야 할까 아니면 문자를 보내야 할까?

B   내가 너라면 난 지금 전화를 하겠어.

 Speak up 3

좀 더 알고 싶다고요? 다음 말들도 도전해 봐요!

1. That was my two cents. 그냥 제 의견입니다.

어떤 일에 대해 가볍게 자신의 의견을 말한 후 사용할 수 있는 표현이 바로 my two cents입니다. two cents가 왜 '의견'이란 의미가 되었는지는 여러 가지 유래가 있는데요. 그 중 하나에 의하면 과거에 게임을 시작하기 전에 참가비 명목으로 내는 돈이 2센트였다고 해요. 즉, 자신의 의견을 말한다는 건 마치 게임에 참여하듯 어떤 일에 자신이 끼어든다는 것을 의미하기에 간단히 My two cents = My opinion이 되었다고 하네요.

A **(*On TV*) Is Homer a hero? The answer is no.**
I'm Kent Brockman and that was my two cents.

A (TV에서) 호머는 영웅일까요? 정답은 No입니다. 저 캔트 브록맨의 의견이었습니다.

From ***The Simpsons***

2. Get a second opinion. 다른 의견도 들어 봐요.

상대방이 해 주는 조언이나 의견이 항상 옳은 것은 아니죠. 그러므로 다른 사람들의 의견도 골고루 듣고 취합해서 옳은 결정을 하는 것이 중요합니다. 영어로 '다른 사람의 의견을 들어라.'는 간단히 Get a second opinion.이라고 합니다. 말 그대로 첫 번째 의견 이외에 '두 번째 의견을 얻어라.'고 말하는 거죠.

A **Where are we going?**
B **To get a second opinion.**

A 우리 어디 가는 거야?
B 다른 의견도 들어 보려고.

From ***X-Files***

Speak up 1

네이티브들이 즐겨 사용하는 미드 속 기본 회화를 배워 봐요!

You'd better let me handle this. 너 내가 이거 해결하게 두는 편이 나을 거야.

had better는 '~하는 편이 낫다'라는 의미로 You'd better ~.는 보통 상대방에게 '~하는 편이 나을 거야'라고 조언을 하거나 혹은, 경우에 따라서 '~하는 편이 네 신상에 좋을 거야'라고 경고를 할 때 모두 사용할 수 있는 패턴입니다. 예를 들어, 신문을 읽다가 좋은 기사거리를 발견하고 옆에 있던 친구에게 '이것 좀 읽어 봐.'라고 말하고 싶을 때 You'd better read this.라고 말할 수 있는 반면, 돈을 갚지 않는 친구에게 '너 돈 빨리 갚는 게 신상에 좋을 거야.'라고 경고의 멘트를 날릴 때도 You'd better ~.를 사용해 You'd better pay me back soon.이라고 말할 수 있지요.

A **You'd better let me handle this.**

B **All right.**

A 너 내가 이거 해결하게 두는 편이 나을 거야.

B 알았어.

*From **That 70's Show***

Speak up 2

대화문을 확장시켜서 다시 한 번 귀와 입을 뚫어 볼까요?

A **You'd better leave now if you want to catch the last train.**

B **What time is it now?**

A **It's already 9:30.**

B **Oh, crap! Can you give me a ride to the train station?**

A 너 마지막 열차 놓치고 싶지 않으면 지금 가는 게 좋을 걸. / B 지금 몇 신데?

A 벌써 9시 30분이야. / B 아, 젠장. 너 나 기차역까지 태워다 줄 수 있니?

 · Oh, crap! 이런, 젠장!

 Speak up 3

좀 더 알고 싶다고요? 다음 말들도 도전해 봐요!

1. Watch out! 조심해!

무언가를 '조심해!'라고 외칠 때 가장 많이 쓰이는 표현이 바로 Watch out!입니다. 앞에 걸어가는 친구에게로 야구공이 날아온다거나 혹은 차가 달려온다거나 하는 등의 상황에서 Watch out! 하고 소리쳐서 위험을 알릴 수 있는 거죠.

A **Careful. Watch out!**

B **Get in. Get in. Go! Go! Go!**

A   주의해. 조심해!

B   어서 타. 어서 타. 출발! 출발! 출발!

*From **Dawsons' Creek***

> **어구**   · Get in. (차에) 타.

2. Heads up! 조심해!

Watch out!과 함께 상대방에게 어떤 위험한 상황을 경고할 때 쓰이는 또 하나의 대표적인 표현이 바로 Heads up!입니다. 직역하면 '머리를 올려라' 정도의 뜻인데요, 보통 고개를 숙이고 다니다 보면 위에서 뭐가 떨어져도 모르는 상황이 발생하기 때문에 Heads up! 즉, '조심하라'고 알려 주는 거죠. 하지만 반드시 고개를 숙이고 있는 상대에게만 사용되는 것이 아니라, 여러 가지 상황에서 '조심하라'고 미리 알려주는 귀뜸, 경고 등의 뜻으로도 사용됩니다. 그래서 Thanks for the heads up.이라고 말하면 '미리 알려줘서 고마워.'라는 뜻이 되죠.

A **Let's get to it, huh?**

B **Oops! Heads up! My bad.**

A   시작해 보자, 응?

B   이런! 조심해! 미안.

*From **Monk***

> **어구**   · My bad 나의 실수, 미안

Review 이제 배운 걸 가볍게 정리해 볼까요?

먼저 한글 표현을 영어로 바꿔 말해 보고 실제 미드 속 네이티브들의 음성 속도, 발음, 억양에 맞춘 MP3 파일을 들으며 빈칸에 배웠던 표현을 받아 적어 보세요.

1.

A _______________________________________, okay?

B _______________________________________.

A If you don't, I'll cut your allowance in half. _______________.

B Okay. I got it.

A	잔디를 확실히 깎아 놓도록 해, 알았지?
B	또 시작이시네.
A	그렇게 하지 않으면, 용돈을 반으로 줄여 버린다. 진심이야.
B	알았어요. 알았어.

2.

A Why don't you stop lazing around and start to do some serious studying?

B All right. All right.

A And _______________________________________.

You also have to feed the dog.

B Hey, you're not my mother, so _______________________.

A	그만 빈둥거리고 진지하게 공부 시작하는 게 어때?
B	알았어요. 알았어.
A	그리고 빨래하는 것 잊지 마. 강아지한테 먹이도 줘야 해.
B	이봐요. 당신 내 엄마도 아니잖아요. 그러니 내게 이래라 저래라 하지 마요.

3.

A John asked me to travel the world with him. But I'm not sure if it's a good idea.

B Why are you hesitating? _______________________________________.

A Do you think it's a good idea?

B Of course. _______________________________________

"Enjoy your life while you're still young."

A	존이 내게 자기와 함께 세계 여행을 하자고 했는데, 난 그게 좋은 생각인지 확신이 안 서.
B	왜 망설이는 거야? 그와 함께 전 세계를 여행하도록 해.
A	그게 좋은 생각이라고 생각해요?
B	물론이지. 내 충고는 이거야. 아직 젊을 때 인생을 즐겨라!

4.

A   **Do you want to hear _______________________________?**

B   **Shoot.**

A   **Well, _______________________, I wouldn't take that job.**

B   **Are there any particular reasons?**

A	너 내 의견이 듣고 싶니?
B	말해 봐.
A	음, 만약 내가 너라면 말이지, 난 그 일자리를 잡지 않겠어.
B	특별한 이유라도 있니?

5.

A   **_______________________!**

B   **Oh, shit. That was close. Thanks, man.**

A   **You're welcome. _______________________**
    while you're walking.

B   **Yeah, you're right.**

A	조심해!
B	아, 이런. 큰일 날 뻔 했네. 고마워.
A	천만에. 너 걷는 동안은 MP3 플레이어 듣지 않는 게 좋겠다.
B	그래, 네 말이 맞아.

이번엔 눈으로 확인하며 실제 미드 속 네이티브들의 음성 속도, 발음, 억양에 맞춘 MP3 파일을 들으며 동시에 따라 읽어 보세요.

1.

A Make sure you mow the lawn, okay?

B Here we go again.

A If you don't, I'll cut your allowance in half. I mean it.

B Okay. I got it.

A 잔디를 확실히 깎아 놓도록 해, 알았지?
B 또 시작이시네.
A 그렇게 하지 않으면, 용돈을 반으로 줄여 버린다. 진심이야.
B 알았어요. 알았어.

2.

A Why don't you stop lazing around and start to do some serious studying?

B All right. All right.

A And don't forget to do the laundry. You also have to feed the dog.

B Hey, you're not my mother, so don't tell me what to do.

A 그만 빈둥거리고 진지하게 공부 시작하는 게 어때?
B 알았어요. 알았어.
A 그리고 빨래하는 것 잊지 마. 강아지한테 먹이도 줘야 해.
B 이봐요. 당신 내 엄마도 아니잖아요. 그러니 내게 이래라 저래라 하지 마요.

3.

A John asked me to travel the world with him. But I'm not sure if it's a good idea.

B Why are you hesitating? You should travel the world with him.

A Do you think it's a good idea?

B Of course. My advice is this "Enjoy your life while you're still young!"

A   존이 내게 자기와 함께 세계 여행을 하자고 했는데, 난 그게 좋은 생각인지 확신이 안 서.
B   왜 망설이는 거야? 그와 함께 전 세계를 여행하도록 해.
A   그게 좋은 생각이라고 생각해요?
B   물론이지. 내 충고는 이거야. 아직 젊을 때 인생을 즐겨라!

4.

A   **Do you want to hear my two cents?**

B   **Shoot.**

A   **Well, if I were you, I wouldn't take that job.**

B   **Are there any particular reasons?**

A   너 내 의견이 듣고 싶니?
B   말해 봐.
A   음, 만약 내가 너라면 말이지, 난 그 일자리를 잡지 않겠어.
B   특별한 이유라도 있니?

5.

A   **Watch out! (or Heads up!)**

B   **Oh, shit. That was close. Thanks, man.**

A   **You're welcome. You'd better not listen to your MP3 player while you're walking.**

B   **Yeah, you're right.**

A   조심해!
B   아, 이런. 큰일 날 뻔 했네. 고마워.
A   천만에. 너 걷는 동안은 MP3 플레이어 듣지 않는 게 좋겠다.
B   그래, 네 말이 맞아.

의견 및 의사 표현

의견 묻기

🔊 Speak up 1

네이티브들이 즐겨 사용하는 미드 속 기본 회화를 배워 봐요!

What do you think about this skirt? 이 치마 어때?

상대방에게 어떤 대상에 대해 어떻게 생각하는지 물을 때, 네이티브들은 What do you think about ~? 이라고 말합니다. 우리말에서는 '어떻게'지만, 영어에서는 '무엇을'에 해당하는 의문사 what을 사용해서 상대방의 의견을 물어보는 거지요. 예를 들어, 새로 산 차(new car)를 보여 주면서 '내 차 어때?'라고 묻고 싶다면 What do you think about my new car?라고 하고, 무언가를 선택(choice)한 후에, '이 선택에 대해 어떻게 생각해?'라고 묻고 싶다면 What do you think about this choice?라고 질문하면 된답니다. What do you think about ~?이 입에서 익숙하게 나올 수 있을 때까지 무한반복 읽어 주는 연습 잊지 마세요!

A **Now honestly, what do you think about this skirt?**

B **It's not a skirt.**

A 자 솔직하게, 이 치마 어때? (= 이 치마 어떻게 생각해?)

B 그거 치마 아니잖아.

From *Felicity*

🔊 Speak up 2

대화문을 확장시켜서 다시 한 번 귀와 입을 뚫어 볼까요?

A **What do you think about my new car?**

B **It's cool!**

A **Thanks. Do you want to go for a ride?**

B **Absolutely!**

A 내 새 차 어때? (= 내 새 차 어떻게 생각해?)

B 멋진데!

A 고마워. 드라이브하러 갈까?

B 당연하지!

 Speak up 3

좀 더 알고 싶다고요? 다음 말들도 도전해 봐요!

1. What do you say? 어때? / 어떻게 생각해?

상대방에게 무언가를 제안하고 나서 '어때?' 혹은 '어떻게 생각해?'라고 의견을 물을 때 네이티브들은 간단히 What do you say?라고 말하곤 합니다. 즉, 자신이 제안한 의견에 대해서 하고 싶은 말을 해 보라고 하는 것이죠. 예를 들어, Let's eat out tonight.(오늘 밤 외식하자.)라고 말한 후 상대방의 의견을 묻기 위해 가볍게 What do you say?라고 물어볼 수 있는 거죠.

A **I'm staying at my parent's house. We could go there. They are out of town. It's a huge place, and it's got this gorgeous view. It'd be very romantic. What do you say?**

B **Yeah, that works.**

A 난 우리 부모님 집에 머무를 거야. 우리 거기로 가도 되잖아. 부모님이 여행을 가셨거든. 집이 아주 커. 그리고 경치도 아름답고. 굉장히 로맨틱할 거야. 어떻게 생각해?

B 그래, 그거 괜찮겠다.

From **Friends**

2. Sleep on it. 곰곰이 생각해 봐. / 잘 생각해 봐.

어떤 사안에 대해서 지금 바로 성급히 결정을 내리지 말고, '곰곰이 생각해 봐' 혹은 '잘 생각해 봐'란 의미로 말할 수 있는 표현이 바로 Sleep on it.입니다. sleep on은 무언가에 대해 '하룻밤을 보내며 좀 더 깊이 생각해 보다'란 의미를 가진 표현이지요. 내가 제안한 의견에 대해서 상대방이 대답을 못하고 망설인다면, 급하게 생각하지 말고 나중에 답변을 달란 의미로 Sleep on it.이라고 말해 주세요.

A **No, it's over. It's over.**

B **Jen. You're upset. Sleep on it. We'll talk tomorrow.**

A 싫어. 그건 끝난 거야. 끝난 거라고.

B 젠. 너 흥분해 있어. 곰곰이 생각해 보도록 해. 우리 내일 얘기하자.

From **Dawson's Creek**

🔊 Speak up 1

네이티브들이 즐겨 사용하는 미드 속 기본 회화를 배워 봐요!

How do you feel about Vanessa Keaton?
바네사 키튼에 대해서 어떻게 생각해요?

어떤 대상에 대한 객관적인 생각보다는 상대방이 느끼는 감정에 중점을 둬서 의견을 물어볼 때 사용하는 것이 How do you feel about ∼?입니다. 예를 들어, What do you think about John?이란 질문에 대한 답변으로는 '게으르다', '멋지다', '근면하다' 등이 적절한 반면, How do you feel about John?에 대해서는 존이란 사람에 대해서 자신이 느끼는 감정으로 '좋다', '싫다', '매력적이다(= 매력을 불러일으키는 감정을 느낀다)'와 같이 감정(feel)에 바탕을 둔 답변이 나올 수 있습니다.

A   **How do you feel about Vanessa Keaton?**

B   **Very attractive woman.**

A   바네사 키튼에 대해서 어떻게 생각해요?

B   매우 매력적인 여자죠.

From *CSI*

🔊 Speak up 2

대화문을 확장시켜서 다시 한 번 귀와 입을 뚫어 볼까요?

A   **How do you feel about cats?**

B   **I don't like cats. They are creepy.**

A   **Then, how do you feel about dogs?**

B   **I love them. They are adorable.**

A   고양이에 대해서 어떻게 생각해요?

B   전 고양이는 싫어해요. 무섭잖아요.

A   그러면 개에 대해선 어떻게 생각해요?

B   완전 좋아해요. 사랑스럽잖아요.

🔊 Speak up 3

좀 더 알고 싶다고요? 다음 말들도 도전해 봐요!

1. It doesn't matter how I feel.
내가 어떻게 생각하는지는 상관없어요. / 내 기분은 중요하지 않아요.

누군가 무언가에 대한 자신의 생각이나 감정을 물어봤지만, 그렇게 물어보는 자체가 크게 의미가 없는 경우가 있습니다. 특히 자신의 생각(감정)이 이미 내려진 결정에 아무런 영향을 미치지 못할 경우에는 더 그렇겠죠. 이때는 '상관없다'란 의미로 It doesn't matter how I feel.이라고 말해 보세요. 자신의 생각(감정)은 상관이 없다는 말이지요. 좀 더 간단하게 Doesn't matter.(상관없어요.)라고 말할 수도 있답니다.

A   **The evidence sets him free. How do you feel about this?**

B   **It doesn't matter how I feel. Evidence only knows one thing, the truth.**

A   그 증거가 그를 풀어 준 거예요. 이것에 대해 어떻게 생각하세요?

B   내가 어떻게 생각하는지는 상관없어요. 증거는 오직 한 가지만을 말해 주잖아요. 진실을요.

From ***CSI***

2. That sucks. 안됐네요.

무언가에 대해 그 상황 자체가 참 엿 같다 혹은 안타깝다는 의미를 나타낼 때 네이티브들은 가볍게 That sucks.라고 말하곤 합니다. 예를 들어, 상대방이 회사에서 잘렸다거나 혹은 이성에게 차였다는 이야기를 전해 들었을 때, That sucks.라고 짧게 대답할 수 있답니다.

A   **We actually broke up.**

B   **Ah, that sucks.**

A   우린 정말로 헤어졌어요.

B   아, 안됐네요.

From ***Brothers and Sisters***

🔊 Speak up 1

네이티브들이 즐겨 사용하는 미드 속 기본 회화를 배워 봐요!

Are you saying that I'm not pretty? 지금 내가 예쁘지 않다고 말하는 거예요?

상대방이 하는 말을 듣고, 명확히 '〜라고 말하는 거예요?'라고 확인하고자 할 때 네이티브들은 Are you saying that 〜?이라고 묻고는 합니다. 관계접속사 that 뒤에 〈주어 + 동사 〜〉의 완전한 문장을 붙여서 물어보면 되지요. 예를 들면, 상대방이 하는 말이 마치 '내가 일을 그만둬야 한다.(I should quit my job.)' 라는 것 같다면 이렇게 질문해서 확인해 볼 수 있겠죠. Are you saying that I should quit my job?

A　**Are you saying that I'm not pretty?**

B　**No, of course you are.**

A　지금 내가 예쁘지 않다고 말하는 거예요?

B　아뇨. 당신은 당연히 예쁘죠.

From **Sex and the City**

🔊 Speak up 2

대화문을 확장시켜서 다시 한 번 귀와 입을 뚫어 볼까요?

A　**Are you saying that she is lying?**

B　**That's right.**

A　**What makes you think so?**

B　**I don't know, but I can feel it.**

A　지금 그녀가 거짓말을 하고 있다고 말하는 거예요?

B　맞아요.

A　왜 그렇게 생각하는데요?

B　모르겠어요, 하지만 그렇다는 걸 느낄 수가 있어요.

🔊 Speak up 3

좀 더 알고 싶다고요? 다음 말들도 도전해 봐요!

1. Don't tell me you're having second thoughts.
설마 마음을 바꾸려고 하는 건 아니죠?

단순히 상대방에게 Don't tell me.라고 하면 '내게 말하지 마세요.'란 뜻이지만 Don't tell me 뒤에 〈주어 + 동사 ~〉의 완전한 문장을 붙여서 말하면 의문문이 아님에도 '설마 ~라는 건 아니죠?'라는 확인의 의미를 가진 문장이 만들어집니다. 예를 들어, 상대방이 마치 자신이 아는 사람을 모르는 사람인 것처럼 행동하려고 한다면 Don't tell me you don't know her.(설마 그녀를 모른다고 하는 건 아니겠죠?)라고 말할 수 있는 거죠.

A   **Don't tell me you're having second thoughts.**

B   **Of course not.**

A   설마 마음을 바꾸려고 하는 건 아니죠?

B   물론 아니죠.

From **Alias**

2. You know me better than that. 날 그것밖에 몰라요?

나에 대해 알 만큼 알고 있는 사람이 나에 대해서 잘못 판단하고 있을 때 우리는 보통 '날 그것밖에 몰라요?' 라고 말하곤 하죠. 영어에서도 이에 해당하는 표현이 있는데, 바로 You know me better than that.입니다. 즉, 나에 대해서 그것보다는 더 많이 알고 있는 사람이 왜 그러냐며 핀잔을 주는 표현인거죠.

A   **I didn't know where you were.**

B   **It's okay. I'm right here. I wouldn't just walk away.**
    You know me better than that.

A   당신이 어디에 있는 줄 몰랐잖아요.

B   이제 괜찮아요. 저 바로 여기 있어요. 난 그냥 가 버리지 않잖아요.
    날 그것밖에 몰라요?

From **Monk**

Speak up 1

네이티브들이 즐겨 사용하는 미드 속 기본 회화를 배워 봐요!

Don't you think we should wait till morning?
우리 아침까지 기다려야 할 것 같지 않아요?

이미 자신의 의견을 굳힌 상태에서 상대방에게 '~라고 생각하지 않니?' 혹은 '~인 것 같지 않아요?'라며 자신의 생각을 강조하고자 하는 목적에서 네이티브들이 사용하는 것이 바로 Don't you think ~?입니다. 예를 들어, 이미 자신은 장동건이 잘생겼다고 생각하는 상황에서 상대방에게 Don't you think he is handsome?(그는 너무 잘생긴 것 같지 않아요?)'라며 질문을 던질 수 있는 거죠. 이런 질문을 던지는 사람의 입장에서는 상대방이 '아니, 그렇지 않아.'라며 반대의 의견을 표하는 것을 원하지는 않겠죠?

A   **It's gonna rain. Don't you think we should wait till morning?**

B   **No.**

A   비가 올 거예요. 우리 아침까지 기다려야 할 것 같지 않아요?

B   아뇨.

From **Lost**

Speak up 2

대화문을 확장시켜서 다시 한 번 귀와 입을 뚫어 볼까요?

A   **Don't you think it's all your fault?**

B   **No, I don't. I didn't do anything wrong.**

A   **You know what? You're pathetic.**

B   **That's funny. I think you're pathetic, too.**

A   모든 게 네 잘못이라고 생각하지 않니?

B   아니. 난 아무것도 잘못한 게 없어.

A   그거 알아? 넌 정말 구제불능이야.

B   그거 재밌네. 나도 역시 네가 구제불능이라고 생각하거든.

 Speak up 3

좀 더 알고 싶다고요? 다음 말들도 도전해 봐요!

1. I couldn't agree with you more. 완전 동감해요.

상대방의 의견에 동의를 표하는 영어 표현에는 여러 가지가 있는데요, 그 중에서도 가장 강력하게 동감을 나타낼 때 네이티브들이 즐겨 사용하는 표현이 바로 I couldn't agree with you more.입니다. 말 그대로, 더 이상 동의를 하려고 해도 할 수가 없을 정도로 완전 동감한다는 의미를 나타냅니다.

A **It is a work-related expense, and we are entitled to compensation. (중략)**

B **Look, I couldn't agree with you more.**

A 그건 업무와 관련한 비용이잖아. 그러니 우리는 보상을 받을 권리가 있는 거야.

B 응, 완전 동감해.

From Monk

어구 · be entitled to ~할 권리가 있다

2. You got that right. 맞아요. / 그렇고말고요.

상대방이 무언가 맞는 말을 하거나, 혹은 핵심을 잘 짚었을 때 You got that right.이라고 말할 수 있습니다. 동사 get이 무언가를 '얻다'는 뜻이 있으므로, 이 표현은 상대방이 무언가를 아주 잘 잡아냈다는 의미를 나타내는 것이죠. 이 시대의 불운으로 안타깝게 고인이 되신 노무현 대통령님께서 즐겨 사용하시던 말씀인 '맞습니다. 맞고요~'를 굳이 영어로 표현하자면 바로 이 You got that right.이 되겠습니다.

A **You commit a crime, you pay the price.**

B **You got that right.**

A 죄를 지으면, 죄 값을 치러야지.

B 그렇고말고요.

From CSI

어구 · commit a crime 범죄를 저지르다

반대 의사 표현하기

Speak up 1

네이티브들이 즐겨 사용하는 미드 속 기본 회화를 배워 봐요!

I don't agree with his politics. 전 그의 정책에 동의하지 않아요.

상대방의 의견에 동의하지 않음을 나타낼 때, 가장 일반적인 것이 바로 I don't agree with ~.입니다. 전치사 with 뒤에는 자신이 동의하지 않는 대상(혹은 내용)을 언급해 주면 되지요. 예를 들어, '난 네 의견에 동의하지 않아.'란 말은 간단히 목적어 you를 붙여서 I don't agree with you.라고 말하면 되는 거죠.

A **I don't agree with his politics. I'm sorry about your brother.**

B **I appreciate that.**

A 난 그의 정책에 동의하지 않아요. 당신 형 일은 유감이에요.

B 고마워요.

From ***Prison Break***

Speak up 2

대화문을 확장시켜서 다시 한 번 귀와 입을 뚫어 볼까요?

A **I've decided to go with Plan B.**

B **I don't agree with your decision.**

A **May I ask why?**

B **Because it's too risky.**

I think we should go with Plan A.

A 두 번째 계획을 취하기로 결정했어.

B 난 네 결정에 동의하지 않아.

A 왜 그런지 물어도 될까?

B 왜냐면 그건 너무 위험 요소가 커.

난 우리가 처음 계획대로 해야 한다고 생각해.

 Speak up 3

좀 더 알고 싶다고요? 다음 말들도 도전해 봐요!

1. Not really. 꼭 그런 것만은 아냐. / 꼭 그런 것은 아니에요.

상대방이 무언가에 대해서 의견을 밝히면 이에 대해서 '꼭 그런 것만은 아냐.'라고 조심스럽게 반대 의견을 내비칠 때 사용할 수 있는 표현이 바로 Not really.입니다. 예를 들어, 제가 호주에 산다는 사실에 제 친구들은 호주에 살아서 좋겠다고 많이 부러워하는데요, 전 그럴 때 마다 꼭 Not really.라고 대답하곤 합니다. 좋은 점만 있는 건 아니거든요.

A She brought me a Dodger baseball cap.

B So you were friends?

A Not really.

A 그녀가 제게 다저스 야구 모자를 가져다 줬죠.

B 그렇다면 두 분이 친구였나요?

A 꼭 그런 것은 아니에요.

From **CSI**

2. I beg to differ. 난 좀 생각이 달라.

상대방의 의견에 대해서 동의를 하지 않음을 나타낼 때 사용할 수 있는 표현이 바로 I beg to differ.입니다. 비슷한 표현인 I don't think so.나 I don't agree.보다 좀 더 완곡하고 정중한 표현이라고 할 수 있죠.

A (*Talking about lottery*) Can you believe it? Nobody won.

B Oh, um. I beg to differ. Maybe nobody won the jackpot, but there was this guy in here earlier and he found a ticket on the street right outside and won 10,000 dollars.

A (복권을 이야기하며) 너 믿겨지니? 아무도 당첨되지 못했대.

B 아, 음. 난 좀 생각이 달라. 아무도 잭팟을 터트리지는 못했지만 여기 일찍 한 남자가 왔었는데, 바로 밖에 거리에서 복권을 주워서 10,000달러를 탔어.

From **Friends**

Review 이제 배운 걸 가볍게 정리해 볼까요?

먼저 한글 표현을 영어로 바꿔 말해 보고 실제 미드 속 네이티브들의 음성 속도, 발음, 억양에 맞춘 MP3 파일을 들으며 빈칸에 배웠던 표현을 받아 적어 보세요.

1.

A ____?

B Oh, I don't know what to say now.

A ______________________________________, and let us know your decision later.

B Okay. I'll do that.

A 저희의 제안에 대해 어떻게 생각하시나요?
B 아, 지금 무슨 말을 해야 할지 모르겠네요.
A 곰곰이 생각해 보세요. 그리고 나중에 결정하시면 저희에게 알려 주세요.
B 알았어요. 그렇게 할게요.

2.

A ____?

B I hate it. Actually, one of my friends died after working overtime continuously for a month.

A Oh, ____.

B Yeah, it really sucks.

A 야근하는 것에 대해서 어떻게 생각해요?
B 정말 싫어해요. 사실 제 친구 중 한 명이 한 달 동안 계속 야근을 하다가 죽었거든요.
A 아, 안됐네요.
B 네, 정말로 그렇죠.

3.

A ________________ we should kick him out of the team?

B No, that's not what I'm saying. I would never say that. ________ ____________________.

A Then, what's your point?

B I'm just saying that we should push him harder.

A 지금 우리가 그를 팀에서 쫓아내 버려야 한다고 말하는 거야?
B 아니, 그게 내가 하려는 말이 아냐. 난 절대 그런 말 안 해. 날 그것밖에 몰라?
A 그러면, 말하고자 하는 게 뭔데?
B 내가 말하는 건 우리가 그를 좀 더 강하게 밀어붙여야 한다는 거지.

4.

A ____?

B **Is it necessary?**

A **Of course. You never know what will happen next.**

B **Yeah, ________________________. I'll report it to the police.**

A 경찰서에 전화해야 할 것 같지 않니?
B 그럴 필요가 있을까?
A 당연하지. 다음에 무슨 일이 있을지 모르는 거잖아.
B 그래. 네 말이 맞아. 경찰서에 신고해야겠다.

5.

A **I don't think she likes John.**

B **________________________. It's obvious that she's into John.**

A **No, ________________________________.**

B **Well, we'll see.**

A 그녀가 존을 좋아하는 것 같지 않아.
B 난 그렇게 생각 안 해. 그녀가 존을 좋아하는 건 명백해.
A 아냐. 난 네 말에 동의하지 않아.
B 글쎄, 두고 보자고.

이번엔 눈으로 확인하며 실제 미드 속 네이티브들의 음성 속도, 발음, 억양에 맞춘 MP3 파일을 들으며 동시에 따라 읽어 보세요.

1.

A What do you think about our offer?

B Oh, I don't know what to say now.

A Sleep on it, and let us know your decision later.

B Okay. I'll do that.

A 저희의 제안에 대해 어떻게 생각하시나요?
B 아, 지금 무슨 말을 해야 할지 모르겠네요.
A 곰곰이 생각해 보세요. 그리고 나중에 결정하시면 저희에게 알려 주세요.
B 알았어요. 그렇게 할게요.

2

A How do you feel about working overtime?

B I hate it. Actually, one of my friends died after working overtime continuously for a month.

A Oh, that sucks.

B Yeah, it really sucks.

A 야근하는 것에 대해서 어떻게 생각해요?
B 정말 싫어해요. 사실 제 친구 중 한 명이 한 달 동안 계속 야근을 하다가 죽었거든요.
A 아, 안됐네요.
B 네, 정말로 그렇죠.

3.

A Are you saying that we should kick him out of the team?

B No, that's not what I'm saying. I would never say that. You know me better than that.

A Then, what's your point?

B I'm just saying that we should push him harder.

A 지금 우리가 그를 팀에서 쫓아내 버려야 한다고 말하는 거야?
B 아니, 그게 내가 하려는 말이 아냐. 난 절대 그런 말 안 해. 날 그것밖에 몰라?
A 그러면, 말하고자 하는 게 뭔데?
B 내가 말하는 건 우리가 그를 좀 더 강하게 밀어붙여야 한다는 거지.

4.

A **Don't you think you should call the police?**

B **Is it necessary?**

A **Of course. You never know what will happen next.**

B **Yeah, You got that right. I'll report it to the police.**

A 경찰서에 전화해야 할 것 같지 않니?
B 그럴 필요가 있을까?
A 당연하지. 다음에 무슨 일이 있을지 모르는 거잖아.
B 그래. 네 말이 맞아. 경찰서에 신고해야겠다.

5.

A **I don't think she likes John.**

B **I beg to differ. It's obvious that she's into John.**

A **No, I don't agree with you.**

B **Well, we'll see.**

A 그녀가 존을 좋아하는 것 같지 않아.
B 난 그렇게 생각 안 해. 그녀가 존을 좋아하는 건 명백해.
A 아냐. 난 네 말에 동의하지 않아.
B 글쎄, 두고 보자고.

수수께기 조크

Q: Why did God create the man before he created the woman?
왜 신은 남자를 여자보다 먼저 창조했을까요?

Men's answer : To give me the chance to enjoy Heaven on Earth for a few seconds.
남자들의 대답: 남자에게 잠시라도 땅에서 천국을 느낄 수 있는 기회를 주려고.

Women's answer: Everyone makes a draft first!
여자들의 대답: 누구나 초안을(초고를) 먼저 만든다!

과거의 습관과 현재의 행동

🔊 Speak up 1

네이티브들이 즐겨 사용하는 미드 속 기본 회화를 배워 봐요!

I used to work in an emergency room. 전 응급실에서 일했었어요.

과거의 습관과 현재의 행동 관련 표현, 첫 번째! 습관 말하기!
지금은 더 이상 하지 않지만, 과거에는 했었던 습관을 이야기할 때 주로 사용되는 것이 바로 I used to ~.입니다. 우리말로 '~하곤 했었다'가 되지요. 예를 들어, 지금은 담배를 끊었지만 과거에는 담배를 폈던 사람은 I used to smoke.라고 말하면 되고, 또 과거에는 술을 마셨지만 지금은 술을 마시지 않는 사람은 I used to drink.라고 말할 수 있는 거죠.

A   How did you hurt your hand?

B   I cut it. Uh, I cut it on a door.

A   You mind if I take a look? I used to work in an emergency room.

A   손은 어떻게 다친 건가요?   /   B   베었어요. 어, 문에 베었어요.

A   제가 좀 봐도 괜찮을까요? 전 응급실에서 일했었거든요.

From *Invasion*

🔊 Speak up 2

대화문을 확장시켜서 다시 한 번 귀와 입을 뚫어 볼까요?

A   What's that on the table?

B   Oh, it's a game. I used to play it with my sisters.

A   What's it called? How do you play?

**B   Well, it's called Monopoly. Come here.
I will show you how to play.**

A   탁자 위에 있는 저게 뭐야?

B   아, 게임이야. 누나들이랑 많이 했었지.

A   뭐라고 불리는 게임인데? 어떻게 하는 거야?

B   모노폴리라는 게임이야. 이리 와 봐. 내가 하는 방법을 보여 줄게.

 Speak up 3

좀 더 알고 싶다고요? 다음 말들도 도전해 봐요!

1. I quit smoking. 저 담배 끊었어요.

동사 quit은 무언가를 '그만 두다'란 뜻을 가지고 있지요. 그래서 어떤 행동이나 습관을 그만 둔다고 할 때는 동사-ing 형태가 붙는데요, 예를 들어, '술을 끊다'는 quit drinking, '담배를 끊다'는 quit smoking이 되는 겁니다. 이외에도, 직장에서 '저 관두겠습니다.'라고 말할 때 간단히 'I quit!'이라고 말할 수 있지요.

A **I quit smoking.**

B **Good for you.**

A 나 담배 끊었어.

B 잘했어.

From **Friends**

2. You can't go cold turkey. 넌 완전히 끊을 수 없어.

마약, 담배, 술 등의 중독성 강한 물질을 갑자기 끊는다고 할 때 영어로 go cold turkey라고 말합니다. 이 표현은 '그 어떠한 보조 수단의 도움이 없이 하루아침에 끊는다.'라는 뉘앙스를 가진 표현이지요.

A **We'll get you some help, okay, Issac?**

B **I tried that twice. There's only one way left.**

A **You can't go cold turkey. Not alone.**

A 우리가 널 도와줄게. 알았지, 아이작?

B 그건 두 번이나 시도해 봤어. 이제 남은 방법은 하나밖에 없어.

A 넌 갑자기 끊을 수는 없어. 혼자서는 안 돼.

From **Heros**

🔊 Speak up 1

네이티브들이 즐겨 사용하는 미드 속 기본 회화를 배워 봐요!

You have a habit of answering a question with a question.
질문을 질문으로 답하는 습관이 있으시네요.

명사 habit은 '습관'이란 의미를 갖고 있습니다. 그래서 '~하는 습관이 있다'라는 표현은 영어로 〈have a habit of + 동사-ing〉로 말하면 되지요. 예를 들어, '난 거짓말을 하는 습관이 있어요.'란 말을 영어로 하고 싶다면 '거짓말을 하다'란 의미를 가진 동사 lie를 -ing 형태로 바꿔서, I have a habit of lying.이라고 말하면 되죠. 참고로 habit 대신에 way를 사용해도 '~하는 습관이 있다'라는 의미가 됩니다. 아래 미드 Prison Break 대화문에서 이 두 가지가 모두 사용된 예를 확인해 보세요.

A **You have a habit of answering a question with a question.**

B **And you have a way of asking questions that beg more questions.**

A 질문을 질문으로 답하시는 습관이 있으시네요.

B 당신은 더 많은 질문들을 불러일으키는 질문들을 하는 습관이 있으시군요.

From **Prison Break**

🔊 Speak up 2

대화문을 확장시켜서 다시 한 번 귀와 입을 뚫어 볼까요?

A **Do you have any bad habits?**

B **Yes, I do. I have a habit of getting up late everyday.**

A **What time do you usually go to sleep?**

B **I usually go to sleep around like 1-2 a.m.**

A 나쁜 습관 같은 게 있나요?

B 네, 있어요. 전 매일 늦게 일어나는 습관이 있어요.

A 보통 몇 시에 잠자리에 드나요?

B 보통 새벽 1시나 2시쯤에 잠자리에 들어요.

🔊 Speak up 3

좀 더 알고 싶다고요? 다음 말들도 도전해 봐요!

1. Force of habit. 습관이 무서운 거죠. / 습관이야.

자신도 모르게 어떤 행동을 하게끔 하는 습관의 힘이란 정말 무서운 거죠. 저희들도 과도한 원고작업으로 인해서 항상 아침에 눈을 뜨자마자 자동적으로 컴퓨터부터 키고 책상 앞에 앉고는 하거든요.^^ 이러고 나서 순간적으로 정신이 번쩍 들면 Force of habit.이라고 중얼거리곤 합니다. Force of habit.은 쉽게 말해서 '습관의 힘'이란 뜻으로, 습관적으로 어떤 행동을 하게 되는 상황을 간단하게 설명해 줄 수 있답니다.

A   **Why would Julie lie about that?**

B   **Force of habit.**

A   왜 줄리가 그것에 대해서 거짓말을 하겠어요?

B   습관이란 게 무서운 거잖아요.

From Lost

2. Let's make it a point to see each other.
서로 지속적으로 볼 수 있도록 하자.

마치 습관처럼 무언가를 '지속적으로 하도록 하자'란 말은 영어로 〈Let's make it a point to + 동사〉라고 표현할 수 있습니다. 예를 들어, '지속적으로 아침에 일찍 일어나자.'란 말은 Let's make it a point to get up early in the morning.이라고 하고, '매일아침 지속적으로 조깅하자.'란 말은 Let's make it a point to jog every day.라고 말하면 되지요.

A   **Veronica...**

B   **Let me just get this out.** (중략)
     After graduation, let's make it a point to see each other.

A   베로니카…

B   확실하게 말해 둘게. (중략) 졸업 후에, 꾸준히 서로를 보기로 하자.

From Veronica Mars

어구   · graduation 졸업

🔊 Speak up 1

네이티브들이 즐겨 사용하는 미드 속 기본 회화를 배워 봐요!

You really should get in the habit of locking your door.
너 정말로 문을 잠그는 습관을 들여야 해.

어떤 '습관을 들이다'란 말은 〈get in the habit of + 동사-ing ~〉로 표현할 수 있습니다. 그러므로 상대방에게 이러이러한 '습관을 들이도록 해'라고 말하고 싶다면, 의무를 강조해 주는 조동사 should를 사용해서 "You should get in the habit of + 동사-ing ~."라고 말해 주면 되지요. 예를 들어, 밤마다 잠을 자지 않고 딴 짓하는 친구가 있다면 You should get in the habit of going to bed early.(넌 일찍 잠자리에 드는 습관을 길러야 해.)라고 충고해 줄 수 있겠죠?

A   **You really should get in the habit of locking your door.**

B   **Oh, well. It's too late.**

A   넌 정말로 문을 잠그는 습관을 들여야 해.

B   아, 음. 너무 늦은 것 같아.

*From **Taken***

🔊 Speak up 2

대화문을 확장시켜서 다시 한 번 귀와 입을 뚫어 볼까요?

A   **Why did you lie to me?**

B   **I don't know. Force of habit, I guess.**

A   **You know what? You should get in the habit of telling truths.**

B   **I know, but it's not easy.**

A   너 왜 내게 거짓말을 한 거니?

B   모르겠어. 습관이어서 그런가 봐.

A   그거 알아? 넌 정말로 진실을 말하는 습관을 들여야 해.

B   나도 알아, 하지만 그게 쉽지가 않아.

🔊 Speak up 3

좀 더 알고 싶다고요? 다음 말들도 도전해 봐요!

1. Promise you won't make a habit of it.
그런 습관을 들이지 않겠다고 약속해 줘.

'습관을 들이다'란 말은 get in the habit of ~대신에 make a habit of ~로도 표현할 수 있습니다. 상대방에게 '그런 습관 들이지 마' 혹은 '그걸 습관화시키지는 마'라고 말하고 싶다면 전치사 of 뒤에 가목적어 it을 붙여서, 간단히 Don't make a habit of it.이라고 말해 주면 되는 거죠.

A　**Promise you won't make a habit of it.**

B　**Jo, I won't. I promise.**

A　그런 습관을 들이지 않겠다고 약속해 줘.

B　조, 그러지 않을게. 약속해.

*From **Dawson's Creek***

2. He kicked the habit early on. 그는 일찍이 그 습관을 버렸어요.

'습관을 버리다' 혹은 '습관을 고치다'라는 말은 영어로 kick the habit 혹은 break the habit이라고 합니다. 말 그대로 습관이란 것을 발로 차버리거나(kick) 혹은 그냥 부숴 버리는(break) 거죠. 그러므로 '나 그 습관 버렸어요.'란 말은 영어로 I kicked the habit. 혹은 I broke the habit.이라고 말하면 됩니다.

A　**Mike wasn't a drug dealer.**

B　**What?**

A　**Dierdre was. Mike, he... he kicked the habit early on.**
　　But Dierdre couldn't.

A　마이크는 마약 중개인이 아니었어요.

B　뭐라고요?

A　디에드레였어요. 마이크는… 그는 그 습관을 일찍 버렸죠. 하지만 디에드레는 그렇지 않았어요.

*From **Desperate Housewives***

89 의미 패턴 익숙함 · 유전

Speak up 1

네이티브들이 즐겨 사용하는 미드 속 기본 회화를 배워 봐요!

상대방에게 무언가를 해야 할 필요성을 강조할 때 즐겨 사용되는 회화 패턴으로 You need to ~.(넌 ~ 할 필요가 있어)가 있습니다. 여기에 '~에 익숙해지다'란 의미로 사용되는 get used to를 덧붙여서 You need to get used to ~.라고 말하면 우리말로 '넌 ~에 익숙해질 필요가 있어'란 의미가 되죠. 단, to 뒤에는 동사가 바로 올 수 없고, 명사나 동명사 형태가 와야 한다는 거 주의하세요.

A **You need to get used to being alone.**

B **You're right.**

A 넌 혼자 있는 것에 익숙해질 필요가 있어.

B 당신 말이 맞아.

From *Desperate Housewives*

Speak up 2

대화문을 확장시켜서 다시 한 번 귀와 입을 뚫어 볼까요?

A **I heard you moved out of your parents' house. You must be psyched!**

B **That's right. I'm psyched! But, to be honest, it's kind of lonely sometimes.**

A **Well, you need to get used to living alone.**

B **I know.**

A 너 부모님 집에서 나와 이사했다는 얘기를 들었어. 너 기분 째지겠다.

B 맞아. 기분 째져. 하지만 솔직히 말해서 가끔 좀 외롭더라고.

A 음, 넌 혼자 사는 것에 익숙해질 필요가 있어.

B 나도 알아.

어구 · be psyched 흥분되다, 기분 째지다

🔊 Speak up 3

좀 더 알고 싶다고요? 다음 말들도 도전해 봐요!

1. It runs in the family. 그건 유전이야. / 그건 유전인가 봐요.

습관보다 더 무서운 건 바로 유전이죠. 특히 대머리 유전은 모든 남성들이 두려워하는 것 중의 하나잖아요. 무언가가 '유전이다' 즉, '가족의 피에 흐른다'란 말은 영어로 run in the family라고 합니다. 동사 run이 '달리다'란 의미 이외에 '흐르다'라는 뜻도 있기 때문이죠.

A **You want to borrow money?**

B **Hundred Thousands dollars. It's for my kid. She's had some bad luck. Runs in the family.**

A   너 돈 빌리고 싶은 거니?

B   십만 달러. 내 아이를 위한 돈이야. 얘가 좀 운이 좋지를 않았거든. 유전인가 봐.

From **The O.C.**

어구   · borrow money 돈을 빌리다   cf) lend money 돈을 빌려주다

2. You'll get used to it. 넌 익숙해질 거야.

옆에서 get used to가 '~에 익숙해지다'라고 이미 배웠습니다. 만약 누군가가 어떤 상황에서 무언가에 적응을 못하고 힘들어 한다면 You'll get used to it.이라고 위로해 주세요. 우리말로 '익숙해질 거야.'라는 의미의 표현이랍니다.

A **I'm really going to miss you bossing me around.**

B **You'll get used to it.**

A   네가 나한테 이래라 저래라 하던 게 그리워질 거야.

B   익숙해질 거야.

From **The O.C.**

Speak up 1

네이티브들이 즐겨 사용하는 미드 속 기본 회화를 배워 봐요!

My wife was addicted to prescription drugs.
제 아내는 처방전 약에 중독되어 있었어요.

약물이나 카페인 등 무언가를 섭취하지 않으면 어쩔 줄 몰라 하는 현상을 우리는 흔히 '중독되었다'고 표현합니다. 영어로는 be addicted to로 말할 수 있지요. 예를 들어, 도박(gambling)에 중독되었다는 말은 I'm addicted to gambling. 진통제(pain killer)에 중독된 사람은 I'm addicted to pain killers.라고 말할 수 있는 거죠.

A **We were separating because my wife was addicted to prescription drugs.**

B **When did your wife's problem with prescription medications begin?**

A 우리는 별거를 했었어요. 왜냐면 아내가 처방전 약에 중독되어 있었거든요.

B 아내 분이 처방 약물과의 문제가 언제 시작된 건가요?

From Close to Home

Speak up 2

대화문을 확장시켜서 다시 한 번 귀와 입을 뚫어 볼까요?

A **Are you addicted to gambling?**

B **I used to be, but not anymore.**

A **That's good. Actually, my husband is addicted to gambling.**

B **Oh, that's too bad. I think he should find some help.**

A 당신은 도박에 중독되셨나요?

B 그랬었죠. 하지만 더 이상은 아네요.

A 잘됐네요. 사실 제 남편이 도박에 중독되어 있어요.

B 아, 그거 안됐군요. 남편 분이 도움을 찾으셔야 할 것 같네요.

 Speak up 3

좀 더 알고 싶다고요? 다음 말들도 도전해 봐요!

1. Are you high? 너 약했니?

마약이나 술에 취해 사리 분별을 못하는 상태를 영어로는 'high하다'라고 표현합니다. 영화나 미드를 보시다 보면, 마약에 취해 있거나 혹은 술을 많이 마셔 만취한 상태의 사람이 I'm high.라고 말하는 장면을 종종 볼 수 있지요. 반대로 뭔가에 취한 것처럼 비틀비틀 거리거나 이상한 말을 지껄이는 사람에게는 Are you high?라고 물어볼 수 있겠죠?

A Is it still illegal to perform an autopsy on a living person?

B Are you high?

A   살아 있는 사람을 해부하는 게 아직도 불법인가요?

B   약 했어요?

From **House**

어구   · illegal 불법인 · autopsy 해부

2. I'm an addict. 전 중독자에요.

마약이나 알코올 중독자들이 넘쳐 나는 미국은 이런 사람들끼리 모임을 가지며 서로에 대한 얘기를 하고 서로를 돌봐 주며 치료를 해가는 프로그램들이 있습니다. 미드나 영화를 보면 흔히 등장하는 것이 중독자들이 의자에 빙 둘러 앉아서 한 사람씩 돌아가며 "Hi, I'm Jason. I'm an addict.(안녕하세요. 전 제이슨입니다. 중독자죠.)"라고 소개하며 자신의 이야기를 시작하는 장면이지요.

A I'm Will, and I'm an addict.

B Hi, Will.

A   전 월이라고 합니다. 전 중독자에요.

B   안녕하세요, 월.

From **Alias**

Review 이제 배운 걸 가볍게 정리해 볼까요?

먼저 한글 표현을 영어로 바꿔 말해 보고 실제 미드 속 네이티브들의 음성 속도, 발음, 억양에 맞춘 MP3 파일을 들으며 빈칸에 배웠던 표현을 받아 적어 보세요.

1.

A ____. Not alone.

B Yes, I can. I can do it on my own.

A ___________________________________, just like you.
I know how hard it is to go cold turkey without any help.

B Okay. Then, can you please help me?

A 너 완전히 끊을 수는 없어. 혼자서는 안 돼.
B 아니, 할 수 있어. 나 혼자서도 할 수 있어.
A 나도 너처럼 술중독자였어. 난 어떠한 도움 없이 완전히 끊는 게 얼마나 어려운지 알아.
B 알았어. 그러면 네가 날 좀 도와줄래?

2.

A ____.

B Oh, do I? ___________________________. Sorry.

A It's okay. I understand. I also have a bad habit. I bite my nails.

B Then, ____.

A 당신 다리를 떠는 습관이 있군요.
B 오, 제가 그런가요? 습관이 무서워요. 죄송해요.
A 괜찮아요. 이해해요. 저도 나쁜 버릇이 있거든요. 전 손톱을 물어뜯어요.
B 그러면 서로 그럴 때마다 얘기해 주기로 해요.

3.

A ____.

B Okay. I will get up early from tomorrow.

A Good. And ____.

B Don't worry. I don't like smoking at all.

A 너 정말로 일찍 일어나는 습관을 들여야 해.
B 알았어. 내일부터는 일찍 일어날게.
A 좋아. 그리고 담배 피우는 습관을 들이지 않겠다고 약속해 줘.
B 걱정하지 마. 난 담배 피는 거 전혀 좋아하지 않으니까.

4.

A   Mary broke up with me.

B   Oh, I'm sorry, man.

A   I don't know what to do. She was with me for the last 10 years.

B   You know what? ____.
And I'm sure ____.

A   메리가 나와 헤어졌어.
B   아, 유감이다, 친구.
A   뭘 해야 할지 모르겠어. 그녀는 지난 10년 동안 나와 함께 있었는데 말이야.
B   그거 알아? <u>넌 혼자 있는 것에 익숙해질 필요가 있어</u>. 그리고 <u>네가 익숙해질 거라고</u> 난 확신해.

5.

A   I think we're made for each other.

B   What? ____?

A   Well, ____. But...

B   Hey, enough. There's no way I'm going to be your girlfriend.

A   우리는 서로 천생연분인 것 같아.
B   뭐? <u>너 취했니?</u>
A   음, <u>내가 카페인에 중독되어 있긴 하지</u>. 하지만…
B   야, 그만해. 내가 네 여자 친구가 되는 일은 절대로 없을 거야.

이번엔 눈으로 확인하며 실제 미드 속 네이티브들의 음성 속도, 발음, 억양에 맞춘 MP3 파일을 들으며 동시에 따라 읽어 보세요.

1.

A　You can't go cold turkey. **Not alone.**

B　**Yes, I can. I can do it on my own.**

A　I used to be an alcoholic, **just like you. I know how hard it is to go cold turkey without any help.**

B　**Okay. Then, can you please help me?**

A　너 완전히 끊을 수는 없어. 혼자서는 안 돼.
B　아니, 할 수 있어. 나 혼자서도 할 수 있어.
A　나도 너처럼 술중독자였어. 난 어떠한 도움 없이 완전히 끊는 게 얼마나 어려운지 알아.
B　알았어. 그러면 네가 날 좀 도와줄래?

2.

A　You have a habit of shaking your legs.

B　**Oh, do I?** Force of habit. **Sorry.**

A　**It's okay. I understand. I also have a bad habit. I bite my nails.**

B　**Then,** let's make it a point to tell each other whenever we do it.

A　당신 다리를 떠는 습관이 있군요.
B　오, 제가 그런가요? 습관이 무서워요. 죄송해요.
A　괜찮아요. 이해해요. 저도 나쁜 버릇이 있거든요 전 손톱을 물어뜯어요.
B　그러면 서로 그럴 때마다 얘기해 주기로 해요.

3.

A　You really should get in the habit of getting up early.

B　**Okay. I will get up early from tomorrow.**

A　**Good. And** promise me you won't make a habit of smoking.

B　**Don't worry. I don't like smoking at all.**

A　너 정말로 일찍 일어나는 습관을 들여야 해.
B　알았어. 내일부터는 일찍 일어날게.
A　좋아. 그리고 담배 피우는 습관을 들이지 않겠다고 약속해 줘.
B　걱정하지 마. 난 담배 피는 거 전혀 좋아하지 않으니까.

4.

A   **Mary broke up with me.**

B   **Oh, I'm sorry, man.**

A   **I don't know what to do. She was with me for the last 10 years.**

B   **You know what?** You need to get used to being alone. **And I'm sure** you'll get used to it.

A	메리가 나와 헤어졌어.
B	아, 유감이다. 친구.
A	뭘 해야 할지 모르겠어. 그녀는 지난 10년 동안 나와 함께 있었는데 말이야.
B	그거 알아? 넌 혼자 있는 것에 익숙해질 필요가 있어. 그리고 네가 익숙해질 거라고 난 확신해.

5.

A   **I think we're made for each other.**

B   **What?** Are you high?

A   **Well,** I'm addicted to caffeine. **But...**

B   **Hey, enough. There's no way I'm going to be your girlfriend.**

A	우리는 서로 천생연분인 것 같아.
B	뭐? 너 취했니?
A	음, 내가 카페인에 중독되어 있긴 하지. 하지만…
B	야, 그만해. 내가 네 여자 친구가 되는 일은 절대로 없을 거야.

미드 속 LOVE 명대사

어글리 베티(**Ugly Betty**) 속 명대사

Daniel :   *[leaving a voicemail for Sofia]* I have something to tell you... you do take my breath away. You make my heart beat faster. You make my palms sweat... but that doesn't mean I don't love you: it means I do. Sometimes your heart knows things your mind can't explain, and my heart doesn't race for anyone else. I love you, Sofia...

다니엘 :   (소피아에게 음성을 남기는 중) 할 말이 있어요. 당신은 내 숨을 멈추게 해요. 당신은 내 심장을 더 빨리 뛰게 해요. 당신은 내 손에 땀이 고이게 해요. 하지만, 그게 내가 당신을 사랑하지 않는다는 건 아니에요: 그건 내가 당신을 사랑한다는 뜻이에요. 가끔 심장은 당신이 설명할 수 없는 것들을 알고 있죠. 그리고 내 심장은 다른 사람을 위해서는 뛰지 않아요. 사랑해요, 소피아…

Chapter

19

건강과 신체

🔊 Speak up 1

네이티브들이 즐겨 사용하는 미드 속 기본 회화를 배워 봐요!

I'm going on a diet. 나 다이어트 할 거야.

비만 인구의 수가 급격히 증가하면서 점점 더 많은 사람들이 다이어트를 시도하고 있죠. '다이어트를 하다'란 말은 영어로 go on a diet라고 말합니다. 특히 여성분들이 항상 입에 달고 사는 말인 '나 다이어트 할 거야!'란 말은 I'll go on a diet. 또는 I'm going on a diet.라고 말할 수 있지요. 여성 여러분! 너무 심한 다이어트는 절대 하지 마세요.^^

A **I'm a big, fat pig!**

B **Oh, no, Homer. You do have big bones.**

A **Marge. No one gains 30 pounds of bone. I'm going on a diet.**

A 난 크고 뚱뚱한 돼지야!

B 아, 아니에요, 호머. 당신은 통뼈일 뿐이에요.

A 마지, 아무도 뼈가 30파운드나 살이 찌진 않아. 나 다이어트 할 거야.

From **The Simpsons**

🔊 Speak up 2

대화문을 확장시켜서 다시 한 번 귀와 입을 뚫어 볼까요?

A **Oh, my god. I can't believe this.**

B **What's wrong?**

A **I gained more than 10 pounds this month. I'm going on a diet.**

B **You know you always say that.**

A 이런, 세상에. 믿을 수가 없어.

B 무슨 일이야?

A 나 이번 달에 10파운드나 살이 쪘어. 나 다이어트 할 거야.

B 너 항상 말만 그렇게 하는 거 알지.

🔊 Speak up 3

좀 더 알고 싶다고요? 다음 말들도 도전해 봐요!

1. I'm just out of shape. 그냥 몸이(몸매가) 좀 망가졌어.

아무리 몸짱이던 사람들도 오랫동안 운동을 하지 않으면 몸의 형태는 물론이고 체력도 나빠지게 되죠. 이렇게 몸 상태가 좋지 않게 변했다는 걸 영어로 be out of shape라고 말합니다. 저희들도 이제 30대가 되다 보니 밖에서 살짝 산책만 하고 집에 돌아와도 영 피곤하더라고요. We're just out of shape!

A **What's going on, Nate?**

B **I'm just out of shape.**

A 무슨 일이야, 네이트?

B 그냥 몸이 좀 망가졌어요.

From **One Tree Hill**

2. I have to work out. 나 운동해야겠어.

요즘 같이 몸짱 열풍이 지속적으로 불고 있는 현실에서 운동을 통한 몸매관리만큼 중요한 것도 없겠죠? 영어로 '운동하다'는 work out이라고 합니다. 친구가 점점 살이 쪄 가면 You have to work out.(너 운동 좀 해.)라고 충고해 준다거나, 본인 스스로가 살이 찌거나 몸에 근육도 없고 볼품이 없다면 스스로 I have to work out.이라고 채찍질 할 수 있겠죠?

A **I have to work out. I come from a very fat family. We store more fat than others.**

B **Well, why don't you join our gym?**

A 나 운동해야겠어. 우리 가족은 굉장히 뚱뚱하다고. 우리는 다른 사람들보다 더 많은 지방을 축적한다니까.

B 음, 우리 체육관에 가입하는 게 어때?

From **Will and Grace**

어구 · fat 지방

Speak up 1

네이티브들이 즐겨 사용하는 미드 속 기본 회화를 배워 봐요!

I've been under the weather for weeks. 몇 주 동안 계속 몸이 좋지 않았어요.

건강 상태나 컨디션이 별로 좋지 않을 때 네이티브들은 be under the weather라고 표현합니다. 만약 얼마간 지속적으로 계속 몸이 아파왔다면 '현재완료'의 '계속적 용법'을 이용해 〈have + pp〉의 형태로 말하면 되죠. 예를 들어, '이틀 동안 몸이 좋질 않았어요.'란 말은 I have been under the weather for 2 days. 라고 하면 되는 거죠.

A **I've been under the weather for weeks. You know, lots of travelling. I'm supposed to be in Sudan next week. It helps me concentrate. Even better than drugs.**

B **Open your mouth, please.**

A 몇 주 동안 계속 몸이 좋지 않았어요. 여행을 많이 했거든요. 다음 주에는 수단으로 가야 해요. 여행은 집중하는 데 도움을 주죠. 약보다도 낫다니까요.

B 입을 벌려 보세요.

From **House**

Speak up 2

대화문을 확장시켜서 다시 한 번 귀와 입을 뚫어 볼까요?

A **How can I help you, Mr. Kim?**

B **Well, I've been under the weather for the last few days.**

A **Did you have a cold?**

B **No, it's nothing like that. I just felt so depressed and didn't feel like doing anything.**

A 무엇을 도와 드릴까요, 김 선생님?

B 아, 지난 며칠 동안 계속 몸이 좋지 않았어요.

A 감기에 걸렸었나요?

B 아뇨, 전혀 그런 건 아니에요. 그냥 우울하고, 아무것도 하고 싶지가 않더라고요.

🔊 Speak up 3

좀 더 알고 싶다고요? 다음 말들도 도전해 봐요!

1. Did you get up on the wrong side of your cage this morning? 뭐 기분 나쁜 일 있어? / 잠 잘못 잤냐?

아침부터 신경질을 내거나 기분이 좋지 않은 사람을 가리켜 네이티브들은 보통 get up on the wrong side of the bed라고 말합니다. 역시 같은 의미로 bed 대신엔 cage를 넣어서 말하기도 하는데요, 뭐 침대에서 자다 잘못 일어나나 우리 안에서 자다 잘못 일어나나 기분이 꿀꿀한 건 마찬가지일 테니까요, 그렇죠?

A   (*Very irritated*) **Okay?**

B   **Take it easy. Did you get up on the wrong side of your cage this morning?**

A   (매우 짜증이 남) 알겠어?

B   진정해. 아침부터 뭐 기분 나쁜 일 있나?

*From **Law and Order***

2. I'm on fire. 나 완전 불붙었어.

지금까지는 컨디션이 좋지 않은 상황을 설명하는 표현들을 배웠으니, 이번에는 반대로 컨디션이 펄펄 날아갈 것 같을 때 네이티브들이 즐겨 사용하는 표현을 배워 봅시다. 바로 on fire란 표현이죠. 우리말에도 특히 운동 경기 중에 컨디션이 너무 좋아 펄펄 날아다니는 선수를 가리켜 '불붙었다'라고 표현합니다. 영어에서도 비슷한 뉘앙스로 이런 사람들을 가리켜 on fire라고 말합니다.

A   **You're writing songs?**

B   **Yeah, I wrote 17 last night. I'm on fire.**

A   너 노래 작곡하고 있는 거니?

B   응, 나 어젯밤에 17곡을 썼어. 나 완전 불붙었지.

*From **Monk***

 Speak up 1

네이티브들이 즐겨 사용하는 미드 속 기본 회화를 배워 봐요!

I had a cold. 저 감기 걸렸었어요.

무언가 '병에 걸렸다' 혹은 '어디가 아프다'라는 말을 할 때, 네이티브들은 동사 have를 이용해 말을 합니다. 예를 들어, '감기 걸렸어.'는 I have a cold. '배가 아프다.'는 I have a stomachache. '머리가 아파.'는 I have a headache. '암에 걸렸어.'는 I have a cancer. 등과 같이 말하면 되지요. 물론 I have ~ 뒤에 이어질 수 있는 여러 가지 병명을 외워 두는 것이 다양한 상황에서 말문을 열 수 있는 포인트겠죠?

A **Why were you absent from school?**

B **I had a cold.**

A 왜 학교에 결석했지?

B 저 감기 걸렸었어요.

From **Brothers and Sisters**

Speak up 2

대화문을 확장시켜서 다시 한 번 귀와 입을 뚫어 볼까요?

A **I couldn't see you yesterday. Where were you?**

B **Oh, I had a cold yesterday, so I called in sick.**

A **Really? Are you okay now?**

B **Yeah, I'm feeling much better now.**

A 어제 널 볼 수가 없었어. 어디 있었니?

B 아, 나 어제 감기에 걸렸었어, 그래서 병가 냈었어.

A 정말? 지금은 괜찮니?

B 응, 지금은 훨씬 좋아졌어.

🔊 Speak up 3

좀 더 알고 싶다고요? 다음 말들도 도전해 봐요!

1. I think I'm coming down with the flu. 나 감기 기운이 있는 것 같아.

'(병에) 걸리다'란 말은 동사 have 이외에, come down with를 사용해서 말할 수도 있습니다. 특히 어떤 병의 '기운이 있는 것 같다'란 말을 할 때는 come down with를 현재진행형으로 만들어 사용하곤 하지요. 마찬가지로 정확히 뭔지는 모르겠지만 무언가 병이 오려는 기운이 느껴진다면 something을 이용해서 I'm coming down with something.이라고 말해 주면 됩니다.

A   Do you wanna play air hockey?

B   Oh, I'd love to, but I'm kindda tired, and my wrist hurts, and I think I'm coming down with the flu.

A   에어하키(오락기계) 한판 할래?

B   아, 그러고 싶은데, 나 좀 피곤해.
    손목도 아프고. 그리고 감기 기운이 있는 것 같아.

From **That 70's Show**

2. There's a flu going around. 감기가 유행 중이야.

'어떤 병이 유행 중이다'란 말은 병명 뒤에 going around를 붙여서 말해 줄 수 있습니다. go around는 무언가가 '돌아다니다'란 의미를 갖고 있기 때문이죠. 그러므로 '감기가 유행이다'란 말은 There's a flu going around.라고 하면 되는 거죠.

A   There's a flu going around, and everybody is dropping life flies.

B   Lucas should be back any second.

A   감기가 유행 중이야. 그래서 모든 사람들이 마치 파리처럼 빌빌거리고 있어.

B   루카스는 곧 돌아올 거야.

From **One Tree Hill**

Speak up 1

네이티브들이 즐겨 사용하는 미드 속 기본 회화를 배워 봐요!

점점 환경이 안 좋아지면서 여러 가지 것에 알레르기 반응을 일으키는 분들이 많이 있습니다. Peanut, Milk 등 그 종류도 다양하지요. 특히나 특정 약품에 대해서 알레르기 반응을 일으키는 분들도 있는데, 그러다 보니 병원에 가 진찰을 받고 나면, 꼭 Doctor가 불어보는 질문이 바로 Are you allergic to any medication?입니다. 처방전(prescription)을 지어 주기 전에 환자가 특정 약품에 알레르기 반응이 있는지 확인하기 위해서지요.

A **Are you allergic to any medication?**

B **No.**

A 알레르기 반응이 있는 약품이 있나요?

B 없습니다.

From ***Invasion***

Speak up 2

대화문을 확장시켜서 다시 한 번 귀와 입을 뚫어 볼까요?

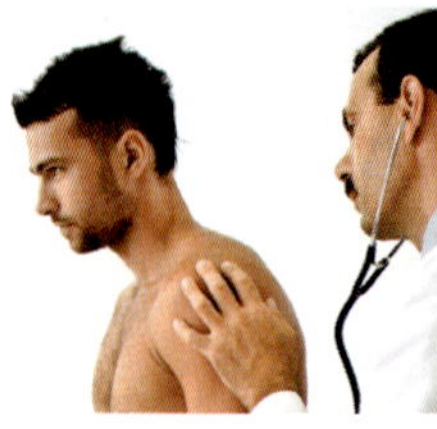

A **Drink lots of water, Okay?**

B **Okay.**

A **I'll write you a prescription.**
Are you allergic to any medication?

B **No, not at all.**

A 물을 많이 마시세요. 아셨죠?

B 알겠습니다.

A 처방전을 작성해 드릴게요. 알레르기 반응이 있는 약품이 있나요?

B 아뇨, 전혀 없어요.

🔊 Speak up 3

좀 더 알고 싶다고요? 다음 말들도 도전해 봐요!

1. I feel sick. 속이 메스꺼워.

I'm sick.은 말 그대로 '나 아파요.'란 뜻이지만, 특정한 어떤 병의 증상이라기보다는 가끔 속이 메스꺼리며 토하고 싶어지는 때에 I feel sick.이라고 말합니다. 마치 속이 아파서 메스껍고 토하고 싶은 기분까지 들 정도라는 것을 나타내는 간단한 표현이지요.

A **Are you okay?**

B **I feel sick. Please help me into the bathroom.**

A 너 괜찮니?

B 속이 메스꺼워. 나 화장실까지 가도록 도와주라.

From **X-File**

2. My legs are starting to cramp. 다리에 쥐가 나기 시작했어요.

병이라고 할 수는 없지만, 우리가 일상생활에서 흔히 겪는 증상 중의 하나가 바로 다리나 팔에 쥐가 나는 거죠. 특히나 일어서서 걸어야 하는 순간에 갑자기 다리에 쥐가 나면 정말 죽을 맛이죠. 이렇게 '쥐가 나다'란 표현은 동사 cramp로 나타냅니다. 그러므로 '다리에 쥐가 나기 시작했어.'란 말은 My legs are starting to cramp.라고 말하면 되지요. 참고로 '다리에 쥐가 나다', '다리가 저리다'란 의미로 My legs are asleep.이란 말도 즐겨 사용되니 같이 기억해 두세요.

A **My legs are starting to cramp.**

B **You gotta hold on, buddy.**

A 다리에 쥐가 나기 시작했어요.

B 참아야 돼, 친구.

From **Prison Break**

95 의미패턴 병원

Speak up 1

네이티브들이 즐겨 사용하는 미드 속 기본 회화를 배워 봐요!

He wants me to come in for a check-up tomorrow.
그는 내가 내일 검진 받으러 오길 원해요.

병원과 관련해서 무엇보다 가장 중요한 것은 병을 미리 예방하기 위한 '건강 검진'이겠죠? 이러한 검진을 영어로 check-up이라고 합니다. 정기 검진은 regular check-up이라고 하지요. 만약 병원에 전화를 걸어서 '건강 검진을 받으러 가고 싶습니다.'란 말을 하고 싶다면 '~을 위해 찾아가다'란 의미를 지닌 come in for 를 활용해 I'd like to come in for a check-up.이라고 말하면 됩니다.

A Did you talk to him about that?

B Yeah, of course. He doesn't understand why the medication isn't working. And he wants me to come in for a check-up tomorrow.

A 그것에 대해서 그하고 얘기를 해 봤나요?

B 네, 물론이죠. 그는 왜 약이 듣지를 않는지 이해하지 못하더군요. 그리고 그는 제가 내일 검진 받으러 오길 원하고 있어요.

From **Desperate Housewives**

Speak up 2

대화문을 확장시켜서 다시 한 번 귀와 입을 뚫어 볼까요?

A Green Health Clinic. How can I help you?

B Hi, I'd like to come in for a check-up tomorrow.

A Okay. What time would you like to visit?

B Is 2:30 in the afternoon okay?

A 그린 병원입니다. 무엇을 도와 드릴까요?

B 안녕하세요. 저 내일 검진을 받으러 가고 싶은데요.

A 알겠습니다. 몇 시에 방문하시고 싶으신가요?

B 오후 2시 반 괜찮나요?

🔊 Speak up 3

좀 더 알고 싶다고요? 다음 말들도 도전해 봐요!

1. My stomach hurts. 배가 아파요.

단순히 어디가 '아프다'라고 얘기할 때는 동사 hurt를 사용하면 됩니다. 예를 들어, 배가 아프면 My stomach hurts! 목이 아프면 My neck hurts! 손이 아프면 My hand hurts! 등으로 말하면 되지요. 만약 신체 부위의 정확한 영어 명칭이 기억이 나지 않는다면 그냥 대명사 It을 주어로 사용해서 It hurts!(아파요!)라고 말해도 된답니다. 간단하죠?

A **Any other symptoms?**

B **My stomach hurts. I have back pain and muscle aches. I feel dizzy.**

A 다른 증상들은 없나요?

B 배가 아파요. 등에 통증도 있고, 근육통도 있어요. 현기증도 나고요.

From ***House***

2. You'll be discharged today, okay? 오늘 퇴원하시게 될 거에요. 아셨죠?

병원에 입원하게 되면 가장 손꼽아 기다려지는 날은 누가 뭐래도 퇴원하는 날이겠죠? '퇴원하다'는 영어로 be discharged라고 말합니다. 예를 들어, '그는 어제 퇴원했어요.'란 말은 He was discharged yesterday.라고 말하면 되는 거지요. 마찬가지로 만약 의사에게 '저 언제 퇴원할 수 있을까요?'라고 질문하고 싶다면 When can I be discharged?라고 물어볼 수 있는 거죠. 참고로 '입원하다'는 be hospitalized라고 말하니 같이 기억해 두세요.

A **You'll be discharged today, okay?**

B **I don't need surgery?**

A 당신은 오늘 퇴원하시게 될 거에요, 아셨죠?

B 저 수술은 필요 없는 건가요?

From ***Grey's Anatomy***

먼저 한글 표현을 영어로 바꿔 말해 보고 실제 미드 속 네이티브들의 음성 속도, 발음, 억양에 맞춘 MP3 파일을 들으며 빈칸에 배웠던 표현을 받아 적어 보세요.

1.

A Come on, Jay. Hurry up.

B Oh, boy. _________________. Wait, I need to catch my breath.

A I think you have to start working out.

B You're right. ______________. But first, ______________.

A 어서, 제이. 서둘러.
B 아, 세상에나. 나 몸이 망가져 버렸네. 기다려 봐. 나 숨 좀 돌려야겠어.
A 너 운동을 시작해야 할 거 같다.
B 네 말이 맞아. 나 운동해야겠어. 하지만 먼저, 나 다이어트 할 거야.

2.

A Why are you being so grumpy this morning?
____?

B I don't know. _________________________.

A Cheer up, man. You'll be better.

B By the way, _________________________.

A 너 오늘 왜 그렇게 심술궂어? 뭐 기분 나쁜 일 있어?
B 나도 모르겠어. 요 며칠 기분이 안 좋아.
A 기운 내, 인마. 곧 나아질 거야.
B 그나저나 넌 요즘 불붙었다.

3.

A _____________________________, so I just stayed at home.

B ________________________________.

A I guess ___________________________.

B Yeah, I think I should take a pill before it gets worse.

A 나 감기 걸렸었어. 그래서 그냥 집에 있었어.
B 나도 감기 기운이 있는 것 같아.
A 독감이 유행 중인 것 같아.
B 응, 더 심해지기 전에 약을 먹어야 할 것 같아.

4.

A ___________________________________. **Where is the bathroom?**

B **It's right there.**

A **Oh, no. I can't move.** ________________________________.

B **Hold my hand. Let me help you.**

A 속이 메스꺼워. 화장실이 어디 있지?
B 바로 저기에 있어.
A 아, 이런 움직일 수가 없어. 다리에 쥐가 나기 시작했어.
B 내 손을 잡아. 내가 도와줄게.

5.

A ____.

B **He was discharged yesterday, wasn't he?**

A **Yeah, but he says** _____________________________.

B **Really? That's strange.**

A 잭슨 씨가 내일 검진을 받으러 오시길 원하네요.
B 그는 어제 퇴원했잖아요, 그렇지 않나요?
A 네, 하지만 여전히 배와 머리가 아프다고 말하네요.
B 정말요? 그거 이상하군요.

이번엔 눈으로 확인하며 실제 미드 속 네이티브들의 음성 속도, 발음, 억양에 맞춘 MP3 파일을 들으며 동시에 따라 읽어 보세요.

1.

A   Come on, Jay. Hurry up.

B   Oh, boy. I'm out of shape. Wait, I need to catch my breath.

A   I think you have to start working out.

B   You're right. I have to work out. But first, I'm going on a diet.

A   어서, 제이. 서둘러.
B   아, 세상에나. 나 몸이 망가져 버렸네. 기다려 봐. 나 숨 좀 돌려야겠어.
A   너 운동을 시작해야 할 거 같다.
B   네 말이 맞아. 나 운동해야겠어. 하지만 먼저, 나 다이어트 할 거야.

2

A   Why are you being so grumpy this morning?
    Did you get up on the wrong side of the bed(= cage)?

B   I don't know. I've been under the weather for days.

A   Cheer up, man. You'll be better.

B   By the way, You're on fire these days.

A   너 오늘 왜 그렇게 심술궂어? 뭐 기분 나쁜 일 있어?
B   나도 모르겠어. 요 며칠 기분이 안 좋아.
A   기운 내, 인마. 곧 나아질 거야.
B   그나저나 넌 요즘 불붙었다.

3.

A   I had a cold, so I just stayed at home.

B   I think I'm coming down with a cold.

A   I guess there's a flu going around.

B   Yeah, I think I should take a pill before it gets worse.

A   나 감기 걸렸었어. 그래서 그냥 집에 있었어.
B   나도 감기 기운이 있는 것 같아.
A   독감이 유행 중인 것 같아.
B   응, 더 심해지기 전에 약을 먹어야 할 것 같아.

4.

A I feel sick. **Where is the bathroom?**

B **It's right there.**

A **Oh, no. I can't move.** My legs are starting to cramp.

B **Hold my hand. Let me help you.**

A	속이 메스꺼워. 화장실이 어디 있지?
B	바로 저기에 있어.
A	아, 이런 움직일 수가 없어. 다리에 쥐가 나기 시작했어.
B	내 손을 잡아. 내가 도와줄게.

5.

A Mr. Jackson wants to come in for a check-up tomorrow.

B **He was discharged yesterday, wasn't he?**

A **Yeah, but he says** his stomach and head still hurt.

B **Really? That's strange.**

A	잭슨 씨가 내일 검진을 받으러 오시길 원하네요.
B	그는 어제 퇴원했잖아요, 그렇지 않나요?
A	네, 하지만 여전히 배와 머리가 아프다고 말하네요.
B	정말요? 그거 이상하군요.

미드 속 LOVE 명대사

립스틱 정글 (**Lipstick Jungle**) 속 명대사

Victory : Don't you still want to marry me?
빅토리 : 나랑 아직 결혼하고 싶지 않나요?

Joe : I do... but...
조 : 그래요, 하지만…

Victory : No but. Just I do. I may not be able to bank roll you, Mr bennett... yet... but I know how to keep you looking sharp. You own my heart, Joe. Whatever else you do or don't have, you'll always own my heart.
빅토리 : 하지만은 없어요. 그냥 그렇다고 해요. 내가 당신에게 자금을 대줄 순 없지만, 베넷 씨, 하지만… 난 당신을 멋져보이게 할 순 있어요. 당신이 내 심장의 주인이에요, 조. 당신이 어떤 걸 가지고 있던, 가지고 있지 않던, 당신은 항상 내 마음을 가질 거예요.

Chapter 20

부탁과 요청

🔊 Speak up 1

네이티브들이 즐겨 사용하는 미드 속 기본 회화를 배워 봐요!

Could you do me a favor? 부탁 좀 들어 줄래요?

상대방에게 무언가를 부탁하기 위해서는 보통 '~좀 해 줄래요?'라고 정중히 묻는 것이 가장 일반적인 표현 방법입니다. 영어에서 이에 해당하는 것이 바로 Could you ~?이지요. 보통 Can you ~?라고 묻기도 하지만, Could you ~?가 좀 더 예의 바르고 정중한 표현입니다. do someone a favor는 '부탁을 들어주다'라는 표현으로 상대방에게 부탁이나 요청을 할 때 Could you와 함께 쓰여 Could you do me a favor? 라고 물으실 수 있답니다.

A **Look, Adam. Could you do me a favor?**

B **Yeah?**

A **When we're in public, you call me Captain, okay?**

A 이봐, 애덤. 부탁 좀 들어 줄래요?

B 네?

A 공식 자리에서는 절 경감님(Captain)이라고 불러 줘요, 알았죠?

From **Monk**

🔊 Speak up 2

대화문을 확장시켜서 다시 한 번 귀와 입을 뚫어 볼까요?

A **Could you do me a favor?**

B **Anything, Mr. Jackson.**

A **Could you please go grab my jacket?**

B **Right away.**

A 부탁 좀 들어 줄래요?

B 뭐든지요, 잭슨 씨.

A 가서 제 재킷 좀 가져다줄래요?

B 바로 가져다 드리겠습니다.

🔊 Speak up 3

좀 더 알고 싶다고요? 다음 말들도 도전해 봐요!

1. Do you mind if I ask you a few questions?
제가 몇 가지 질문을 해도 괜찮을까요?

'~해도 괜찮을까요?'라고 정중히 상대방에게 허락을 구할 때 쓸 수 있는 표현이 바로 Do you mind if I ~?입니다. 동사 mind는 '~을 꺼려하다'란 의미를 가지고 있으므로 이 내용을 허락한다면 No, I don't mind. 허락하지 않는다면 Yes, I do.라고 대답한다는 것도 기억해 두세요.

A **So, do you mind if I ask you a few questions?**

B **About what?**

A 그러면, 제가 몇 가지 질문을 해도 괜찮을까요?

B 뭐에 관해서죠?

From **Ghost Whisperer**

2. Would you pass the wine, please? 와인 좀 주실래요?

Would you ~?는 Could you ~?와 마찬가지로 상대방에게 '~해 주실래요?'라고 질문할 때 사용할 수 있는 정중한 표현입니다. pass는 식탁에서 무엇인가를 집어달라거나 전해달라고 할 때 쓸 수 있는 표현이고요.

A **Would you pass the wine, please?**

B **No.**

A 와인 좀 줄래?

B 싫어.

From **Ghost Whisperer**

🔊 Speak up 1

네이티브들이 즐겨 사용하는 미드 속 기본 회화를 배워 봐요!

I want you to leave me alone. 나를 좀 내버려 뒀으면 좋겠어.

상대방에게 다소 직설적인 무언가를 요청할 때 쓰이는 표현이 바로 I want you to ~.입니다. 직역을 하면 '난 네가 ~하기를 원한다'라는 의미가 되죠. 다소 직설적이고 강압적인 요청 방식이므로 보통 친구들 사이 혹은 나이가 많거나 직급이 높은 사람이 아랫사람에게 쓸 때 사용됩니다. leave someone alone은 '~를 내버려 두다'란 의미이기 때문에 I want you to와 함께 쓰여 I want you to leave me alone.이라고 말할 수 있답니다.

A   **What do you want from me?**

B   **I want you to leave me alone. This friends thing isn't going to work. Because you're always going to want more. And I'm never going to love you.**

A   나한테 원하는 게 뭐니?

B   나를 좀 내버려 뒀으면 좋겠어. 이 친구 관계는 잘 될 것 같지 않아. 왜냐면 넌 항상 더 많은 것을 원할 거고 나는 결코 널 사랑하지 않을 거니까.

*From **Desperate Housewives***

🔊 Speak up 2

대화문을 확장시켜서 다시 한 번 귀와 입을 뚫어 볼까요?

A   **Am I bothering you?**

B   **To be honest... Yes, you are. I want you to leave me alone.**

A   **Okay. I'll never talk to you again.**

B   **That's exactly what I want.**

A   내가 널 귀찮게 하고 있니? / B   솔직히 말해서… 응, 그래. 나를 좀 내버려 뒀으면 좋겠어.

A   알았어. 다시는 너에게 이야기하지 않을게. / B   바로 그게 내가 원하는 바야.

🔊 Speak up 3

좀 더 알고 싶다고요? 다음 말들도 도전해 봐요!

1. I'd like you to bend down and tie your shoe.
허리를 굽히고 신발을 묶으셨으면 좋겠네요.

I want you to ~.보다 한 단계 부드럽게 상대방에게 요청할 수 있는 표현이 바로 I'd like you to ~.입니다. 보통, 누군가를 상대방에게 소개할 때 굉장히 자주 사용되는 표현이지요. ex) Jack, I'd like you to meet my wife. (잭, 제 와이프를 소개할게요.)

A   **Your shoelace is untied.**

B   **My shoelace?**

A   **I'd like you to bend down and tie your shoe.**

A   신발 끈이 풀리셨네요.

B   제 신발 끈이요?

A   허리를 굽히고 신발을 묶으셨으면 좋겠네요.

*From **Monk***

2. I need you to understand me. 네가 날 좀 이해해 줬으면 좋겠어.

상대방에게 무언가를 요청할 때 빼놓을 수 없는 또 하나가 바로 I need you to ~.입니다. 직역을 하면 '난 네가 ~하는 게 필요해'이지만, 자연스러운 해석은 '네가 ~해 줬으면 좋겠어.'가 되지요.

A   **I'm sorry, but I have given up trying to figure out you and your problems.**

B   **Look, Tommy. I need you to understand me, okay?**

A   미안하다. 하지만 난 너와 네 문제를 해결하기 위한 노력을 포기했다.

B   이봐, 타미. 네가 날 좀 이해해 줬으면 좋겠어.

*From **Brothers and sisters***

🔊 Speak up 1

네이티브들이 즐겨 사용하는 미드 속 기본 회화를 배워 봐요!

Be my guest. 그렇게 하세요. / 그러도록 하세요.

상대방의 부탁이나 요청을 흔쾌히 승낙할 때 네이티브들이 즐겨 사용하는 표현이 바로 Be my guest.입니다. 직역을 하면 '나의 손님이 되어라'란 뜻으로 마친 손님을 대하듯 상대방의 부탁(요청)에 정중히 응하겠다는 의미를 가진 표현이지요.

A **Mind if I try it?**

B **Be my guest.**

A 제가 시도해 봐도 될까요?

B 그렇게 하세요.

From ***Alias***

🔊 Speak up 2

대화문을 확장시켜서 다시 한 번 귀와 입을 뚫어 볼까요?

A **Wow, you have such a lovely house.**

B **Thank you.**

A **Do you mind if I take a look around?**

B **Be my guest.**

A 와, 정말 예쁜 집을 갖고 계시군요.

B 고마워요.

A 주위를 구경해도 괜찮을까요?

B 그러도록 하세요.

어구   · take a look around 살펴보다

 Speak up 3

좀 더 알고 싶다고요? 다음 말들도 도전해 봐요!

1. By all means. 아무렴요. / 좋고말고요.

Be my guest.와 마찬가지로 상대방의 부탁이나 요청에 흔쾌히 승낙할 때 사용할 수 있는 표현으로 By all means.가 있습니다. 참고로, means는 '수단'이란 의미도 갖고 있어 By all means.는 '무슨 수를 써서라도' 란 뜻으로도 사용되니 같이 기억해 두시기 바랍니다. ex) We should win this game by all means.(우리는 무슨 수를 써서라도 이 게임을 이겨야 해.)

A   Can I ask a question?

B   Yeah, by all means.

A   질문해도 되요?

B   네, 아무렴요.

From **Desperate Housewives**

2. You're the boss. 분부대로 하죠. / 뜻대로 하세요.

상대방의 요청, 부탁, 명령에 '분부대로 하죠.' 혹은 '뜻대로 하죠.' 정도의 느낌으로 승낙을 할 때 쓸 수 있는 영어 표현이 바로 You're the boss.입니다. 주로 상대방의 요청이 다소 강압적이거나 내가 거절할 수 있는 상황이 아닌 것 같을 때 사용할 수 있지만, 앞에서 배운 표현들과 마찬가지로 상대방의 요청에 흔쾌히 승낙할 때도 역시 쓸 수 있는 표현입니다.

A   Let's never come here again because it would never be as much fun.

B   Whatever you say, you're the boss.

A   다시는 이곳에 오지 말자. 왜냐면 결코 이만큼 재미있을 것 같지 않아.

B   뭐든지, 네 뜻대로 할게.

From **Sex and the City**

Speak up 1

네이티브들이 즐겨 사용하는 미드 속 기본 회화를 배워 봐요!

Give it a rest. 그만 좀 하지? / 그만 좀 해라.

상대방의 행동이 더 이상 참기 어려울 때, 정중히 그만 하라고 말하기보다는 강력하게 하지 말라고 요청할 때 사용할 수 있는 표현으로 Give it a rest.를 외워 두세요. rest는 '휴식'이란 의미를 갖고 있기 때문에, 상대방에게 그 행동이나 말을 이제 그만 좀 하라는 의미의 표현인 것이죠.

A You made the local paper. From my article.

B Give it a rest.

A 너 지역 신문에까지 실렸구나. 내 기사로 말이야.

B 그만 좀 해라.

From **House**

Speak up 2

대화문을 확장시켜서 다시 한 번 귀와 입을 뚫어 볼까요?

A I want to dine out tonight.

B Oh, give it a rest. We're having dinner at home. Period!

A But I'm tired of home cooked food.

B Are you telling me that you're sick of my food?

A 난 오늘 밤 외식하고 싶어.

B 아, 그만 좀 하지? 우리 집에서 저녁 먹을 거야. 이제 그만 얘기해!

A 하지만, 난 집에서 만든 음식이 지겹다고.

B 너 지금 내가 만드는 음식에 질렸다고 말하는 거니?

어구 · dine out 외식하다 · Period! 이제 그만! · be tired of(= be sick of) ~에 질리다

 Speak up 3

좀 더 알고 싶다고요? 다음 말들도 도전해 봐요!

1. Cut it out. 그만해!

상대방의 행동이 더 이상 참기 어려울 때, 그만하라는 의미로 사용할 수 있는 또 하나의 표현은 바로 Cut it out!입니다. cut은 '자르다'라는 의미가 있기 때문에, 지금 계속 하고 있는 행동이나 언행을 잘라 내듯이 딱 멈추라는 의미를 가진 표현이지요. 가능하면 얼굴에 인상 잔뜩 쓰면서 말해 주면 더 효과적이겠죠?

A **Hey, we're here to study, okay? Not to flirt. So cut it out. (중략)**

B **I don't care.**

A 야, 우린 여기 공부하러 온 거야, 알겠어? 농탕치려고 온 게 아니라고. 그러니 그만해.

B 난 상관 안 해.

*From **Felicity***

어구   · be here to ~하기 위해 여기 오다   · flirt (이성 간에) 농탕치다, 희희덕대다

2. Stop it! 그만해!

상대방에게 무언가를 멈추라고 할 때 유용하게 쓸 수 있는 마지막 표현은 바로 Stop it!입니다. 이번 단원에서 배운 표현들 중 가장 간단한 표현이지요. 말 그대로 '그만 둬', '멈춰'란 의미로 사용됩니다.

A **I know I can help you find Brian. But you have to come with me right now.**

B **Just stop it, okay? I just need to be left alone.**

A 네가 브라이언을 찾는 걸 내가 도와줄 수 있어. 하지만 넌 지금 당장 나와 함께 가 줘야 해.

B 그냥 그만 좀 해요, 네? 전 혼자 있고 싶다고요.

*From **Ghost Whisperer***

🔊 Speak up 1

네이티브들이 즐겨 사용하는 미드 속 기본 회화를 배워 봐요!

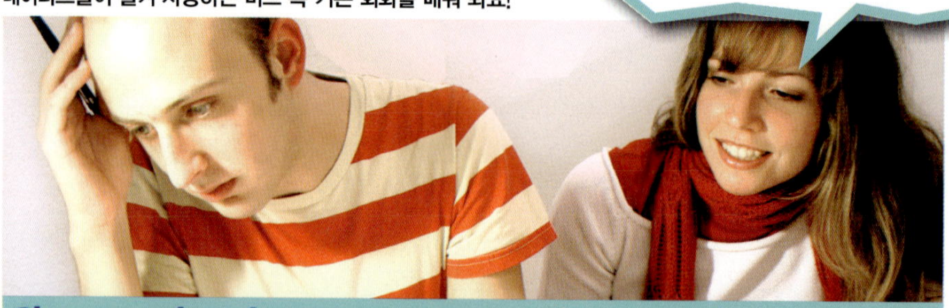

Give me a break. 좀 봐주라. / 너 왜 그러냐.

상대방이 나를 자꾸 몰아세우거나 혹은 내가 납득하기 어려운 말을 할 때 '좀 봐줘.' 혹은 '너 왜 그러냐.'는 의미로 사용할 수 있는 표현이 바로 Give me a break.입니다. break는 명사로 '휴식'이란 의미를 갖고 있는데, 즉 자신을 그만 좀 곤란하게 하라는 뜻으로 사용되는 표현이지요.

A **You have no jacket.**

B **Come on, man. I'm just meeting someone. Give me a break.**

A **Well, this is a nice place. It requires jackets.**

A 재킷을 입지 않으셨군요.

B 왜 그래요. 누구를 만나기로 되어 있어요. 좀 봐주세요.

A 저, 이곳은 고급이기 때문에 재킷을 걸치시는 건 필수입니다.

From **Prison Break**

🔊 Speak up 2

대화문을 확장시켜서 다시 한 번 귀와 입을 뚫어 볼까요?

A **We should work late.**

B **Again? Give me a break.**

A **I'm sorry, but nobody's going home until we finish this work.**

B **You know what? I'll quit!**

A 우리 야근해야 해요.

B 또요? 좀 봐주세요.

A 미안하지만 이 일을 끝낼 때까지는 아무도 집에 못 갑니다.

B 그거 알아요? 전 관둘 겁니다!

🔊 Speak up 3

좀 더 알고 싶다고요? 다음 말들도 도전해 봐요!

1. Have a heart. 좀 봐주세요. / 한 번만 봐줘요.

상대방이 매정하게 요청이나 부탁을 거절할 때, '제발 좀 봐주세요.'란 의미로 사용할 수 있는 표현이 바로 Have a heart.입니다. Heart는 '심장'이란 단어이기 때문에 이 표현은 냉정하게 굴지 말고 따뜻한 가슴으로 좀 봐달라는 의미를 나타내는 표현인 거죠.

A   **Excuse me! This hospital is for people!**

B   **(*Pointing at his dog*) He is people. He has a name, okay?**
He watches *Jeorpardy*. He touches himself when nobody's
watching! Please have a heart.

A   이봐요! 이 병원은 사람들을 위한 병원이에요!

B   (개를 가리키며) 얘도 사람이에요. 이름도 있다고요, 아시겠어요? 얘는 "Jeopardy"도 시청해요. 아무도 자기를 안 볼 때는 지 거시기도 만진다고요! 좀 봐주세요.

From ***Friends***

2. Cut me some slack. 좀 봐줘요.

상대방에게 자신을 좀 봐달라고 요청할 때 쓸 수 있는 마지막 표현으로 Cut me some slack.을 알아 두세요. slack은 '느슨한'이란 표현으로 Cut me some slack.은 자신을 너무 타이트하게 꽉 죄지 말고 좀 느슨하게 풀어 달라는 뉘앙스로, 곧 '좀 봐주세요.'란 뜻으로 사용되는 표현이랍니다.

A   **You're 10 minutes late.**

B   **Cut me some slack, mom.**

A   너 10분 늦었다.

B   좀 봐줘요, 엄마.

From ***Veronica Mars***

Review 이제 배운 걸 가볍게 정리해 볼까요?

먼저 한글 표현을 영어로 바꿔 말해 보고 실제 미드 속 네이티브들의 음성 속도, 발음, 억양에 맞춘 MP3 파일을 들으며 빈칸에 배웠던 표현을 받아 적어 보세요.

1.

A ___________________________________ ?

B **Sure, what is it?**

A ___________________________________ ?

B **No problem.**

A	부탁 좀 들어 줄래요?
B	물론이요, 뭔데요?
A	위층에 가서 맥주 좀 가져다줄래요?
B	알았어요.

2.

A **Jimmy.** ___________________________________ .

B **Sorry, but I don't think I can.**

A **Why not?**

B **It's kind of secret.** ___________________________________ .

A	지미. 내게 사실을 말해 줬으면 좋겠어.
B	미안하지만, 그럴 수 없어.
A	왜 안 되는데?
B	그건 비밀이야. 네가 날 좀 이해해 줬으면 좋겠어.

3.

A **Would you mind if I use your laptop?**

B ___________________________________ .

A **Thanks. Can I also use your cell phone?**

B ___________________________________ .

A	네 노트북을 내가 써도 괜찮을까?
B	그렇게 해.
A	고마워. 네 휴대폰도 써도 될까?
B	아무렴요.

4.

A You really have a girlfriend? Are you serious?

B Oh, guys. ____________________________. You're being childish.

A Oh, my god. You're serious. Tony has a girlfriend. Tony has a girlfriend.

B ____________________________! Stop it!

A 너 정말 여자 친구 생긴 거야? 진심이야?
B 아, 얘들아. <u>그만 좀 하지?</u> 유치하게 굴고 그래.
A 오, 세상에. 너 진짜구나. 토니가 여자 친구가 생겼데요. 토니가 여자 친구가 생겼데요.
B <u>그만해!</u> 그만 하라고!

5.

A Oh, ____________________. Do you really have to do this to me?

B Sorry, man. A rule is a rule. You also have to pay 10 dollars.

A What? ____________________________, You know I'm broke.

B It's none of my business.

A 아, 좀 봐줘요. 내게 정말 이렇게 해야겠어요?
B 미안. 규칙은 규칙이잖아. 너 10불도 내야 해.
A 뭐라고요? <u>좀 봐줘요.</u> 저 빈 털털이인 거 알잖아요.
B 그건 내가 알바가 아니고.

이번엔 눈으로 확인하며 실제 미드 속 네이티브들의 음성 속도, 발음, 억양에 맞춘 MP3 파일을 들으며 동시에 따라 읽어 보세요.

1.

A Could you do me a favor?

B Sure, what is it?

A Would you go upstairs and get me a beer?

B No problem.

A 부탁 좀 들어 줄래요?
B 물론이요, 뭔데요?
A 위층에 가서 맥주 좀 가져다줄래요?
B 알았어요.

2.

A Jimmy. I want you to (= I'd like you to / I need you to) tell me the truth.

B Sorry, but I don't think I can.

A Why not?

B It's kind of secret. I need you to (= I want you to / I'd like you to) understand me.

A 지미. 내게 사실을 말해 줬으면 좋겠어.
B 미안하지만, 그럴 수 없어.
A 왜 안 되는데?
B 그건 비밀이야. 네가 날 좀 이해해 줬으면 좋겠어.

3.

A Would you mind if I use your laptop?

B Be my guest.

A Thanks. Can I also use your cell phone?

B By all means.

A	네 노트북을 내가 써도 괜찮을까?
B	그렇게 해.
A	고마워. 네 휴대폰도 써도 될까?
B	아무렴요.

4.

A You really have a girlfriend? Are you serious?

B Oh, guys. Give it a rest. You're being childish.

A Oh, my god. You're serious. Tony has a girlfriend. Tony has a girlfriend.

B Cut it out! Stop it!

A	너 정말 여자 친구 생긴 거야? 진심이야?
B	아, 얘들아. 그만 좀 하지? 유치하게 굴고 그래.
A	오, 세상에. 너 진짜구나. 토니가 여자 친구가 생겼데요. 토니가 여자 친구가 생겼데요.
B	그만해! 그만 하라고!

5.

A Oh, Give me a break. Do you really have to do this to me?

B Sorry, man. A rule is a rule. You also have to pay 10 dollars.

A What? Have a heart (= Cut me some slack), You know I'm broke.

B It's none of my business.

A	아, 좀 봐줘요. 내게 정말 이렇게 해야겠어요?
B	미안. 규칙은 규칙이잖아. 너 10불도 내야 해.
A	뭐라고요? 좀 봐줘요, 저 빈 털털이인 거 알잖아요.
B	그건 내가 알바가 아니고.

Brief Story 미드 이야기

The O.C.
부유한 동네인 오렌지카운티에, 국선 변호사 샌디가 가난하고 우울한 환경 속에 살던 라이언을 데리고 오면서 드라마가 전개됩니다. 돈은 많지만 이런저런 문제들을 안고 살아가는 부잣집 아이들 틈에 라이언이 끼게 되면서 여러 가지 사건이 발생하게 되죠.

Friends
오랫동안 사랑 받아온 프렌즈는 친구들 간의 우정과 사랑을 그린 드라마로, 뉴욕에서 살아가는 평범한 사람들의 일상을 유머 있게 그려내 미드 중에서도 최고로 인정받은 명품 드라마입니다.

Will and Grace
독특한 성격의 주인공들이 서로 티격태격하며 우정을 키워 나가고, 각자의 사랑을 찾기 위해 노력하는 모습들이 코믹하게 그려집니다. 재치 있는 대사들과 코믹한 설정으로 고정 팬들을 많이 보유하고 있는 드라마입니다.

Desperate Housewives
미국 중산층 가정의 삶을 그린 드라마로, 각 집안에서 안고 살아가는 문제들을 공감할 수 있게 다루고 있으며, 살인 사건 등의 자극적인 소재들도 감초 역할을 하고 있어 주부들에게 큰 인기를 얻고 있는 드라마입니다.

Sex and the City
뉴욕에서 화려한 삶을 사는 섹스 칼럼니스트, 캐리와 그의 친구들이 만남과 이별을 반복하며 사랑을 찾아 가는 드라마로 그들의 섹스라이프와 사랑, 그리고 진한 우정을 소재로 하여 많은 여성들에게 사랑을 받고 있는 드라마입니다.

Monk

오만가지 강박증과 결벽증 등을 가지고 있는 소심남 사립 탐정 몽크가 주인공으로 나오는 추리 드라마입니다. 아내를 사고로 잃은 후, 형사를 그만두고 탐정이 된 그가 독특하면서도 코믹하게 사건을 해결해 나가는 미드입니다.

The West Wing

대통령을 보좌하는 사람들의 사무실인 백악관의 웨스트 윙을 배경으로 한 정치 드라마로, 미국 민주당의 이념과 정치 모습들이 많이 담겨져 있어 미국 내에서 큰 인기를 끌었던 미드입니다. 우리나라에서도 노무현 대통령이 즐겨 본다고 해서 이슈가 됐었죠.

Lost

비행기가 추락하는 사고로 많은 사람들이 죽고 살아남은 사람들은 무인도에 갇히게 됩니다. 서로 믿지 못하는 상황 속에서 알 수 없는 무언가가 공격해 오기도 해 주인공들은 무인도를 탈출하기 위해 애를 씁니다. 하지만 계속 심상치 않은 일들이 벌어지고 그들은 생존을 위해 힘을 합쳐 나갑니다.

Mentalist

연쇄살인범에게 아내와 딸을 잃은 주인공, 제인은 킬러를 잡기 위해 경찰의 자문위원으로 들어가게 됩니다. 사람들을 관찰하여 그들의 성격이나 성향, 직업 등을 읽어내는 능력을 가진 제인의 도움으로 많은 사건이 쉽게 해결되지만, 정작 연쇄 살인범은 잡힐 기미가 보이지 않죠.

X-Files

과학적으로는 설명할 수 없는 사건들의 진상을 밝히기 위해 노력하는 FBI 요원의 모습이 담긴 SF드라마로, 파트너 멀더와 스컬리는 외계인의 실체를 접하며 알 수 없는 세력에게 쫓기게 됩니다. 험난한 모험 같은 사건을 해결해 가며 둘은 서로 파트너 이상의 감정을 느끼게 되죠.

Brief Story 미드 이야기

Dawson's Creek

이 드라마로 스타가 된 케이티 홈즈가 주인공으로 나와 그녀의 어린 시절의 모습을 볼 수 있으며, 청소년들의 우정과 사랑을 주제로 성장과정을 잘 그려낸 청춘 드라마입니다. 미국에서는 큰 인기를 끌었지만 우리나라에서는 그렇게 많이 알려지진 않았네요.

Alias

대학생으로 평범하게 살아가던 주인공 앨리어스가 스파이 요원이 되어 매회 새로운 모습으로 위장을 하며 에피소드마다 색다른 매력을 보여 줍니다. 첨단무기와 대담한 액션을 볼 수 있으며, 그녀의 변화무쌍한 외모와 연기도 보는 재미를 더해 줍니다.

Brothers and Sisters

평범했던 가정에서 아버지가 죽게 되며, 밝혀지는 가족의 비밀로 인해 모두 힘들어 하며 티격태격하기도 하지만, 각기 다른 성격의 오남매는 가족에 대한 사랑으로 조금씩 힘을 내며 서로 도와갑니다. 가족에 대한 진정한 사랑을 느낄 수 있게 해 주는 드라마로, 다양한 삶을 사는 그들의 모습을 엿볼 수 있습니다.

Ghost Whisperer

죽은 사람들의 영혼이 보이며 그들과 대화할 수 있는 능력이 있는 주인공 멜린다가 그들이 상처를 치유해서 지상을 떠날 수 있도록 도와줍니다. 영화 If Only로 유명한 배우인 제니퍼 러브 휴잇이 주인공이며, 그녀가 고스트들의 고통과 아픔을 함께 느끼며 신비한 경험을 하는 것을 볼 수 있는 드라마입니다.

Heros

유전자변형에 대해 연구하던 박사가 살해되자, 그의 아들인 슈래쉬는 아버지의 죽음을 밝혀내기 위해 조사를 하다가 신비한 능력을 가지게 된 사람들에 대해 알게 됩니다. 이들은 모두 각자의 인생을 살아가다가 한 사람씩 모이게 되고, 미래에 있을 대 재앙에 맞서기 위해 힘을 합치게 됩니다.

How I Met Your Mother

Friends와 마찬가지로 친구들의 우정과 사랑을 그린 드라마이지만, 주인공이 자신의 아이들에게 옛날 이야기를 들려주는 형식으로 독특하게 전개됩니다. 코믹적인 요소가 강해 재미있게 볼 수 있으며, 주인공들의 여러 가지 유행어가 감초 역할을 해 즐거움을 주는 미드입니다.

House

진단 의학 전문의인 하우스와 그의 팀원들이 알 수 없는 증상들로 병원에 실려 온 환자들을 치료해 나가는 의학 드라마로, 주인공 하우스는 냉정한 척 하며 환자들에게 관심을 보이지 않지만, 알고 보면 따뜻한 마음을 가지고 있어, 볼수록 매력이 느껴지는 드라마입니다.

Law and Order

주로 강간 이야기를 다루는 Law and Order: Special Victims Unit과, Sex and the City의 미스터 빅인 배우가 형사로 나오는 하나와 또 다른 형사가 나오는 것으로 두 가지 카테고리가 있는 Law and Order: Criminal Intent의 오리지널 드라마인 Law and Order는 뉴욕을 배경으로 하는 범죄드라마이며 오리지널 작품과 스핀오프 모두 인기가 많은 장수 미드입니다.

One Tree Hill

이복형제인 주인공 네이든과 루카스가 서로 원수지간으로 지내다 농구를 계기로 친해지게 되고 서로를 이해하며 조금씩 성장해 나가는 모습이 그려집니다. 청소년들의 우정과 사랑에 많은 공감을 가지고 볼 수 있으며, 그들을 둘러싼 여주인공들의 모습 또한 보는 재미를 느끼게 해 주는 미드입니다.

The Simpsons

심슨 패밀리와 그가 살고 있는 동네 사람들의 평범하면서도 독특한 일상을 그린 코믹만화로 20년 넘게 사랑 받아 온 장수 만화입니다. 영화로까지 제작되었을 만큼 여전히 큰 인기를 끌고 있습니다.

Brief Story 미드 이야기

Grey's Anatomy

주인공들이 인턴으로 시작해 진정한 의사가 되기까지 겪는 고통과 환자들과의 관계, 또 의사들 사이에서 생겨나는 우정과 로맨스를 그린 의학드라마입니다. 주인공들이 모두 의사이지만, 인간적인 면들이 많이 그려져 딱딱하지 않고 재미있게 볼 수 있는 드라마입니다.

That 70's Show

70년대가 배경이라 그 당시의 상황이나 패션 등을 보는 재미가 있으며, 평범한 고등학생들의 이야기를 다루고 있어, 많은 공감을 느낄 수 있는 드라마입니다. 각기 독특하며 코믹한 캐릭터를 가진 주인공들로 인해 신나게 웃으며 볼 수 있습니다.

Numbers

인기 범죄 수사드라마 중 하나로, FBI 요원인 형, 돈과 수학교수인 동생, 찰리가 함께 도와가며 사건을 해결해 나갑니다. 미해결 사건이 될 뻔한 것들을 수학을 동원한 독특한 방식으로 풀어 나가는 미드로, 드라마계 뿐 아니라 수학계에도 큰 영향을 미친 드라마입니다.

Prison Break

주인공 스코필드는 누명을 쓰고 감옥에 간 형을 구하기 위해 일부러 잡혀서 교도소에 들어가게 됩니다. 그 전에 철저하게 탈출 준비를 해 온 그는 형과 함께 교도소를 탈출하기 위해 계획을 짭니다. 그러던 중, 교도소에 있는 여러 사람들이 탈출에 함께 하게 되고, 그들은 무사히 빠져나와 도망을 다니게 됩니다.

Veronica Mars

사립탐정인 아빠를 둔 베로니카는 아빠의 일을 돕기도 하지만, 자신 또한 학교에서 친구들의 자잘한 일들을 해결해 주며, 용돈 벌이를 합니다. 사건을 해결하는 일과 더불어 주인공 베로니카와 그의 친구들의 사랑과 우정도 함께 그려지기 때문에 일반 청소년의 성장을 다룬 드라마처럼 공감을 느끼고 재미있게 볼 수 있는 미드입니다.

Close to Home

여성 검사가 주인공인 클로즈 투 홈은 사건의 해결이 목적인 일반 수사 드라마와 달리, 이미 잡혀 온 범죄자들에게 합당한 형을 받아내기 위해 애쓰는 주인공, 애나베쓰의 열정과 애착이 그려집니다. 여성의 시각으로 사건을 좀 더 섬세하게 바라보며 그 덕분에 일이 더 잘 해결되기도 합니다.

CSI

여러 스핀오프(파생 프로그램)를 낳은 CSI의 원작으로, 원래 제목은 CSI였지만, 나머지 작품들(CSI: New York 등)과 구분하기 위해 CSI: Las Vegas로 바뀌게 됩니다. 길 그리섬이라는 반장이 이끄는 과학 수사대로 모든 증거를 철저히 분석하여 사건을 해결합니다.

Taken

SF드라마로, 외계인을 이용하는 가족과, 외계인에게 납치되어 실험을 당하는 가족, 그리고 그들의 피를 물려받는 세 가족의 이야기입니다. 스티븐 스필버그 감독이 제작과 기획을 맡았으며, 대규모의 제작비를 들여 만든 대형 미드입니다.

Felicity

착실한 우등생이었던 주인공 펠리시티가 좋아하는 남자를 쫓아 뉴욕으로 가면서 벌어지는 에피소드를 담은 청춘 드라마입니다. 대학생이 되면서 겪는 여러 가지 고민과 상처를 받으며 성장해 가는 주인공의 모습을 볼 수 있어, 10대 및 여성 시청자에게 큰 사랑을 받은 드라마이죠.

Invasion

플로리다의 작은 마을에 허리케인이 불어 닥친 후, 죽었을 거라고 생각했던 마을 사람들이 이상한 능력을 가지고 돌아오게 됩니다. 이들은 지구를 빼앗으려는 외계인들의 숙주로서 그들과 싸우려는 사람들과 맞서게 됩니다.